Général de TRENTINIAN

L'ÉTAT=MAJOR
EN 1914

et la

7ᵉ Division du 4ᵉ Corps

10 Août au 22 Septembre 1914

PARIS

IMPRIMERIE-LIBRAIRIE MILITAIRE UNIVERSELLE

L. FOURNIER

264, Boulevard Saint-Germain, 264

1927

L'ÉTAT=MAJOR EN 1914

et la 7ᵉ Division du 4ᵉ Corps

10 Août au 22 Septembre 1914

Général de TRENTINIAN

L'ÉTAT=MAJOR EN 1914

et la

7ᵉ Division du 4ᵉ Corps

10 Août au 22 Septembre 1914

PARIS

IMPRIMERIE-LIBRAIRIE MILITAIRE UNIVERSELLE

L. FOURNIER

264, BOULEVARD SAINT-GERMAIN, 264

1927

INTRODUCTION

La préparation de l'Armée Française de 1914

Le Gouvernement de la République peut être fier de l'armée qu'il a préparée...

JOFFRE

Dès leur première rencontre avec les armées allemandes, les armées françaises avaient subi, les 22 et 23 août, de graves échecs sur tout le front de la bataille livrée sur nos frontières du Nord, du Nord-Est et de l'Est.

En Alsace, après l'entrée joyeuse à Mulhouse, il avait fallu abandonner la ville, le 10 août ; une nouvelle offensive n'avait pu dépasser Altkirch.

En Lorraine, la IIe Armée, arrêtée à Morhange par les fils de fer barbelés, les canons lourds et les mitrailleuses, avait battu en retraite, entraînant avec elle la Ire Armée. L'une et l'autre avaient été rejetées jusqu'aux portes de Nancy et au sud de la Mortagne. Les IIIe et IVe Armées, très éprouvées au nord de Verdun et sur la lisière de la forêt des Ardennes, avaient dû se retirer sur la rive gauche de la Meuse.

La Ve Armée, après avoir échappé à l'encerclement qui la menaçait, avait arrêté l'ennemi à Guise le 29 août et avait repris sa retraite à marches forcées. A sa gauche, l'armée anglaise s'était repliée précipitamment et avait passé la Marne à Meaux, le 3 septembre (1), tandis que la VIe Armée, après avoir subi un échec sérieux dans les environs de Péronne, était venue en hâte occuper le front nord de la capitale.

---

(1) Exactement entre Lagny et Meaux.

Le 4 septembre, les avant-gardes de l'ennemi n'étaient plus qu'à environ 35 kilomètres de la capitale. En nous retirant au sud de la Seine et de ses affluents, nous exécutions un mouvement de repli qui allait avoir pour résultat de découvrir Paris, désormais livré à ses propres forces. La capitale était sacrifiée (1).

Toutes nos armées avaient cependant échappé à l'étreinte de l'ennemi ; mais les pertes très élevées, éprouvées dans la bataille, les fatigues des marches forcées, semblaient ne plus laisser à la France que des armées désorganisées, démoralisées, incapables de défendre son sol contre un ennemi enivré de toutes les victoires remportées le 22 et le 23 août.

Déjà, le Gouvernement s'était transporté hâtivement à Bordeaux ; déjà le généralissime avait franchi la Marne, ne laissant à la capitale que des forces absolument insuffisantes pour la défendre. Gallieni, résolu à lutter « jusqu'au bout », s'apprêtait à faire sauter les ponts.

A l'heure même où les Parisiens se croyaient abandonnés, les premiers coups de canon tirés sur les bords de l'Ourcq leur annonçaient la bataille, dont allaient dépendre leur sort et celui de la France.

Sur le signal donné par le généralissime, les IIIe, IVe et Ve Armées s'étaient arrêtées, ralliées, et avaient fait face à l'ennemi. Après quatre jours d'une lutte acharnée, le 10 septembre, les armées allemandes abandonnaient le champ de bataille. Leur centre et leur aile gauche n'avaient reculé que de quelques kilomètres ; leur aile droite, renforcée par le corps d'armée qui venait de s'emparer de Maubeuge, s'était arrêtée entre Laon et Reims. Terré dans ses tranchées, derrière ses fils de fer barbelés, et protégé par sa puissante artillerie, l'ennemi restait maître de quelques-uns de nos plus riches départements ; mais, comme après Valmy, Paris et la France étaient sauvés.

Comment expliquer tous nos échecs ? Comment expliquer qu'après avoir été vaincues à Charleroi, vaincues dans les

---

(1) *Mémoires de Gallieni*, page 79.

Ardennes, vaincues dans le Luxembourg, au cours des journées des 22 et 23 août, moins de deux semaines plus tard, nos armées commandées par les *mêmes Généraux* (à part quelques Généraux relevés de leur commandement avant la Marne) aient pu remporter la victoire dans cette bataille de quatre jours, livrée à un ennemi égal en nombre et dont le moral s'était exalté à la poursuite de nos armées ?

Au lendemain de la bataille livrée sur nos frontières du 22 au 24 août 1914, nos soldats expliquèrent leurs échecs, en disant que c'était le canon lourd des Allemands et leurs mitrailleuses qui avaient ralenti leur élan, brisé leur offensive. C'étaient les feux terribles dont l'ennemi inondait le terrain de la bataille qui les avaient arrêtés, vaincus.

C'est alors que s'établit cette légende que l'armée française n'était pas prête. Cependant, à la Marne, nous avions vaincu malgré les canons lourds et les mitrailleuses de nos ennemis.

Pour les uns ce fut un miracle qui nous donna la victoire, pour d'autres ce fut l'héroïsme de nos soldats.

Si l'on en croyait les officiers de l'Etat-Major du Grand Quartier Général, c'était grâce à l'énergie, au sang-froid, aux conceptions stratégiques du généralissime, au génie de Joffre que la France avait été sauvée. Il avait conçu, dès le 25 août (quelques-uns disaient le 15 août), la savante manœuvre dont il avait réalisé l'exécution dans les journées des 5 et 6 septembre, avec un à-propos et une précision qui rendaient la défaite de l'ennemi inévitable. Ces officiers ajoutaient que la perte de la bataille des frontières n'avait pas eu d'autre cause que l'incapacité de la plupart des généraux et toutes les fautes commises par les « exécutants » (1).

____

(1) Le 24 août, les télégrammes du général Joffre dénoncent le manque d'esprit d'offensive de nos corps d'armée.

Au lendemain de nos échecs, le général Berthelot avait dit : « Décidément notre Armée n'a pas l'esprit d'offensive... » (*Mémoires de Gallieni*, page 14). Or, d'un bout à l'autre du front, toutes nos troupes avaient pris l'offensive avec la plus folle audace.

En réalité, si nous avons été battus d'abord sur toutes les parties du front de 500 kilomètres où nous nous étions rencontrés avec l'ennemi, c'est que le plan XVII avait écarté l'hypothèse du passage des armées allemandes sur la rive gauche de la Meuse ; du moins le généralissime et son Etat-Major étaient persuadés que, si elles exécutaient une manœuvre d'une telle envergure, il serait facile de percer leur centre et de terminer ainsi la guerre par une victoire décisive, une victoire napoléonienne.

Si la plupart de nos corps d'armée subirent de graves échecs, c'est que tous furent jetés en avant par le Grand Quartier Général, sans tenir compte des difficultés que pouvaient offrir les obstacles matériels, et sans même avoir été précédées de fortes reconnaissances que les exécutants voulaient effectuer, et que le G. Q. G. leur avait interdites sous prétexte de ne pas provoquer l'offensive de l'ennemi (1).

Si nos armées ont été conduites au bord de l'abîme, c'est que le généralissime et les stratèges de son Etat-Major ne se rendirent pas compte, même le 18 août, du péril qui menaçait notre aile gauche ; quand ils l'eurent enfin compris, il était trop tard. On ne pouvait échapper à un désastre qu'en abandonnant à l'ennemi toute la région Nord de la France.

Nos armées ont vaincu sur les bords de la Marne, grâce à Lanrezac qui, le 23 août, se voyant menacé sur ses ailes, sut échapper à l'encerclement ; à Gallieni qui, voyant la faute commise par von Kluck, conçut la manœuvre qui devait décider de la victoire ; à Joffre qui, après avoir montré le plus remarquable sang-froid au cours de la retraite de toutes nos armées, écouta, comprit Gallieni, et osa jouer le sort de la France sur les bords de la Marne ; aux Chefs de nos armées, à tous ces généraux qui, au cours de leur retraite, infligèrent à l'ennemi des pertes considérables, et dans la bataille de la Marne firent preuve d'autant d'habileté que d'énergie, enfin à l'héroïsme du soldat français.

---

(1) Jusqu'au 21 août, les renseignements furent inexistants pour nous. Par ordre du G Q. G. il était interdit de faire en avant de notre front des opérations de sondage qui seules pouvaient nous les procurer.

Général TANANT : *La III* Armée dans la Bataille*, page 87.

Mais la clairvoyance et l'esprit de décision du Chef remarquable de la Ve Armée, le renforcement de la VIe Armée, le coup d'œil génial de Galliéni, le sang-froid de Joffre, la valeur de ses généraux, le courage héroïque de ses soldats, rien de tout cela n'aurait suffi à nous donner la victoire, si une longue préparation morale et technique n'avait pas forgé et mis dans la main de notre généralissime un instrument de guerre comparable à celui dont disposait le généralissime allemand.

Malgré les erreurs de doctrine qui causèrent leurs premiers échecs, nos armées montrèrent, aussi bien au cours même de la retraite que dans les diverses phases de la bataille de la Marne, des qualités supérieures à celles des armées allemandes.

Malgré les graves échecs, subis depuis Mons jusqu'aux Vosges, et l'effet démoralisant produit par les canons lourds de l'ennemi qui atteignaient nos réserves et même nos cantonnements ; malgré les pertes subies et les dures épreuves des marches forcées de jour et de nuit, tous les combattants se sont ressaisis, dès les premiers jours de la retraite, se sont ralliés instinctivement à leurs drapeaux et ont retrouvé leur cohésion et leurs qualités guerrières des premiers jours.

Quand l'ordre fut donné de s'arrêter, de faire face à l'ennemi sur ce front de bataille de 500 kilomètres, il fut compris et exécuté comme si chacun l'attendait, et cette manœuvre, la plus difficile et la plus rare que présente l'histoire militaire, — le rétablissement de toute l'armée passant brusquement de la retraite à une offensive générale, — fut réalisée avec un ensemble et une énergie qui répondirent pleinement à la volonté et à la confiance du généralissime : chaque unité, petite ou grande, prit la place qui lui était désignée, et, pendant quatre jours d'une lutte acharnée, chacune d'elles fit preuve d'autant de discipline et de qualités manœuvrières que de courage et d'héroïsme.

En nous servant des termes mêmes de Jaurès dans son *Armée Nouvelle*, disons qu'il eût été impossible à un généralissime, à un état-major, de diriger vers un but et selon un plan ces millions d'hommes, s'il n'y avait eu « entre ces chefs et cette masse communication de pensée et unité d'âme ; si tous ces hommes n'avaient pas été d'accord sur le but, sur la méthode, sur la tactique ; s'ils n'avaient pas eu au cœur les mêmes passions, et dans la pensée les mêmes habitudes ; si le chef n'avait pu compter, quand il a élaboré pour ces millions de combattants un vaste plan d'action convergente, qu'il serait secondé, de proche en proche, par l'intelligence et le bon vouloir de multiples groupes d'hommes habitués par de vivantes manœuvres à servir un large et intelligible dessein... »

La valeur des chefs, les qualités morales et techniques de nos troupes, c'est une longue préparation militaire qui les leur a données. C'est aussi grâce à cette préparation qu'après avoir transporté sans à-coup sur nos frontières plus d'un million d'hommes avec leur matériel et tous les services de l'arrière, nos chemins de fer ont pu amener les diverses unités qui rallièrent nos armées, du 15 août au 4 septembre 1914.

Telle était notre préparation militaire que dans les premières semaines mêmes qui suivirent nos échecs à la frontière, presque tous les effectifs des régiments furent complétés, tout le matériel tombé entre les mains de l'ennemi remplacé, l'infanterie et l'artillerie réapprovisionnées.

En pleine bataille, un train de munitions venant de Chaumont, apporta à l'artillerie de l'armée de Foch un approvisionnement d'obus suffisant pour remplir ses coffres et alimenter le feu terrible de nos 75.

Si les canons lourds des Allemands n'ont pas produit de puissants effets matériels, il n'est que trop vrai qu'ils ont causé, les premiers jours, un effet moral considérable ; mais nos 75 produisirent en maintes circonstances des effets terrifiants :

Notre artillerie de campagne, dit le général Gossler, était beaucoup moins habile que l'artillerie française. Celle-ci se taisait pendant des heures, attendant de voir un objectif en valant la peine, et le réduisant en miettes en un rien de temps. Notre artillerie, elle, mettait beaucoup de temps à ouvrir le feu... Les Français utilisaient l'habileté de leurs Commandants de batterie... (*La Bataille de la Marne*, Commandant L.-V. Kœtz.)

Nos approvisionnements furent épuisés après la Marne ; mais il en fut de même de ceux de l'artillerie allemande.

Nos régiments avaient, en 1914, d'excellentes sections de mitrailleuses, commandées par des officiers de choix qui en firent très vite le meilleur emploi. La guerre nous a prouvé qu'il n'est pas besoin de nombreuses mitrailleuses pour arrêter des bataillons entiers.

Au lendemain de la Marne, le généralissime a dit : « Le Gouvernement de la République peut être fier de l'armée qu'il a préparée. »

C'est, en effet, grâce aux efforts, aux sacrifices accomplis depuis 1870, par la France, et grâce à notre préparation à la guerre que, deux semaines après les pénibles échecs de la bataille des frontières, les chefs de nos armées arrêtèrent aux portes de la capitale l'ennemi victorieux et l'obligèrent à battre en retraite, en laissant entre nos mains 38.000 prisonniers, 160 canons, plus de 200 mitrailleuses et un matériel considérable.

Nos Fautes

Faisons notre mea culpa *et reconnaissons nos fautes...*

Général*** « Plutarque n'a pas menti ».

Soyons donc éternellement reconnaissants à ceux qui donnèrent à la France ses armées de 1914, aux soldats, aux « exécutants » de tous grades qui firent preuve des plus admirables qualités militaires, aux chefs qui les conduisirent à la Victoire.

Cependant ne fermons pas les yeux sur les fautes que nous avons commises. Soyons fiers des qualités dont notre race a donné tant de preuves au cours de la grande guerre ; mais gardons-nous du péché d'orgueil. Avec de telles armées, de tels chefs, nous avons tout de même couru péril de mort, nous avons dû lutter quatre années pour obliger l'ennemi à reculer, et nous n'avons vaincu qu'avec l'aide des Anglais et des Américains.

Notre Ecole de Guerre a donné à l'armée nombre d'officiers de valeur, et l'armée a tiré le plus large profit de son remarquable enseignement. Il suffit d'avoir jeté un coup d'œil sur les innombrables publications militaires, parues depuis 1870, pour s'être rendu compte du labeur accompli par l'armée française. Les revues d'histoire, d'artillerie, d'infanterie, de cavalerie, la *Revue Générale*, le *Journal des sciences militaires* et la *Revue des Armées étrangères*, etc., avaient donné des études du plus haut intérêt. Nombre d'ouvrages, de brochures, d'articles de journaux avaient été écrits par nos officiers.

Il n'est pas une question d'art et de science militaires qui n'ait été étudiée, discutée à fond, et, cependant, cette élite laborieuse n'a pas eu toutes les qualités de jugement et de clairvoyance, sur lesquelles la Nation croyait pouvoir compter. C'est dans ce milieu intellectuel qu'a triomphé la doctrine de l'offensive à outrance ; c'est dans ce milieu que s'est trouvée une majorité d'officiers, dont les yeux restèrent fermés aux progrès réalisés par l'armée allemande et aux dangers qui menaçaient nos frontières du Nord.

De pareilles erreurs, commises par des travailleurs de haute conscience, posent un grave problème ; car elles pourraient se renouveler. Il y a lieu de voir si elles ne dépendent pas de l'organisation de l'armée et tout particulièrement de ce corps même d'Etat-Major, que nous avait donné l'Ecole de Guerre.

Tout ce qui fait la vie, l'activité, les progrès, la puissance d'une armée comme d'une Nation, dépend tout d'abord de ses institutions, de l'esprit dont elles se sont inspirées. Non seulement les bonnes institutions favorisent les activités et le progrès, mais encore, tout en s'adaptant à l'état social de la Nation et au caractère de la race, elles opposent une infranchissable barrière aux mauvaises doctrines comme aux ambitions injustifiées.

Qu'une doctrine nouvelle apparaisse à son heure ; qu'elle réponde au tempérament national, aux goûts, aux passions du moment ; qu'elle séduise les Français par la clarté, la logique apparente du raisonnement, la simplicité de ses solutions, dût-elle comporter dans son application les plus graves conséquences, son succès sera certain si, à défaut de bonnes institutions qui lui fassent obstacle, le Gouvernement de la Nation n'a pas assez de clairvoyance et d'autorité pour résister à l'entraînement que fait naître la foi ardente des novateurs.

Une doctrine sociale nouvelle se heurtera à des difficultés d'application qui apporteront des atténuations à la rigueur de ses formules. D'ailleurs, si dangereuse que soit cette doctrine, si néfastes que soient les moyens qu'emploient ses protagonistes pour atteindre leur but, une Nation ne saurait en mourir ; son instinct de conservation lui donnera un jour ou l'autre le sentiment du péril auquel elle s'expose ; si grand qu'ait été le dommage, avec le temps tout sera encore réparable.

Mais, quand il s'agit d'une armée, une doctrine erronée peut causer sa perte et celle de la Nation. Remarquons même que toute erreur systématique d'ordre militaire comportait des conséquences bien autrement graves chez une Nation pacifique comme la France, que chez une Nation de proie, qui peut choisir son heure pour mettre à profit les fautes commises par son adversaire dans sa préparation technique.

En 1905, le Kaiser sachant que son artillerie était absolument inférieure à l'artillerie française, s'était bien gardé de faire la guerre. L'armée allemande adopta, à son tour, la doctrine du tir masqué ; mais il lui fallut deux ans pour mettre en pratique le nouvel appareil de réglage de son canon de campagne.

En 1914, le Grand Etat-Major n'ignorait pas nos erreurs de doctrine ; il connaissait le retard apporté à la construction de notre artillerie lourde. Le Gouvernement allemand jugea l'heure favorable, aussi bien politiquement que militairement, et il fit la guerre.

Dans la course aux armements, il était inévitable que l'armée française et l'armée allemande ne fussent jamais d'une puissance égale. En réalité, elles étaient toujours dans un équilibre instable : tels les deux plateaux d'une balance sur lesquels les moindres poids provoquent l'ascension tantôt de l'un, tantôt de l'autre de ces deux plateaux. Or, en 1914, le poids des fautes commises dans la préparation de l'armée française l'avait fait descendre sur un plan quelque peu inférieur à celui de l'armée allemande. Telle était cependant la valeur technique et morale acquise dans notre longue préparation, qu'il suffit des fautes commises à son tour par l'ennemi en août 1914, pour qu'il perdît aussitôt les bénéfices d'une supériorité qui, dans un premier choc, pouvait lui donner la victoire.

N'oublions pas cependant qu'aux premiers jours de la guerre, nous avons couru péril de mort.

Nos meilleurs écrivains militaires ont montré les fautes du second Moltke, de von Kluck, de von Goeben, du « couple Hindenburg-Ludendorff » ; ils ont presque tous gardé le silence sur nos propres fautes. Trop nombreux sont en France, et particulièrement dans l'Etat-Major, ceux qui ne voulurent expliquer nos échecs que par l'incapacité de nos Généraux de 1914 et nos victoires par la valeur de ceux qui leur succédèrent.

C'est pour avoir été trop confiants dans la valeur d'une armée victorieuse en Crimée et en Italie, que nous avions été battus en 1870. Ce fut pour avoir été trop orgueilleux de leurs victoires de Sadowa et de Sedan, que les Allemands nous firent la guerre en 1914 et furent vaincus à leur tour.

Gardons-nous donc de mépriser l'ennemi vaincu, ne disons pas avec le général Buat : « que les triomphes de ce Grand-Etat-Major Allemand en 1866 et 1870 ont eu pour résultat de pousser jusqu'à l'hypertrophie la vanité du Grand Etat-Major, et qu'il était figé dans l'assurance béate de sa supériorité... » Ce jugement serait injuste à l'égard d'un Grand Etat-Major qui a compté Waldersee, von Schlieffen, « le couple Hindenburg-Ludendorff et même le second de Moltke ». Ce sont ces hommes, c'est ce Grand Etat-Major qui ont donné à la Nation allemande les armées qui envahirent la France et luttèrent quatre années avant de s'effondrer.

En confessant nos fautes, nous n'ôterons rien à la gloire impérissable de nos armées et de leurs chefs, nous serons uni-

quement conduits à rechercher l'origine de ces fautes et à
déterminer les réformes qui nous éviteront d'y retomber dans
l'avenir. Mais rappelons brièvement, tout d'abord, ce que fut
l'enseignement de l'Ecole de Guerre. On n'en saisira que
mieux les erreurs commises par ceux qui renièrent les doctrines des maîtres remarquables, dont ils avaient été longtemps les plus ardents disciples.

PREMIÈRE PARTIE

L'État-Major et le Commandement en 1914.

CHAPITRE I

Les doctrines de l'École de Guerre

> *Moi-même je suis resté profes-*
> *seur de l'Ecole de Guerre jus-*
> *qu'en 1910, et jamais avant cette*
> *date on n'y avait enseigné de*
> *jolies tactiques...* (1).
>
> Maréchal FAYOLLE

En créant l'Ecole de Guerre, ses fondateurs ont voulu mettre à la disposition des officiers, désireux de développer leurs connaissances militaires, un centre d'études où ils trouveraient un enseignement donné par des maîtres d'élite.

Parmi tous les hommes de haute valeur qui ont dirigé l'Ecole et donné cet enseignement, il faut citer tout d'abord Lewal, Maillard, Bonnal et ceux qui furent leurs premiers collaborateurs : Lanrezac, Foch et Ruffey.

Les cours, dont Lewal fixa un programme fort bien conçu, eurent un caractère pratique, dont les élèves tirèrent déjà un excellent profit. Tout comme jadis à l'Ecole d'Artillerie d'Auxonne (2), ils s'exercèrent à faire leurs premiers thèmes

---

(1) Madame ADAM : *Le Capitaine Georges Gilbert*, page 82.

(2) D'après l'*Education Militaire de Napoléon*, du Colonel COLIN, l'enseignement de l'Ecole d'Artillerie d'Auxonne comportait des exercices de tactique gérérale sur la carte et sur le terrain.

tactiques. Chaque année, plusieurs mois étaient consacrés à de nombreux exercices à l'extérieur de l'Ecole, à des manœuvres, à des voyages d'Etat-Major, et à la visite des forts et des places qui s'élevaient sur les frontières du Nord, de l'Est et du Sud-Est de la France.

Maillard fut le premier professeur qui exposa avec méthode et avec un sens profond des réalités de la guerre les principes de l'art militaire. Il s'attacha à donner à ses élèves cet esprit d'offensive, qui avait été si longtemps celui de l'armée française et qui avait fait défaut chez la plupart de nos chefs en 1870. Ses conférences sur la « Bataille de Saint-Privat » sont un modèle dont souvent s'inspireront Bonnal et ses successeurs.

Bonnal était remarquablement doué (1). « Il avait du génie », disait un jour de lui Gallifet. Partout où il avait passé, il avait laissé sa marque personnelle. Il en fut ainsi, même à l'Ecole de Gymnastique de Joinville, qu'il commanda en 1886. A Bonnal revient le mérite inoubliable d'avoir montré, tracé le chemin qu'allaient suivre, désormais, dans leurs travaux, tous les professeurs et tous les élèves de l'Ecole de Guerre. Bonnal a donné à l'Ecole une organisation et des méthodes de travail qui restèrent en vigueur jusqu'en 1914.

Après 1870, l'armée française avait fait une étude approfondie de l'armée allemande, de son organisation, de sa stratégie, de sa tactique, et, sans la copier, lui avait largement emprunté.

Aucun officier ne connaissait mieux cette armée que Bonnal. Placé à la tête de l'Ecole de Guerre, il n'avait pas hésité à prendre pour modèle l'Académie de Guerre de Berlin.

---

(1) Bien qu'officier d'infanterie, Bonnal connaissait fort bien le cheval, et avait écrit un excellent manuel d'équitation. Un jour où il déjeunait à Paris avec de Foucauld, notre attaché militaire à Berlin, Bernhardi, le général de cavalerie, et York de Wurtembourg, l'auteur de *Napoléon, chef d'armée*, il précisa la méthode de dressage employée par un colonel de cavalerie qu'il avait vu passer aux grandes manœuvres impériales. « C'est exactement cela, lui dit « Bernhardi, et ce colonel sera bien étonné quand je lui dirai que vous avez « saisi, à son passage, sa méthode cependant très personnelle... »

A ce même déjeuner, Bonnal promit à ses deux convives prussiens de leur envoyer les études faites sur la campagne de la Loire par un remarquable professeur, le Commandant Lanrezac, dont je venais de citer le nom.

En s'inspirant des méthodes de travail de cette Académie, il lui emprunta les exercices sur les cas concrets et le kriegspel, ou jeu de la guerre, imaginé par de Moltke.

Tout comme Clausewitz, Willisen et ses successeurs, ce fut à l'étude des campagnes de Napoléon qu'il consacra une large part de l'enseignement donné à ses élèves, sans cependant négliger l'étude des campagnes de 1866 et de 1870. Son étude de la bataille de Frœschwiller est le plus remarquable enseignement qui ait été donné, après Maillard, sur le combat dans la guerre moderne ; de même que les manœuvres de Marengo, d'Iéna, sont, sans doute, les plus belles leçons qui aient été tirées des merveilleuses campagnes de 1800 et 1806. Peut-être doit-on lui reprocher, en appliquant les principes et les méthodes du Maître de la Guerre, de n'avoir pas suffisamment tenu compte des transformations de l'armement.

Lanrezac fut tout d'abord l'adjoint de Bonnal. Il professa de 1897 à 1902. Son indépendance de caractère, son éloquence, la clarté qu'il apportait dans toutes les questions qui faisaient l'objet de ses conférences et de ses critiques, en avaient fait sans doute le maître le plus aimé, le plus admiré des élèves de l'Ecole de Guerre.

Voici ce qu'a dit de lui le Maréchal Fayolle aux obsèques de cette victime des rancunes du Grand Quartier Général :

Certes, il y avait d'autres excellents professeurs, mais il était sans conteste le plus brillant de tous.

Doué d'un véritable talent d'orateur, ardent, mais toujours maître de son jugement, plein de bon sens, il passionnait son auditoire par la clarté de l'exposition et la rigueur de ses déductions.

C'est surtout sur le terrain, au cours des voyages annuels de Tactique générale, ou des visites de champs de bataille, que se manifestaient ses qualités exceptionnelles. Nul ne s'entendait comme lui à faire vivre une situation de guerre, à la démontrer dans tous ses détails, sans jamais perdre de vue l'ensemble, et à en tirer tous les enseignements utiles. Jamais méthode ne fut plus judicieuse ; tout reposait sur l'histoire, sur les faits, et il ne restait plus qu'à transposer, en tenant compte des modifications imposées par les progrès de l'armement. C'était, dans toute sa sûreté, l'enseignement par la méthode expérimentale.

Ceux qui savent quelle est la colossale influence d'une bonne doctrine de guerre sur le succès, garderont au Général Lanrezac, avec moi, la plus vive reconnaissance.

Foch, avec sa parole ardente, toujours nette et claire, excellait à faire saisir, dans les campagnes de Napoléon et dans celles de Moltke, les principes de la guerre qu'il a formulés d'une façon si précise dans son cours de stratégie et de tactique générale.

Ce cours est un de ceux qui ont le plus contribué dans l'armée à former, à discipliner les esprits de nos officiers, et à les guider dans leurs études militaires.

Ruffey, dès 1900, consacra dans son cours d'artillerie nombre de pages à montrer la nécessité d'un obusier et en fixa les conditions balistiques.

Après ces maîtres, il faudrait citer aussi tous ceux qui leur ont succédé ; rappelons tout au moins les noms de Langlois qui fut l'apôtre du canon de petit calibre à tir rapide, et de Fayolle qui, dans un cours remarquablement écrit, fut le premier à traiter toutes les questions relatives à l'emploi de la nouvelle pièce, le 75.

Bourderiat et Desvallières firent des cours de cavalerie qui auraient dû être appris par tous les officiers de cette arme. Le cours du colonel Pétain ne fut pas publié ; ce remarquable professeur avait donné à tous ceux qui l'avaient entendu, le sentiment qu'il traitait déjà les questions de tactique avec l'expérience et l'autorité d'un grand chef.

Grâce aux maîtres remarquables qui s'y sont succédé pendant quarante années, l'enseignement de l'Ecole de Guerre a donné à l'armée française les chefs, les généraux, les officiers qui ont combattu et vaincu l'armée allemande. C'est l'Ecole de Guerre, qui a donné à l'armée la doctrine dont se sont inspirés ses Règlements jusqu'en 1913.

Confuses au lendemain du Traité de Francfort, les idées sur la guerre se sont groupées peu à peu dans notre armée autour de quelques grands principes d'expérience depuis longtemps acquis. Ainsi s'est constituée une doctrine à la formation de laquelle l'Ecole Supérieure de Guerre a pris une large part et qui a reçu la consécration officielle par la mise en vigueur du Règlement

sur le Service des Armées en campagne, sa fidèle expression...
(Général Bonnal.)

Dans cette doctrine, l'avant-garde avait un rôle essentiel.
D'une force variable, c'est l'avant-garde qui donnait la liberté
d'action au chef ; c'est elle qui permettait de concevoir la
manœuvre et d'en commencer l'exécution. « Posséder la doctrine, c'est être pourvu du sens de la guerre, avait dit Bonnal. » Il va sans dire que, dans l'application, la doctrine
vaudrait ce que vaudrait le chef lui-même.

C'est, d'ailleurs, bien à tort que quelques écrivains, et
des meilleurs, se sont faits l'écho des officiers qui ont prétendu avoir trouvé la doctrine de l'offensive à outrance dans
les cours et l'esprit de ces remarquables Professeurs de l'Ecole
de Guerre.

Les réponses de Bonnal au colonel de Grandmaison,
parues dans le *Journal des Sciences Militaires*, sont édifiantes
à cet égard.

Si le cours de Foch allumait chez tous ses élèves l'esprit
d'offensive, si on aimait à le suivre dans ces batailles qui se
terminaient par une « attaque foudroyante ». que de pages
de son cours sont consacrées à montrer la prudence avec
laquelle le Maître de la Guerre exécutait ses plus belles
manœuvres !

C'est en étudiant les campagnes du Premier Empire que
Foch a développé cette doctrine de Bonnal qui faisait dépendre
le succès d'une opération de l'emploi des détachements de
sûreté (sûreté éloignée, sûreté rapprochée. et avant-garde
générale) (1).

----

(1) « C'est Napoléon qui règle l'organisation de la cavalerie. Il donne une
faible division de cavalerie légère à chaque corps d'armée pour l'exploration
à courte distance et la sûreté de première ligne ; il constitue de grosses masses
de cavalerie pour l'exploration et la poursuite. Il combine les unes et les autres
avec des soutiens d'infanterie pour constituer autour de l'armée un vaste rideau
capable d'arrêter les partis ennemis.

Napoléon pratique toutes les formes d'exploration, fait tantôt recueillir des
renseignements par des reconnaissances, tantôt rechercher des indices par des
escadrons de découverte ou par des divisions entières. Il fait connaître, dans
tous les cas. à ses cavaliers, quels renseignements il veut. S'il n'a pas été imité
plus exactement par ses successeurs, c'est qu'il n'a pas encore été étudié ou
compris assez complètement... »

(Colonel d'artillerie Colin, *Education militaire de Napoléon*, page 108).

Si, par exception, quelques conférenciers, comme Cardot et plus tard Leboucq, se laissèrent aller à exagérer la pensée de leurs prédécesseurs, en voulant inculquer aux élèves un esprit d'offensive qui comportait une ardeur, une volonté, une ténacité que rien ne peut décourager, on retrouve encore dans leurs cours, comme dans ceux de tous les professeurs, la doctrine de Bonnal et, avec elle, celle de Lanrezac et celle de Foch.

On a dit qu'à peine l'Ecole fut-elle ouverte, le programme de Serré de Rivière fut critiqué et la fortification dédaignée par les professeurs de tactique et de stratégie.

Bonnal et ses successeurs pensaient, il est vrai, qu'il ne fallait pas faire « une muraille de Chine », ni multiplier les défenses qui absorberaient d'énormes effectifs ; mais il n'est aucun d'eux qui n'eût souhaité que les ouvrages de nos places de l'Est fussent améliorés et mieux armés. Il n'en est aucun qui n'eût demandé, tout au moins, qu'une place comme Maubeuge fût mieux fortifiée, munie de pièces nouvelles et défendue par une solide garnison.

Sans des places que j'appelle de campagne, écrivait en 1806 Napoléon au général Dejean, on ne peut faire la guerre offensive.

Ceux qui avaient emprunté leurs leçons aux campagnes de Napoléon, qui avaient montré le rôle joué par Mantoue en 1896, 1897, par les places de Dresde, de Hambourg en 1813, l'importance que Napoléon attachait aux places d'Allemagne et du Rhin au point d'y laisser, dans sa retraite, un trop grand nombre de ses soldats, ceux-là ne pouvaient pas ne pas reconnaître l'utilité des fortifications (1).

Dès la création de l'Ecole de Guerre, un voyage de plusieurs semaines était consacré à la visite des forts et des places fortes de l'Est, du Nord et même du Sud-Ouest. Outre les descriptions très complètes que faisait le Général Niox des

______

(1) Toute la correspondance de Napoléon est pleine de recommandations au sujet des travaux de fortification qu'il fait exécuter.

« Les places fortes, écrivait Foch dans son cours de l'Ecole de Guerre, sont « les points d'appui stratégiques dans la bataille des groupes d'armée, comme « les localités et les bois sont les points d'appui tactiques dans le combat d'une « division... »

régions frontières et des conditions géographiques qui justifiaient leur organisation défensive, un cours était consacré à
la fortification, à l'étude du programme de Séré de Rivière
et aux travaux exécutés depuis 1872.

Les cours de fortification permanente et passagère conser-
vèrent leur importance jusqu'en 1914. Aux examens d'entrée,
une des compositions était toujours consacrée à l'organisation défensive d'un champ de bataille.

Enfin, il n'est pas inutile de faire remarquer que les professeurs de stratégie et de tactique générale ne manquèrent
jamais de faire ressortir l'importance que l'Empereur attachait à donner à ses armées des effectifs supérieurs à ceux de
l'adversaire.

C'est dire qu'ils n'auraient pu qu'approuver une meilleure utilisation des corps de réservistes.

La seule critique que méritent ces professeurs d'élite,
c'est qu'ils crurent trop exclusivement à la vertu du profes-
sorat.

Il fallait, aux yeux de la plupart, avoir fait ses « humanités
militaires » sur les bancs de l'Ecole de Guerre. Hors de cette
église, pas de salut.

L'un de ceux dont le nom prit le plus d'éclat pendant la
guerre, peu de temps après la Marne, mettait en doute l'étendue des connaissances militaires de Gallieni (1).

En écoutant les leçons des maîtres il ne fallait pas penser
à les critiquer, et encore moins songer à formuler d'autres
vues, une autre doctrine que la leur.

Parmi ces professeurs, il en était, cependant, qui écou-
taient avec bienveillance leurs subordonnés ; Lanrezac était
de ceux-là et, à la manœuvre, au lieu d'exiger le silence de

---

(1) Gallieni n'avait pas été sur les bancs de l'Ecole de Guerre ; mais il avait
obtenu en 1880 le brevet de l'Ecole en passant les examens de sortie. — Sa
correspondance avec le capitaine Gilbert montre l'intérêt constant qu'il apportait à l'étude de la tactique et de la stratégie.

ceux qu'il avait critiqués, il aimait à entendre leurs réponses sauf à leur montrer ensuite leur erreur.

Un jour de l'année 1913, le colonel Lacapelle rencontrant Lanrezac lui dit : Les théories de Grandmaison sont fort dangereuses. Vous qui êtes écouté, mon général, vous devriez remettre tout au point. — Bah ! lui répondit l'ancien professeur de l'Ecole de Guerre, il ne faut pas trop combattre les idées nouvelles. Si absurdes qu'elles paraissent, le temps, je l'espère, se chargera de calmer l'ardeur de ces jeunes gens. En les combattant, de manière à en faire des martyrs de l'idée, vous renforcerez leur situation ; mieux est de les laisser exposer toutes leurs idées, mais de ne pas les prendre trop au sérieux (1).

En défendant la mémoire du capitaine Gilbert, le Maréchal Fayolle a écrit à Mme Adam :

Moi-même, je suis resté professeur de l'Ecole de Guerre jusqu'en 1910, et jamais avant cette date on n'y avait enseigné de folies tactiques...

Ce qu'il faut avouer, cependant, c'est que, si dans les dernières années, l'Ecole a échappé à la doctrine nouvelle, aucune voix ne s'est élevée pour la combattre à front découvert.

---

(1) Le commandant Mangin et le commandant Largeau s'étant présentés aux examens de sortie de l'Ecole de Guerre, la Commission hésitait à leur donner un brevet qu'elle délivrait d'ailleurs difficilement. Ce fut Lanrezac qui décida ses collègues en leur disant : « ...qu'il y avait tout avantage pour l'armée à « encourager dans leurs études militaires des officiers qui avaient montré, dans « leurs campagnes de guerre aux Colonies, de remarquables qualités mili- « taires... »

CHAPITRE II

L'État-Major et la doctrine de l'offensive à outrance

*L'imprudence est la meilleure des
sûretés.....*

Colonel de Grandmaison

Tactique et stratégie. — Les forces grandissantes de
l'armée allemande, le manifeste de Tanger, les graves inci-
dents de Casablanca et d'Agadir avaient montré aux Français qu'une guerre dont dépendrait le sort même de la Patrie
était désormais inévitable.

Si l'heure n'en paraissait pas immédiate, il n'en existait
pas moins dans l'armée le sentiment qu'il importait d'être
prêt à affronter le choc de l'ennemi.

Le patriotisme de toute la jeune génération avait été
nourri, exalté par celle-là même qui l'avait élevée, par ceux
qui avaient subi les souffrances et les humiliations de 1870.

Toute cette ardente jeunesse envisageait avec sang-froid
et confiance la lutte avec l'ennemi héréditaire et se disposait
pour vaincre à faire généreusement le sacrifice de sa vie.

L'esprit d'offensive des chefs, des officiers et des soldats
avait donné au roi de Prusse ses victoires de 1866 et de 1870 ;
il paraissait certain que c'était plus que jamais de cet esprit
que s'inspireraient les armées du Kaiser. Toute l'armée française se laissa persuader dès lors que c'était à la seule offensive que les Français devaient eux aussi demander la victoire.

A l'offensive brutale, au « furor teutonicus » devait s'op-
poser une offensive hardie, « la furia francese ». Et ce fut,
dès lors, une véritable réaction contre « la doctrine si sage,
si prudente de l'Ecole de Guerre ». (Fernand Engerand, *Le
Secret de la Frontière.*)

On reprocha à l'enseignement remarquable des cours de l'Ecole, et même à celui de Foch, l'abus des détachements de sûreté. « On s'abrite sous un parapluie », dira le colonel de Grandmaison.

Aux disciples de la doctrine nouvelle, Bonnal avait répondu, en montrant qu'il ne « fallait toucher qu'avec la plus extrême prudence à un Règlement qui était notre bréviaire tactique. Si, disait-il, dans les manœuvres ces détachements de sûreté étaient l'objet de nombreuses critiques, c'est que les exécutants en faisaient une mauvaise application. »

Il avait montré qu'en stratégie il fallait aussi bien user de la défensive que de l'offensive. Il avait rappelé le recul de Ney sur la Passarge, et aussi ce qu'avait écrit Napoléon au prince Eugène sur le combat en retraite.

Au colonel de Grandmaison, aux officiers d'Etat-Major qui affirmaient que l'armée allemande pratiquait uniquement l'offensive, il avait répondu en leur disant ce qu'il avait vu lui-même aux manœuvres allemandes (1).

L'ardente jeunesse oubliait les leçons de Napoléon, du Maître de la Guerre, et ne voulait se souvenir que de ses campagnes, qui, comme en 1806, s'étaient terminées en quelques semaines. Elle se persuadait que la guerre menée hardiment, brutalement, par les deux adversaires, serait une guerre courte, opinion partagée alors par nombre d'écrivains civils plus ou moins compétents dans les choses militaires, mais dont les articles faisaient autorité : par exemple, Charles Malo, rédacteur militaire des *Débats*, écrivait en 1912 : On ne saurait hésiter à regarder comme matériellement et moralement impossible qu'une guerre englobant toutes ou presque toutes les grandes puissances de l'Europe se prolonge au delà de quelques semaines. — six ou sept peut-être, — de deux mois et demi ou trois mois, au grand maximum, en y comprenant les temps d'arrêt...

C'était aussi l'avis de nos économistes.

---

(1) Un second trait saillant des cinq batailles qui ont rempli les cinq jours des manœuvres, écrivait en 1898 le colonel de Foucauld, notre attaché militaire à Berlin, est la *grande étendue de front*. Le comte H... a été amené par les circonstances à prendre presque chaque jour une *position défensive*.

Bien loin de nous prêter au jeu de notre adversaire, avait écrit le Général Langlois dans la *Revue Générale*, nous ne devons accepter la bataille *décisive* que toutes forces réunies. Nous devons avoir cette conviction profonde que la lutte doit et peut durer jusqu'au moment où seront prêtes à agir, avec nous, nos troupes d'Algérie, ainsi que les armées amies et alliées de l'Angleterre et de la Russie ; alors, et alors seulement, ce sera la guerre à outrance ; celle-ci ne se bornera vraisemblablement pas à une seule grande bataille de quelques jours ; elle durera longtemps, et la victoire restera au plus tenace.

Voilà ce qu'il faut faire pénétrer dans tous les cœurs français ; voilà ce qu'on ne saurait trop dire, ni trop répéter : voilà ce qu'il faut écrire dans tous les journaux, surtout dans les plus populaires ; voilà ce qu'il faut enseigner dans nos écoles et dans nos régiments : la victoire au plus tenace. Telle est la vérité (1).

Dans une des revues les plus lues de l'armée, le général Mordacq, alors commandant, avait également écrit avec un sens prophétique de l'avenir :

Un Gouvernement prévoyant et énergique disposera de tous les moyens nécessaires, matériels et moraux, pour continuer la lutte après une première défaite, et, à plus forte raison, un premier succès ....

....

Mais ces mêmes gouvernants ont, dès le temps de paix, encore un autre devoir à remplir : c'est de ne pas laisser répandre dans la Nation *l'idée que la prochaine guerre se terminera sûrement après la première grande bataille.*

Si cette idée fausse et néfaste venait à se transformer en conviction dans l'esprit de la population, on peut dire qu'une fois la guerre arrivée et une première bataille perdue, il n'y aurait plus rien à faire, ou, tout au moins, le Gouvernement éprouverait des difficultés presque insurmontables à obtenir les sacrifices et les efforts nécessaires pour la continuation de la lutte.

Bien au contraire, on ne saurait trop rappeler à la masse, si ignorante, si mal renseignée, si peu éduquée au point de vue de cette guerre, que les armées européennes actuelles, tout au moins les armées allemandes et françaises, se valent sensiblement, en tant que nombre, instruction et commandement. L'on ne devra donc pas désespérer après une bataille malheureuse. La

---

(1) Cette opinion émise par un chef de la valeur du général Langlois a été évidemment ignorée de ceux, si nombreux, qui ont reproché à l'armée de n'avoir cru qu'à une guerre courte.

victoire finale reviendra certainement au *peuple le plus tenace*, à celui qui saura supporter, avec le plus d'énergie, et surtout le plus longtemps, les épreuves de tous genres qu'entraînera à sa suite la guerre du vingtième siècle.

Telle est l'éternelle antienne que devraient répéter sans cesse instituteurs, professeurs, officiers et hommes politiques.

Malheureusement, c'est au Ministère de la Guerre, c'est dans ce milieu d'élite formé par les officiers des bureaux de l'Etat-Major, que la doctrine nouvelle avait trouvé ses plus ardents protagonistes et le plus éloquent d'entre eux, un officier d'une incontestable valeur, le colonel de Grandmaison.

Pour éviter l'idée préconçue, dit en termes lapidaires le colonel de Grandmaison, nous instituons *l'appréhension préconçue*. Nous n'attaquons plus : après mille précautions nous contre-attaquons, et cela fait de l'offensive défensive, ou si vous voulez, de la *défensive agressive*, et l'un vaut l'autre pour être vaincu.

La sûreté d'une troupe réside dans sa capacité d'attaque... Un adversaire assailli brusquement et partout à la fois songe à parer les coups, il ne manœuvre plus, il devient rapidement incapable de toute offensive sérieuse. C'est la rapidité de l'engagement qui nous garantira de la surprise, et la violence de l'attaque qui nous assurera contre la manœuvre de l'ennemi...

En quelques mots il synthétisait aux yeux de ses disciples toute la doctrine nouvelle, en disant : « L'imprudence est la meilleure des sûretés » ; et de ses leçons, dans lesquelles on trouvait d'utiles vérités et même des règles classiques, ils ne retinrent que ces imprudentes paroles !

« Dès que l'officier se dispense de réfléchir, avait dit Cardot, il devient un animal tout court. »

Comme toujours dans ces périodes fiévreuses, les apôtres sont toujours dépassés par ceux-là mêmes auxquels ils ont apporté la foi, la religion nouvelle.

Nombre d'officiers ne voulurent retenir d'un Cardot, d'un Grandmaison que les paroles, les expressions qui répondaient le mieux à leur enthousiasme de néophytes.

Défensive et combat en retraite, écrira l'un d'eux, dans la *Revue Militaire Générale*, sont des moyens de combat scientifiques qui ont pu avoir des succès plus ou moins localisés dans des circonstances exceptionnelles, mais sur lesquels on n'a pas le droit de tabler pour s'assurer la victoire, même en ne les acceptant que comme procédés secondaires...

Si Alvensleben, au lieu d'attaquer comme un fou furieux le 16 août, avec 25.000 hommes les 150.000 de l'armée de Metz, s'était contenté de se retrancher sur les hauteurs de Tronville et de la Vierge, il aurait sans aucun doute résisté victorieusement aux attaques des Français. Mais ceux-ci n'en auraient pas moins filé sur Verdun...

...La défensive c'est l'inaction.

Les apôtres de la nouvelle doctrine se trompaient; ils trompaient leurs adeptes et l'armée elle-même, en affirmant que l'offensive était une doctrine exclusive de l'armée allemande. Von Caemmer écrivait en 1911 : La défensive ne consiste pas uniquement dans le fait de parer à une attaque ; la contre-attaque fait partie de sa définition même, la défensive est caractérisée par l'attente de la première attaque et non pas par le fait de subir et de pâtir. Un vif et vigoureux passage à l'offensive, l'éclatant coup d'épée de riposte, voilà le point le plus brillant de la défensive... et de fait, ce concept de la défensive, selon Clausewitz, a bien passé dans la vie pratique de notre armée.

Du jour où le nouveau généralissime, le général Joffre, devint le Vice-Président du Conseil Supérieur de la Guerre et le Chef d'Etat-Major de l'armée française, l'offensive à outrance fut la doctrine définitive de l'armée. Sans être encore inscrite dans le Règlement, elle avait trouvé chez la plupart des écrivains militaires, chez nombre de généraux, et finalement au sein même du Conseil Supérieur de la Guerre, une telle approbation, qu'il fallait une singulière clairvoyance pour ne pas se laisser convertir et un réel courage pour oser la critiquer à haute voix.

« Les portes et les fenêtres sont bien fermées..., alors je vais vous parler de la défensive », disait un jour le général Lanrezac, après être entré dans une salle où il avait réuni les officiers de la garnison. Avec sa terrible ironie et sa belle indépendance, tout en combattant la nouvelle doctrine, il montrait combien il devenait difficile de la critiquer.

Le général Pau, en 1913, avait eu le courage, même en plein Parlement, d'envisager une tactique qui mettait nos armées sur la défensive avant de passer à l'offensive.

Du fait que, disait-il, le cas échéant, nous entendons laisser à d'autres l'initiative et la responsabilité de la rupture, l'entrée en action de notre armée se trouve, de toute évidence, subordonnée à l'offensive politique adverse...

On a été étonné, disait quelques jours plus tard le *Journal des Sciences Militaires*, certains mêmes ont été scandalisés, d'entendre soutenir, au nom du Conseil Supérieur de la Guerre, cette thèse de l'expectative nécessaire, que le colonel Grouard a développée avec tant de force dans son livre sur *La Guerre éventuelle*. Il y a dans notre État-Major une hostilité telle contre la défensive qu'il faut un véritable courage à reconnaître ouvertement, à proclamer, que l'initiative des opérations doit revenir à nos voisins, notre rôle se réduisant à riposter. Ce courage, le général Pau l'a eu. Peu d'officiers eussent été en situation de l'avoir...

La doctrine de l'offensive à outrance, ne concevant le succès que dans la manœuvre menée rapidement, brutalement, allait avoir pour conséquence normale l'élaboration d'un plan de guerre, ne tenant compte ni des intentions que pouvait avoir l'adversaire, ni des obstacles que présentaient les différentes régions de la frontière ; mais elle allait écarter tout ce qui pouvait, aux yeux de ses disciples, inspirer la passivité, tout ce qui, à leur avis, devait comporter quelque lenteur dans les mouvements des armées, ou arrêter l'élan de l'armée active sur le champ de bataille.

A la frontière du Nord, Lille fut déclassée et ne fut même pas comprise dans la zone des opérations relevant de l'autorité militaire, telle que la définissait la carte affichée sur les établissements publics de Paris au début des hostilités. Rien ne fut fait pour ralentir la marche des colonnes ennemies et permettre à Maubeuge une longue résistance. Les premiers essais d'artillerie lourde ne furent commencés qu'en 1912 ; il ne fallait pas, disait-on, alourdir, entraver la marche de l'armée par un matériel encombrant. Les sections de mitrailleuses ne furent pas augmentées. Faute d'avoir prévu l'emploi des divisions de réservistes en première ligne, nos armées furent tout d'abord inférieures en nombre, et la tactique linéaire si justement condamnée, rejetée par le général Bonnal dans un temps périmé, réapparut dans la bataille des frontières.

Les fortifications et la frontière du Nord. — Dès 1873. alors que s'achevaient les premiers forts de l'Est, ceux qu'on a appelés « les forts de la panique », le programme du général Séré de Rivière était déjà critiqué.

Si on était presque unanime à reconnaître la nécessité de fermer notre frontière de l'Est, en créant sur les Hauts de Meuse de nombreux forts d'arrêt et quelques grands camps retranchés, il n'en était pas de même, quand il s'agissait de notre frontière du Nord.

Dans ses « Considérations sur le système défensif de la France », le général Ferron proposait de laisser la frontière de la Belgique complètement ouverte, en préparant une retraite vers le Sud « entre Paris mieux protégé et la frontière allemande défendue par une chaîne ininterrompue de forts ».

Au fur et à mesure que l'esprit d'offensive se révélait dans notre armée réorganisée et de plus en plus confiante dans sa force, les fortifications qui s'élevaient sur les routes d'invasion et particulièrement sur celles de la frontière Nord étaient l'objet de nombreuses critiques. C'est pour répondre à leurs auteurs qu'en 1882, avec l'encouragement de Gambetta et du Ministre de la Guerre, un historien, Tenot, fit paraître *Les Nouvelles Défenses de la France*, livre inspiré et documenté par le général Séré de Rivière. Il donnait toutes les raisons, tous les arguments, qui justifiaient l'organisation défensive de nos frontières et des falaises de Champagne ; et il exposait avec beaucoup de clarté toutes les manœuvres que ces divers points d'appui permettaient de concevoir.

On y trouve le plan X de 1890, basé sur le principe de la contre-offensive ; on y trouve aussi l'exécution d'une retraite vers le Sud entre Paris et les places fortes de l'Est par une armée française battue sur la Sambre. C'est notre manœuvre d'août 1914 (1).

Les camps retranchés de Belfort, Epinal, Toul, Verdun, étaient construits ; les forts de la frontière Nord et ceux des falaises de Champagne s'élevaient, lorsque les Ministres de la Guerre, d'accord avec le Parlement, prêtèrent l'oreille à une jeunesse, encore en minorité, qui prétendait que toutes ces fortifications n'offriraient aucune résistance et ne pouvaient que nuire à l'esprit d'offensive.

Les premiers changements, apportés au classement des places et des forts du Nord, provoquèrent une controverse d'autant plus vive que la question du passage des armées françaises ou allemandes par la Belgique était envisagée par les meilleurs écrivains militaires de l'Allemagne.

En 1903, la *Deutsche Zeitung* disait : Il pourrait devenir nécessaire de faire passer une armée allemande par la Belgique, pour tourner les forteresses françaises, alors même que d'autres forces allemandes auraient pénétré en France par un autre côté. Toutes les guerres en France et en Allemagne, avant 1870, se sont décidées en Belgique.

En rappelant les projets du général Ferron, le général Von Caemmerer écrivait en 1907 :

Dès maintenant la frontière du Nord est à peu près ouverte, bientôt les fortifications de la falaise La Fère-Reims disparaîtront, et la France, reprenant confiance dans la valeur de son armée, supprimera aussi, on peut le présumer, la plus grande partie des ouvrages destinés en principe à fournir un front d'appui tactique à une aile dans la bataille défensive sur une position fortifiée. Mais l'idée de la retraite vers le Sud subsistera bien certainement, maintenant que son application éventuelle a été étudiée et préparée avec tant de soins. On y persistera d'autant plus vivement qu'elle est en étroite relation avec la nouvelle mise en état de défense de Paris... (*L'Evolution de la stratégie au XIXe siècle*, par le général Von CAEMMERER, 1907, page 167.)

---

(1) Il se trouva qu'en 1914, la perte de la bataille de Charleroi conduisit le généralissime à réaliser une manœuvre en retraite qu'il n'avait pas prévue en préparant le plan XVII, mais qu'il avait certainement étudiée dans les premières années de sa carrière, alors qu'il était à l'Ecole de Fontainebleau.

En 1909, Falkenhausen faisait paraître une étude sur ce sujet, en supposant que c'était la France qui envahissait la Belgique.

Une des dernières publications de Bernhardi pouvait donner à penser que les chefs de l'armée allemande n'hésiteraient pas à violer la neutralité de la Belgique.

En Angleterre, on s'inquiétait de l'invasion de la Belgique par les armées allemandes et de la défense d'Anvers.

Brialmont avait créé le vaste camp retranché d'Anvers en vue de cette éventualité. Plus tard, convaincu que, en cas de violation de la neutralité belge, l'invasion des forces allemandes se ferait par la rive gauche de la Meuse, il avait fortifié Liége et Namur.

Dans l'armée belge, certains, comme le général Ducarne, croyaient que les Allemands éviteraient d'envahir tout le territoire belge et passeraient par la rive droite de la Meuse. En envisageant ces diverses hypothèses, les uns souhaitaient que l'armée se joignît à l'armée française, tandis que d'autres demandaient qu'après avoir défendu les forts de la Meuse, l'armée se retirât l'arme au pied.

Malgré ce que la France devait craindre de la part d'une nation comme l'Allemagne, les forts et places de la frontière du Nord se trouvaient, en 1914, démantelés ou délaissés.

A ceux qui s'en inquiétaient, qui craignaient l'invasion allemande par la frontière de la Belgique, Castelnau, à Lille, avait répondu : « Tant mieux, si une armée allemande passe par ici. » Seule, la place fortifiée de Maubeuge avait été conservée ; son armement était médiocre, ses forts sans valeur.

Le général Maitrot fut un des plus ardents à protester contre ce déclassement de nos forts et places du Nord. Dans les études qu'il fit paraître en 1911, il prévoyait le péril auquel cette funeste erreur nous exposera en 1914.

En 1912 et 1913, le général Hermant, pressentant aussi le danger qui nous menace, expose dans le *Journal des Sciences Militaires*, avec sa remarquable compétence technique, les avantages qu'offrirait la place de Lille avec un bon armement.

Il montre la facilité, avec laquelle on pourrait inonder toute la région des Wateringues jusqu'à 10 kilomètres de Calais, et la nécessité de reprendre les travaux de défense de Dunkerque et de Calais. Entre Lille et Maubeuge, on peut, dit-il, constituer une région difficilement abordable, d'où on pourra agir à l'Est ou à l'Ouest sur les colonnes d'invasion. La question de Flessingue est également l'objet d'études parues en 1912 dans le *Journal des Sciences Militaires*.

En 1913, à ceux qui prétendent qu'à l'imitation des Allemands toutes nos pensées ne doivent avoir qu'un but, l'offensive, et que pour nous, comme pour eux, la fortification est à dédaigner, la *Revue Générale* montre comment a évolué cette question de la fortification en Allemagne depuis 1870 :

Après 1870, les Allemands ne voulaient plus entendre parler de fortifications, puis changeant d'idées vers 1896, donnaient à leurs places de Metz et Strasbourg une extension considérable ; ils en arrivaient enfin à couvrir de fortifications l'Alsace et la Lorraine, incités sans doute par des raisons bien puissantes.

Les disciples de l'offensive à outrance ne pouvaient nier cette évolution.

Les petits stratèges, écrit le colonel du génie breveté R. Normand, par penchant d'admiration béate pour tout ce que faisaient les Allemands, disaient que les « festes » étaient de la fortification offensive par opposition à la fortification défensive.

C'est sous l'inspiration du G. Q. G. que le Ministre de la Guerre dira dans un décret de 1915 : La défense du territoire dépend exclusivement des armées en campagne... Le désarmement des places, dont le rôle passif n'est plus acceptable, peut seul nous procurer sans délai l'artillerie lourde indispensable à l'armée.

Pour l'offensive de 1915 en Champagne, on récupère 80 tubes de 75 et 10.000 coups de canon à Verdun.

En pleine bataille de Verdun, on voulait détruire les forts sans les défendre.

Il fallut le Maréchal Pétain pour donner à nos forts et places fortes le rôle qui leur appartenait dans la défense du territoire.

Dans un ordre du 12 mars 1916, le Maréchal Pétain concluait de l'expérience des derniers combats qu'ils avaient permis d'apprécier la capacité de résistance des forts. « Ceux-ci sont en effet mieux organisés que les points d'appui « créés hâtivement sur le champ de bataille. »

Les casemates furent réarmées, les tourelles réparées, etc. Comme l'Etat-Major, le général Joffre était persuadé que nos forts s'effondreraient sous le déluge des projectiles de l'artillerie lourde (1).

Quant à la fortification passagère, les officiers du Grand Etat-Major avaient déjà attaché beaucoup d'importance à l'étude des manœuvres de Plewna en 1877; c'est en s'inspirant de leurs leçons que leurs élèves de l'armée turque créèrent les lignes de Tchataldja, sur lesquelles vint se briser l'offensive bulgare en 1912. Après la guerre russo-japonaise, l'armée allemande avait compris le rôle que joueraient les tranchées, même dans la guerre de mouvement.

Dans les grandes manœuvres de 1912 et de 1913, l'Allemagne étalait dans les plaines de Posnanie le spectacle théâtral de masses de cavalerie conduites parfois dans des conditions confinant à l'absurde ; mais à la même époque elle

---

(1) Parlant de Verdun, le colonel Normand a écrit dans la *Revue Militaire Française* du 1ᵉʳ juin 1925 : « Sous ce déluge de projectiles, comment le béton « a-t-il résisté ? Lorsqu'on visite les fortifications de Liége, Namur, Anvers, « on trouve fréquemment des façades peu endommagées, ayant même par « endroit un aspect neuf. Quand on va à Verdun, Douaumont et Vaux en parti- « culier offrent extérieurement un aspect de ruines ; mais en pénétrant dans les « locaux, on voit toutes les voûtes intactes, sauf à Douaumont..., tandis qu'en « Belgique un nombre très important de chambres sont percées. »

Le colonel Normand attribue cette différence à la valeur et à l'emploi du ciment fait par nos officiers du génie. A Liége, 22 tourelles sur 37 furent démolies ou hors de service. A Namur, 7 sur 31. A Anvers, 8 sur 37.

Aucune tourelle à éclipse de 155 ou de 75 de Verdun n'a été gravement endommagée par les obus de gros calibre.

Voici ce que le général allemand Schwarte dit de nos places fortes : « Les « places françaises de l'Est ont rempli toutes les missions qui découlèrent des « événements. »

étudiait secrètement, dans des manœuvres de division, effec-
tuées sans retentissement en Bavière, la guerre de tranchées ;
elle s'y préparait en Haute-Alsace par des tranchées pro-
fondes, bétonnées et ensuite, dit-on, comblées de terre, en
attendant l'heure de les rouvrir.

Dès le mois de septembre, les Allemands creusèrent des
tranchées ; et les Français utilisèrent, même dès le mois d'août
1914, les vieilles fortifications comme celles de la Redoute
du Bois-Brûlé.

Ouvrage permanent, nous dit le général Castelli commandant
le 8ᵉ corps, comprenant deux bastions que relie une courtine,
d'environ 250 mètres, le bastion sud à la jonction du Bois-Brûlé
et du Bois-Jural, le bastion nord au milieu de la lisière du Bois-
Brûlé. Ces bastions sont constitués par un rang de casemates à
demi enterrées, recouvertes de troncs d'arbres et de terre. Sur
le sommet, un chemin de ronde est bordé d'un parapet permettant le tir. En avant de l'ouvrage, s'étend un épais réseau de fils de
fer, semblable aux réseaux protégeant les forts. A 200 mètres en
arrière, en plein bois, existent des ouvrages rectilignes ayant le
même dispositif de casemates surmontées de parapets pour le tir.
Ils deviendront bien connus de toute la division sous le nom de
vieux abris, comprenant les abris Est et les abris Ouest.

Ces ouvrages construits longtemps avant la guerre, et déjà un
peu délabrés, incapables de résister à l'action d'un obus de 150,
nous paraissent offrir une grande sécurité à cette époque où l'on
ignore encore les abris et les réseaux. De plus, par leur situation, ils tiennent sous leur feu une grande partie de la route
Saint-Mihiel-Apremont, et les débouchés du bois au Nord de la
route. Aussi les Allemands s'acharneront-ils sur la redoute, accu-
muleront pour s'en emparer les mêmes moyens matériels que
pour des fortifications plus importantes, multiplieront les attaques et feront des sacrifices énormes

*Les Allemands ont des obusiers
de 105 et de 150, ils ont encore
des mortiers de 210 et vont
avoir des obusiers de 280 ! Que
nous importe...?*

Revue Militaire Générale, 1912.

L'artillerie lourde. — Nombre d'officiers d'artillerie, avec cette mentalité toute française que reflète si exactement le polytechnicien, apportaient dans cette question de l'artillerie lourde un esprit de logique, un goût excessif pour la précision, pour le résultat calculé, théorique, qui leur cachait les réalités de la guerre.

Si la puissance du projectile, écrivait l'un d'eux dans la *Revue d'Artillerie*, est encore assez grande pour produire des effets de destruction suffisants sur le personnel et sur le matériel, ce qui est naturellement une condition essentielle, on ne voit pas quels avantages pourraient encore rester à un projectile plus lourd. Il est bon de rappeler ici, afin d'éviter toute conception erronée, que c'est une faute de consommer pour un résultat déterminé une quantité donnée de munitions, lorsque ce résultat peut être atteint avec une consommation moindre. Les munitions sont faciles à brûler, mais difficiles à remplacer.

Le projectile léger permet d'escompter d'autant mieux le succès tactique qu'il conduit à l'allègement du matériel. Avec un matériel plus léger et plus mobile, on sera souvent en situation de prévenir l'adversaire dans le déploiement de ses masses d'artillerie ; on pourra acquérir ainsi une supériorité qui, souvent, ne peut plus être reconquise dans le cours du combat, lorsque l'adversaire met finalement en ligne un plus grand nombre de canons.

Ainsi, toutes choses égales d'ailleurs, les chances de succès dans la lutte d'artillerie se trouveront du côté des batteries qui disposent des canons les plus légers et les plus précis et du plus grand approvisionnement de munitions, et non du côté des batteries qui couvriront de leurs shrapnells les lignes d'artillerie adverses. *La décision n'appartiendra pas à l'obus arrivant sur l'objectif, mais à l'obus agissant efficacement sur celui-ci.*

Un autre écrivait dans la *Revue Militaire Générale* :

A laquelle des deux artilleries restera la supériorité dans la lutte ? Evidemment à celle qui, dans un temps donné, réussira à obtenir *le plus grand nombre de coups au but*. Le coup qui atteint directement l'objectif produit un effet incontesté, aussi bien sur le personnel que sur le matériel ; il les détruit tous les deux, en même temps qu'il exerce sur le personnel exposé au tir une influence morale des plus déprimantes. Un nombre relativement minime de coups au but paralysera souvent toute une batterie. Rien ne peut résister à la puissance destructive d'un obus explosif et à l'impression de terreur qu'il fait naître.

Non seulement les réalités de la guerre échappaient à ces officiers qui sont souvent des savants ; mais ils ne cachaient par leur dédain pour ceux qui pensaient autrement qu'eux :

Les Allemands ont des obusiers de 105 et de 150 ; ils ont encore des mortiers de 210 et vont avoir peut-être des obusiers de 280 ! Que nous importe ? Et tant mieux, s'il est très probable qu'ils se fourvoient et méconnaissent les réalités de la bataille de campagne. Qu'ils prennent donc encore des bombardes, pour que nous ayons le plaisir de les voir, le jour que nous leur sauterons dessus et les culbuterons, s'empêtrer dans tout ça !...

Dans une étude parue avant la guerre dans la *Revue d'Artillerie*, l'auteur, en rappelant les erreurs de notre artillerie de 1870, fait bien saisir non seulement cette mentalité de nos artilleurs qui allait encore une fois nous mettre en mauvaise posture devant l'artillerie allemande de 1914, mais aussi les conséquences de la doctrine de l'offensive à outrance :

De 1860 à 1869, l'Ecole de Pyrotechnie n'avait cessé d'expérimenter des fusées de toutes sortes.

Finalement, en décembre 1869, on avait adopté une fusée qui donnait toute satisfaction, la fusée « Maucourant », fusée mixte, percutante ou fusante à volonté, et qui présentait sur tous les autres engins similaires de l'époque une supériorité considérable ; malheureusement le temps manqua pour en doter les batteries.

Il en était donc des fusées comme des canons à fermeture de culasse ; nous les possédions, en puissance seulement, pour ainsi dire. Et là nous touchons du doigt un point sensible de la mentalité de notre artillerie.

S'il est un reproche à lui faire, ce n'est pas celui d'insouciance, mais plutôt celui d'excès de conscience, d'exagération dans la

mise au point. Dans ses diverses recherches, elle ne se contentait
pas de solutions moyennes, approchées, elle voulait la solution
exacte, complète, absolue. Elle ne se serait pas accommodée,
comme le firent nos voisins, de canons risquant d'éclater, de fer-
metures de culasse pouvant se coincer, de fusées fonctionnant
mal, de fusils à mécanisme crachant. Cette minutie est-elle un
mal ? Est-elle un bien ? C'est un mal, si l'on songe au risque d'être
surpris par les événements en flagrant délit d'expérience. C'est un
bien, si l'on considère l'avantage de ne pas être obligé de modifier
sans cesse le matériel et de mettre ainsi les deniers publics à trop
fréquente contribution.

. . . .

Animée d'un puissant esprit d'offensive, notre artillerie n'avait
pas prévu que le commandement, en imposant aux troupes la
défensive passive, la riverait au terrain et l'exposerait ainsi, cible
impuissante, aux coups lointains de l'ennemi. Elle n'ignorait
pas que les canons allemands portaient plus loin que les siens.
Mais *elle comptait bien se porter en avant jusqu'aux distances où
elle savait son tir efficace, aussi efficace que le tir de l'adversaire.*
Preuve en est que, dans la deuxième partie de la campagne,
quand elle a pu appliquer sa tactique offensive, elle ne s'est nullement sentie inférieure à l'artillerie ennemie...

Il est utile d'ajouter que l'armée de la Loire possédait
nombre de pièces se chargeant par la culasse et d'une portée
plus grande.

. . . .

On voit ainsi combien, dans la période qui précède la guerre
de 1870, était encore tenace l'emprise de l'ancienne artillerie,
et notre stagnation technique alors, qu'il s'agisse du canon, des
fusées, ou du réglage du tir, n'est imputable ni à l'insouciance ni
à l'ignorance, *mais* surtout à une fausse conception des nécessités tactiques...

En n'envisageant que l'offensive, l'auteur de la *Revue
d'Artillerie* a, lui aussi, une fausse conception des nécessités
tactiques ; il ne comprend pas plus que les artilleurs de 1870
que, même dans ce cas, il y a des parties du champ de
bataille où on est arrêté, immobilisé, et où la portée des
pièces joue un grand rôle ; mais, quoi qu'en pense cet officier
d'artillerie, imbu d'offensive à outrance, à la guerre il faut
aussi envisager les circonstances qui obligent à la défensive

ou à la retraite ; la grande portée des pièces offre alors de précieux avantages.

L'artillerie a fait un si bon emploi de son merveilleux 75 qu'elle a largement contribué à la victoire de la Marne ; mais, faute d'une artillerie lourde, il a fallu deux années de guerre avant que nos armées aient eu une artillerie assez puissante pour entreprendre avec chance de succès de vastes opérations.

Les mitrailleuses. — Nous sommes tous convaincus maintenant, écrivait en 1908 le colonel Postovski, professeur à l'Ecole de Tir russe, que la mitrailleuse est la fidèle compagne du fantassin dans toutes les phases du combat offensif. Au même degré que lui, elle participe à la décision de la mission assignée, brise la résistance de l'ennemi, et assure la conservation du succès obtenu.

Déjà en 1902, le Règlement allemand avait prévu, dans l'attaque, l'emploi d'une réserve mobile de mitrailleuses.

Le Règlement du 21 octobre 1909 place au besoin la mitrailleuse sur la ligne même des tirailleurs d'infanterie, pour permettre à ceux-ci d'acquérir la supériorité du feu.

Parmi les modifications, apportées en 1911 à l'organisation de l'armée allemande, figure une augmentation considérable du nombre des unités de mitrailleuses. Elle prévoit une compagnie de mitrailleuses par régiment. Le budget de 1911 donnait déjà une compagnie de mitrailleuses à un régiment par brigade.

Chaque compagnie est à 3 sections, chaque section comprend 2 mitrailleuses.

Les officiers d'infanterie et particulièrement les chefs de nos sections de mitrailleuses avaient parfaitement compris le rôle que pouvait jouer leur armement aussi bien dans l'offensive que dans la défensive. Cependant, on n'avait pas cru devoir imiter l'armée allemande, soit pour ne pas alourdir les mouvements de l'infanterie, soit par crainte de favoriser les idées de défensive.

Il faut reconnaître que, dès les premiers combats, nos sections de mitrailleuses, très bien commandées, jouèrent un rôle des plus utiles ; mais mieux préparées à leur emploi dans la défensive, plus nombreuses, elles auraient, tout comme les mitrailleuses allemandes à Charleroi, opposé un obstacle souvent infranchissable à l'offensive de l'adversaire.

Il fallut encore bien des mois pour réparer l'erreur commise par ceux qui n'avaient pas compris la valeur exceptionnelle de ce matériel, qui cependant, avait fait ses preuves dans la guerre russo-japonaise.

Les réservistes. — L'offensive à outrance exigeait, disaient ses adeptes, des troupes, des chefs, dont rien ne devait arrêter le courage et l'élan. Dès lors les divisions de réservistes, n'ayant ni les cadres, ni l'entraînement militaire, ni la discipline que comportaient de telles méthodes de combat, ne pouvaient avoir, à leurs yeux, qu'un rôle secondaire.

L'armée n'avait jamais cru aux services que les Régiments de Réservistes pouvaient rendre en première ligne. La partie la plus instruite de la nation s'était le plus souvent contentée de rester dans le rang, au lieu de briguer le grade d'officier de réserve. Très rares étaient les généraux qui avaient compris que, dans la guerre nationale, on devait demander aux unités de réservistes les mêmes services, les mêmes sacrifices qu'aux corps de l'armée active.

Cependant, il en était quelques-uns qui se souvenaient des leçons de Napoléon. En effet, l'Empereur avait toujours apporté un soin extrême à grossir ses effectifs, et même à dépasser ceux de son adversaire.

Le général Michel, Vice-Président du Conseil Supérieur de la Guerre, c'est-à-dire futur généralissime de nos armées, était précisément de ceux qui voulaient que, dès le début de la guerre, les unités de réservistes fussent placées en première ligne.

Telles étaient à cet égard les idées arrêtées du Conseil Supérieur et l'influence de l'Etat-Major du Ministère de la Guerre, que ce fut là la principale raison du remplacement du général Michel par le général Joffre.

L'Etat-Major affirme qu'il savait l'emploi que l'Allemagne comptait faire de ses divisions de réservistes. Quoi qu'il en soit, ces divisions solidement encadrées, placées en première ligne, jouèrent un rôle considérable, dès le mois d'août 1914, tandis que nos brigades et divisions de réservistes, mal préparées, n'ayant que des cadres absolument insuffisants, fléchirent sous le feu et n'eurent leur réelle valeur qu'après quelques mois de guerre.

En stratégie, la doctrine de l'offensive à outrance nous a donné le plan XVII ; en tactique, les offensives des IIe, IIIe, IVe Armées furent exécutées sans tenir compte des obstacles matériels, sans demander ni à la sûreté éloignée, ni à la sûreté rapprochée, les renseignements indispensables.

L'offensive à outrance nous a causé des pertes d'effectifs, qui ont failli compromettre le moral de l'armée, et qui ont permis la longue résistance de l'ennemi.

Si nous avons dédaigné l'emploi des places fortes et de la fortification passagère, si nous avons commencé la guerre sans artillerie lourde, sans un nombre suffisant de mitrailleuses, si nos divisions de réservistes n'ont pas rempli un rôle plus utile en août et septembre 1914, c'est la doctrine de l'offensive à outrance qu'il en faut accuser.

CHAPITRE III

Les Institutions Militaires

Les hommes sont impuissants pour mesurer l'avenir, les Ins-titutions seules fixent les desti-nées des peuples.

NAPOLÉON

L'enseignement de l'Ecole de Guerre avait été mis à profit par tous nos officiers.

Sa doctrine de guerre, « si sage, si prudente », était celle même dont s'inspiraient nos Règlements militaires, depuis 1895, dans les manœuvres et les exercices sur la carte. Elle était impeccable entre les mains des exécutants, qui avaient bien compris ce qu'on doit entendre par l'esprit d'offensive et qui apportaient dans son application les dons qu'exige « le soin de la guerre » (1).

Cependant la majorité des officiers, après l'avoir prati-quée avec ferveur pendant plus de 10 ans, l'ont reniée et ont suivi en aveugles les apôtres de l'offensive à outrance, sans vouloir entendre ni un Bonnal, ni un Lanrezac.

Les officiers d'artillerie, mettant à profit les leçons de 1870, avaient créé un excellent matériel d'artillerie de cam-pagne se chargeant par la culasse, puis avaient donné à notre armée, en 1905, la pièce de 75. Avec son bouclier, son frein, son débouchoir et son appareil de pointage, qui permettait le tir masqué, nous possédions la meilleure artillerie de cam-pagne des armées européennes.

---

(1) BONNAL.

Cependant ces mêmes officiers n'avaient compris ni l'effet moral produit par le tir sur zone (1), ni l'utilité de l'obusier, ni la nécessité d'une pièce à longue portée. Ils n'avaient tenu aucun compte des progrès réalisés dans l'artillerie de l'armée allemande et c'était vainement que des généraux comme Ruffey, Herr, Bon avaient mis sous leurs yeux les résultats obtenus dans la guerre russo-japonaise et dans la guerre balkanique. Ce fut seulement en 1912 que furent faits les premiers essais d'artillerie lourde.

Les officiers de cavalerie, incomparables dans le service de la découverte, n'avaient guère mis à profit l'enseignement d'un Bourdériat et d'un Desvallières ; ils se consacraient plus volontiers à manœuvrer en masse qu'à faire du combat à pied ou à éclairer les colonnes d'infanterie.

Malgré les leçons de la guerre russo-japonaise, l'officier d'infanterie, tout en exerçant sa troupe à creuser des tranchées, ne songeait nullement à en faire l'emploi sur les champs de bataille. La résistance de Port-Arthur n'avait pas convaincu l'Etat-Major de l'utilité et de la valeur des places fortifiées.

Si difficile qu'il soit, dans une longue période de paix, de concevoir tous les progrès qui s'imposent à une armée et de saisir les vérités qui s'accorderont avec les réalités de la guerre, comment, dans cette armée française où on comptait tant de valeurs intellectuelles, la majorité des officiers a-t-elle commis de si regrettables erreurs ? Comment des généraux considérés comme des chefs de haute valeur ont-ils gardé le

---

(1) « A la bataille de la Marne, j'ai mis à profit les premières leçons de la guerre, disait le général Boichut, je n'hésitai pas à vider mes coffres pour arroser le terrain ennemi... »

« Il est impossible de se former une conception nette et complète du mode « d'action de l'artillerie, sans avoir en même temps une idée précise du mode « de combat de l'infanterie...; tout officier d'artillerie connaissait en 1785 les « éléments nécessaires et suffisants de la tactique d'infanterie... »

(Colonel Colin, *L'Education militaire de Napoléon*, pages 127-128).

Ce remarquable écrivain militaire répétait volontiers qu'il avait beaucoup appris, en faisant un stage d'une année comme lieutenant-colonel dans un régiment d'infanterie.

silence sur la question des obusiers et des pièces à longue
portée (1) et même sur celle de nos places du Nord ?

Pourquoi le Comité Supérieur de la Guerre et son Vice-
Président n'ont-ils pas exigé que l'artillerie eût son aviation ?
D'où vient que trop souvent des Généraux et des Etats-Majors
ne surent pas faire un bon emploi de la cavalerie ou de l'artillerie ?

Pourquoi quelques-uns d'entre eux ont-ils commis, au
début de la guerre, des fautes qui semblent impardonnables ?

Il y a à cela diverses causes ; mais c'est, avant tout, l'esprit de particularisme, dont s'inspiraient nos institutions militaires, qu'il en faut accuser.

Une communauté d'origine, des séjours dans les mêmes
écoles, un même métier, des fonctions spéciales devaient inévitablement développer, chez les officiers de chaque arme et
de chaque service, un sentiment exagéré de leur savoir, de
leur importance et de leurs droits, encourager leurs ambitions,
allumer de déplorables rivalités, favoriser même une sorte de
sectarisme d'initiés et fausser le jugement.

Au lieu de réagir, de rendre moins étanches les cloisons
qui enserraient étroitement les esprits, limitaient la vue sur
l'extérieur, le législateur et les chefs de notre armée n'avaient
fait que favoriser ce déplorable esprit de particularisme.

Tandis qu'en Allemagne, dès le temps de paix, toute l'artillerie de campagne était répartie entre les deux divisions du
corps d'armée, en France ce n'est qu'à partir de 1910 que la
moitié de l'artillerie de campagne a été répartie entre ces
deux grandes unités.

Tandis qu'en Allemagne, dès le temps de paix, un régiment de cavalerie était rattaché à chaque division, en France
le commandant de corps d'armée avait sous son commandement direct, en temps de paix comme en temps de guerre, le

---

(1) Il paraît que dans une réunion du Conseil Supérieur de la Guerre prési-
dée par M. Fallières, le général Pau et d'autres membres du Conseil expri-
mèrent leur désir de voir notre armée posséder cette artillerie lourde ; mais
leur collègue de l'artillerie s'y montra opposé et cela suffit pour que la question fût abandonnée.

régiment de cavalerie. C'est seulement en temps de guerre qu'un escadron (formé de réservistes) était rattaché à chaque division.

Chaque corps d'armée allemand possédait un détachement d'aviation, tandis que nos avions étaient concentrés dans les mains des commandants d'armée (1).

A partir de 1910, afin de former de plus nombreuses divisions de cavalerie, on n'avait laissé au commandant du corps d'armée qu'un seul régiment de cavalerie.

Les troupes d'Infanterie, d'Artillerie et de Cavalerie ne manœuvraient ensemble qu'une fois par an. Dans le cours de l'année, quelques officiers de ces 3 armes prenaient part à des manœuvres de cadres et à des travaux sur la carte, mais ce n'était là que des contacts passagers et d'un médiocre profit. Quant à l'officier du génie il n'était utilisé que très exceptionnellement dans ces divers exercices.

Les Commissions chargées d'établir les Règlements de chaque arme ne comptaient qu'un ou deux officiers des autres

---

(1) « A la suite des expériences de Châlons, disait en 1912 le *Journal des* du service de l'aviation dans l'artillerie. Plusieurs solutions étaient en présence: du service de l'aviation dans l'artillerie. Plusieurs solutions étaient en présence ; les unes envisageaient la séparation radicale du service de l'artillerie du service d'exploration, dans lequel rentrent déjà, nous l'avons dit, les services éventuels de liaison et le lancement des projectiles. Les autres ne considéraient le service de l'artillerie que comme accessoire et consécutif à l'autre et admettaient le cumul.

« Elles amenèrent finalement une *rivalité entre le génie* qui voulait conserver le monopole des aéroplanes, et *l'artillerie* qui désirait spécialiser ses aviateurs. Le génie voulait voir tous les appareils réunis en un seul service ; ils auraient été à deux ou trois places, uniformément conduits par des sapeurs, officiers ou gradés, et leurs observateurs auraient été, suivant le cas, des officiers d'Etat-Major, de Cavalerie ou d'Artillerie. Cette solution fut combattue par les cavaliers et les artilleurs qui continuaient à préférer les appareils à une place, en prétendant que, par gros temps, ils sont les seuls à pouvoir sortir et que, à bord d'un aéroplane le pilote est beaucoup plus calme que le passager, sentiment que l'on éprouve déjà en voiture ou en automobile, quand on se trouve à côté du conducteur, sans conduire soi-même.

« Ils soutenaient, non sans raison, que si le service était réuni, dès le début, entre les mains du Commandant d'armée par exemple, il semblait difficile à l'artillerie et à la cavalerie, d'avoir, au moment du besoin, les appareils qui leur seraient nécessaires. Ils rejetaient aussi la solution inverse qui consistait à donner les aéroplanes à l'artillerie des corps d'armée, à laquelle le commandant aurait demandé les aéroplanes dont il aurait eu besoin. Dans l'armée allemande, chaque corps d'armée avait son détachement d'aviation... »

En août 1914, l'aviation allemande prêta très souvent son concours à l'artillerie, tandis que, faute d'avions, nos batteries eurent de grandes difficultés à régler leur tir contre une artillerie presque toujours lointaine et masquée.

armes, de là ce Règlement d'Artillerie qui limitait, même sur le champ de bataille, les droits du général à l'égard de l'Artillerie placée sous son commandement !

L'enseignement commun reçu à l'Ecole de Guerre avait incontestablement agrandi l'horizon intellectuel des brevetés et même établi à l'Ecole une forte liaison morale entre les officiers des différentes armes ; mais après leur sortie de l'Ecole ce lien s'était peu à peu distendu.

En réalité, chaque arme, chaque service confiné dans sa caserne, sur son champ de manœuvres ou dans ses bureaux, ignorait les autres armes ou les autres services.

Une culture en vase clos et un esprit de chapelle ne pouvaient que favoriser les solutions erronées auxquelles nous conduisit l'ardeur de notre tempérament ou notre goût pour la logique, pour les résultats précis. Elles nous paraissaient impeccables, alors qu'elles négligeaient des facteurs qui n'avaient pas échappé à l'esprit réaliste des officiers de l'armée allemande.

Voilà sans doute la principale explication qu'on doit donner de la doctrine qui fut l'origine des fautes commises dans notre préparation militaire. Cependant si une majorité, grossie par les moutons de Panurge, s'était trompée en écoutant les hommes de valeur qui avaient défendu l'offensive à outrance avec une incontestable éloquence. une minorité, qui comptait parmi elle des chefs réputés par leur savoir et leur expérience et aussi de jeunes et brillants officiers, avait montré les exagérations, les erreurs de ceux qui critiquaient si sévèrement nos Règlements et les dangers que comportait l'offensive à outrance.

Si tout d'abord la plupart des officiers d'artillerie avaient été défavorables à l'emploi de l'artillerie lourde sur le champ de bataille, une minorité qui grossissait chaque année avait compris son utilité.

En art et en sciences, les différences de vues. les thèses qui s'opposent donnent lieu à des discussions, à des heurts, puis un jour vient où on leur doit d'utiles vérités et d'incontestables progrès.

Il en est de même en art et en sciences militaires ; mais la vie même d'une armée exige qu'on sorte rapidement de ces périodes de désaccord, car il importe de n'agir que sous l'inspiration d'une doctrine acceptée, pratiquée par tous.

Il appartenait au futur généralissime, aidé des avis du Conseil Supérieur de la Guerre et des Chefs les plus qualifiés, de décider si elle aurait une nouvelle doctrine de guerre. Or, l'Etat-Major seul fut entendu.

Un nombreux personnel d'Etat-Major, composé d'officiers d'élite détachés au Ministère de la Guerre, accomplissait tous les travaux préparatoires qu'exigeait la solution des questions confiées à l'initiative du chef d'Etat-Major ou soumises aux délibérations du Conseil.

Par suite d'une sélection réalisée par les soins des chefs et sous-chefs de l'Etat-Major (1) ces officiers formaient un véritable corps fermé ; son influence était devenue telle qu'en réalité la solution de toutes les questions les plus essentielles de notre préparation à la guerre se trouvait dépendre des officiers de ce corps.

C'était précisément chez eux que l'offensive à outrance avait trouvé ses apôtres les plus fervents, les plus éloquents.

Loin de la troupe, confinés dans leur Ministère, absorbés, accablés par leurs occupations bureaucratiques, n'ayant fait que des séjours trop courts dans les armes autres que la leur, ils n'avaient que des connaissances insuffisantes pour être bons juges de questions aussi graves que celles que comporte une doctrine de guerre ; mais avec leur confiance illimitée dans leur science d'initiés, la doctrine nouvelle devint très vite celle de cette véritable et toute puissante franc-maçonnerie et, dès lors, elle fut inscrite dans nos Règlements.

En 1913, paraissait un nouveau service en campagne, sans même que l'avis des chefs de corps ait été demandé au préalable.

----

(1) L'officier d'Etat-Major du Ministère de la Guerre obligé de faire son temps de troupes réglementaires était remplacé par un officier qui prenait l'engagement de lui rendre ses fonctions au terme de ce temps passé hors du Ministère.

*Nos armées ont été vaincues en
1870 moins par le talent de
Moltke que par une Institution :
le Grand Etat-Major...*

BONNAL

L'Ecole de Guerre avait, en 1876, ouvert ses portes aux officiers de toutes armes. En 1880, une loi supprimait le corps d'Etat-Major et créait le service d'Etat-Major. Il allait de soi, dès lors, que c'était désormais parmi les officiers brevetés de l'Ecole de Guerre que seraient choisis les officiers d'Etat-Major.

Déjà, à partir de 1878, avec le général Lewal, ancien officier d'Etat-Major, l'Ecole n'est pas une Ecole de Guerre, mais une Ecole d'Etat-Major ; tout l'enseignement n'a plus qu'un but exclusif : former des officiers d'Etat-Major qui soient à la hauteur des fonctions si multiples, si diverses, qui leur incombent maintenant, en temps de paix comme en temps de guerre. Les officiers les mieux classés à la sortie de l'Ecole seront placés au Ministère de la Guerre et dans les corps d'armée, les autres reprendront leur place dans les corps de troupe, sauf, en cas de besoin, à être désignés, à leur tour, pour quelque fonction d'Etat-Major.

Tout en reconnaissant la nécessité impérieuse de donner au commandement des auxiliaires d'élite, aptes à prendre toutes les initiatives que comportent leurs fonctions, le général Lewal entendait, cependant, que ce rôle de l'officier d'Etat-Major n'empiétât jamais sur celui du commandement, non seulement parce que le chef est le seul responsable et que rien ne doit diminuer son autorité et son prestige, mais parce que l'officier général qui commande et l'officier d'Etat-Major qui est son auxiliaire ont été choisis à raison des aptitudes souvent bien différentes qui les ont fait distinguer.

En 1815, Soult, devenu chef d'Etat-Major, fit regretter Berthier, tandis que Berthier eût été incapable de remplacer Soult à la tête d'un corps d'armée.

Cette façon de comprendre le rôle de l'Etat-Major à l'égard du commandement fut, dans les premières années, celle dont s'inspirèrent les professeurs à l'Ecole de Guerre. L'un d'eux répondait exactement à la pensée du général Lewal, lorsqu'il disait à ses élèves : « Que le chef tourne l'ennemi par la droite ou par la gauche, ce n'est pas votre affaire ; votre rôle est uniquement de bien comprendre les volontés de votre Général, de matérialiser ses décisions, de prendre l'initiative de tous les détails que comporte leur exécution. »

Le général Bonnal, placé à la tête de l'Ecole de Guerre en 1895, envisagea tout autrement le rôle de l'officier d'Etat-Major.

Sans aller jusqu'à exclure la part de Moltke et nier ses qualités de stratège et de tacticien, Bonnal déclarera que « nos armées ont été vaincues moins par le talent d'un Moltke que par une Institution : le Grand Etat-Major » (1). C'est, dès lors, une semblable institution qu'il entend donner à l'armée française. Bonnal et ses successeurs ont donc demandé à l'Ecole de Guerre de préparer ses meilleurs élèves au rôle qu'à leurs yeux les officiers du Grand Etat-Major avaient joué dans la préparation à la guerre et au cours des opérations, soit dans les Etats-Majors des princes allemands, soit comme chefs de grandes unités.

C'est de la valeur de notre Etat-Major que dépendra dans l'avenir le succès de nos armées. Le vrai chef d'Etat-Major, dira Bonnal, n'est pas un Berthier, qui se montra en 1809 incapable en l'absence de l'Empereur ; un chef d'Etat-Major doit avoir aussi toutes les aptitudes qu'exige le commandement. A supposer que le chef soit médiocre, « si l'Etat-Major est excellent, peut-être le danger est-il encore moindre que dans le cas inverse ».

Pour être exactement fixé sur le but que va poursuivre l'Ecole de Guerre et sur la mentalité des officiers d'Etat-Major

---

(1) L'Académie de Guerre de Berlin, dira un de ses élèves, le général Buat, a donné à l'armée prussienne un Grand Etat-Major qui a joué un tel rôle dans les guerres de 1866 et 1870 qu'il le considère comme le « véritable directeur et triomphateur » au cours de ces deux guerres.

sortis des mains de leurs maîtres, il faut lire *l'introduction à l'enseignement* du cours si remarquable de stratégie et de tactique générale professé par le colonel Foch dès 1899.

C'est, dit le futur vainqueur de la Grande Guerre, le travail, la méthode, la science qui ont permis à une pluralité d'esprits moyens de mener heureusement une grande guerre avec 3 ou 4 armées, alors que l'on connaît les difficultés qu'y avait rencontrées en 1812 et 1813 le génie incomparable de Napoléon ; malgré sa taille, il échouait à commander un si grand ensemble : le corps n'avait qu'une tête, il manquait de muscles, d'articulation, de bras... (1). En l'absence forcée d'un génie suffisant, où trouver les moyens de conduire rationnellement l'entreprise, la guerre avec de pareilles masses d'hommes, sinon dans un *corps d'officiers* rendus capables par la méthode, le travail, la science, animés d'un même esprit, obéissant à la même discipline intellectuelle et assez nombreux pour faire mouvoir et pour manœuvrer la lourde machine des armées modernes ? (2).

Après avoir rappelé le but poursuivi par l'Ecole prussienne : passer de la conception scientifique à l'art de commander, et le résultat obtenu en 1866, le colonel Foch dira à ses élèves : Faisons de même, par les mêmes voies, par les mêmes ponts, franchissons l'abîme.

Pour cela, un enseignement pratique, comportant l'application à des cas particuliers des principes fixes tirés de l'histoire en vue de préparer l'exercice, d'apprendre l'art de commander, de don-

---

(1) « Il restait peu à faire pour l'organisation des Etats-Majors quand Napoléon parvint au commandement des armées. Ce qui est son œuvre personnelle à cet égard, c'est l'institution des aides de camp, confidents et *missi dominici* chargés de transmettre la pensée de l'Empereur et d'assurer l'exécution de ses ordres. Les officiers de l'Etat-Major restaient confinés dans leur besogne de bureaucrates... Nous touchons ici au point le plus essentiel dans la méthode de commandement de l'Empereur. Nul n'a jamais eu plus de souci de faire connaître sa pensée pleine et entière aux Commandants de ses corps d'armée. Les missions données à ses aides de camp étaient l'un des moyens employés, le principal consistant dans les lettres envoyées directement par l'Empereur à ses maréchaux. »

(Colonel COLIN. — *Napoléon, les procédés de Commandement*, page 169).

Si Napoléon a échoué en 1812 et 1813, cela tient à des causes très diverses et, comme l'a écrit le colonel Colin, le remarquable auteur de l'*Education Militaire de Napoléon*, les généraux de 1813 étaient bien inférieurs à ceux qui avaient été à la tête de nos armées jusqu'en 1809. On a tout lieu de croire que, même avec un Etat-Major transcendant doublant un Oudinot, un Victor ou un Macdonald, les armées de ces généraux n'eussent pas mieux manœuvré en 1813.

(2) *Cours de stratégie et de tactique générale*, par M. le lieutenant-colonel Foch, page 22, année 1899-1900.

ner, pour finir, l'habitude d'agir correctement sans avoir à raisonner.

Ce qui revient à dire que la stratégie n'est qu'une affaire de caractère et de bon sens, que, pour arriver sur le terrain avec cette double qualité, il faut l'avoir développée par l'exercice, il faut avoir fait ses humanités militaires, étudié et résolu des cas concrets.

C'est la méthode que nous suivrons.

Et il ajoutera imprudemment en s'adressant à de futurs officiers d'Etat-Major : On vous demandera plus tard d'être le *cerveau d'une armée* (1).

Ainsi préparés par l'Ecole à former un corps d'officiers d'élite, à être aptes à commander, à être plus tard le cerveau de l'armée, bien des professeurs allaient encore exalter l'orgueil et les ambitions de ces jeunes officiers d'Etat-Major, en jugeant trop sévèrement l'armée du Second Empire.

Sous le Second Empire, avait dit Bonnal, les officiers, obéissant au préjugé d'après lequel la guerre seule est l'école de la guerre, ne faisaient rien pour développer leurs aptitudes aux commandements élevés.

Or la vérité est que, faute d'une bonne méthode de travail, les officiers du Second Empire eurent trop souvent des conceptions erronées sur l'art de la guerre ; il va sans dire, cependant, que parmi tant d'officiers sortant de Saint-Cyr et de Polytechnique, nombreux étaient ceux qui travaillaient et cherchaient à s'instruire de leur métier. Il leur avait manqué une Ecole de Guerre ; mais, vaincus, on les avait jugés tous des paresseux et des incapables, seuls responsables des défaites de nos armées. Jusqu'en 1900 et au delà, nos généraux sortaient des rangs de cette armée du Second Empire ; comme, à cette date, la plupart n'avaient pas encore passé par les bancs de l'Ecole de Guerre, bien rares étaient ceux qui échappaient aux critiques de l'Ecole.

Les quelques brevetés eux-mêmes qui avaient atteint le grade de général étaient le plus souvent jugés vieillis, vieux jeu ; ils ne parlaient pas la langue de l'Ecole de Guerre, c'est-à-dire celle de Bonnal et de ses successeurs.

---

(1) Le général ***, auteur de *Plutarque n'a pas menti*, n'a évidemment pas lu cette page du cours de Foch.

L'enseignement de l'Ecole de Guerre et ses appréciations imprudentes à l'égard des généraux avaient développé chez des élèves jeunes, bien doués, ambitieux, une confiance sans borne dans leur savoir et aussi le sentiment que leur tour était déjà venu de jouer un rôle prépondérant dans la préparation à la guerre et dans la direction des opérations militaires.

En faisant leurs « humanités militaires » dans la même Ecole en s'imprégnant des mêmes doctrines, et en s'inspirant d'un même esprit façonné par des maîtres remarquables, les les brevetés qui entrèrent dans l'Etat-Major formèrent une collectivité parlant le même langage.

Les foudres qui ornaient le collet de leurs uniformes symbolisaient l'unité et la communauté de leurs vues.

L'esprit de domination animait de son souffle toute cette ardente et brillante jeunesse.

Par suite d'une sélection, réalisée par les soins de l'Etat-Major Général, ceux des brevetés qui passaient pour les meilleurs s'étaient, peu à peu, stabilisés au Ministère de la Guerre dont ils ne s'absentaient que pour passer dans la troupe le temps exigé pour être mis au tableau d'avancement (1). Leur stabilité et l'importance de leurs travaux leur donnaient, désormais, une influence prépondérante dans la préparation à la guerre.

En effet, dans le contact de tous les jours, de toutes les heures, que comportaient l'abus du bureau, la tâche si lourde qui incombait au Commandement et aux Etats-Majors, les généraux s'étaient laissés aller à accorder à ces jeunes et brillants collaborateurs une initiative de plus en plus grande, à subir leur influence grandissante.

Ce n'est plus sur les généraux commandant les divisions, les corps d'armée, que comptent les Membres du Conseil Supérieur de la Guerre, mais sur leur Etat-Major, et si, entre

---

(1) On avait donc reconstitué le corps d'Etat-Major du second Empire, et comme avant la guerre de 1870, il était formé de tous jeunes officiers qui, au cours de leur carrière, ne prendraient de la troupe qu'une expérience absolument insuffisante.

eux-mêmes, ils doutent de leur propre valeur, ils ne s'en effraieront pas ; car ils comptent sur l'Etat-Major, pour « faire mouvoir et manœuvrer la lourde machine des armées modernes ». Blücher doublé de Gneisenau est venu à bout de Napoléon.

Ils préparent ainsi ces jeunes officiers à prendre la place de leurs chefs, non seulement en critiquant, en présence de leurs Etats-Majors et des officiers de troupe, les travaux ou les manœuvres exécutés par les généraux de brigade ou de division, mais encore en envoyant les chefs d'Etat-Major sur le terrain probable des futures batailles ; pendant ce temps, les généraux restés aux bureaux expédient la paperasse.

Le « corps d'officiers rendu capable par la méthode, le travail, la science, animés du même esprit, obéissant à la même discipline intellectuelle » était créé, et l'Etat-Major est déjà devenu « le cerveau de l'armée ».

Voici un passage d'un discours prononcé par le Maréchal Lyautey à la Sorbonne, en 1923, qui donne une idée exacte de la mentalité acquise à l'Ecole de Guerre par les officiers d'Etat-Major :

« Je revenais en France, après neuf ans d'absence ; j'étais reçu à bras ouverts par un homme qui occupait dans notre Haut Etat-Major une des places les plus éminentes. Il m'avait témoigné beaucoup de bienveillance dans ma jeunesse. En me recevant il me dit :

« Enfin vous nous revenez ; vous rentrez dans l'armée.

— Mon général, je n'en suis jamais sorti.

— Oh ! depuis neuf ans, vous faites du tourisme.

— Il y a neuf ans, il y avait déjà vingt ans que j'étais officier et je n'avais jamais entendu un coup de fusil, tandis que depuis neuf ans je n'ai pas passé une année sans en entendre.

— Oh ! des coups de fusil de nègres !

— Mais ils tuent tout de même, mon général ; le général Gallieni vient de mener pour la conquête du Sud de Madagascar une campagne pour laquelle il y eut dix officiers par terre, dans les cent hommes tués et deux cents blessés.

— Mais personne ne sait cela...

— Cependant il y a eu des rapports envoyés et je suis parfaitement sûr que le général Gallieni les a transmis. Ils doivent être au Ministère.

— Je ne les ai pas vus. Et puis, vraiment, ce n'est pas de la vraie guerre. Votre général Gallieni, qu'est-ce que c'est ?...

— C'est un des plus grands chefs que j'aie approchés.

— C'est un très grand préfet, il fait des routes, dirige des plantations, fait des chemins de fer. C'est très bien, mais ce n'est pas un militaire.

— Ah ! permettez !

— Oh ! je suis sûr qu'il serait incapable de rédiger un thème tactique.

— Je ne sais comment était rédigé le thème tactique du début de septembre 1914, mais quelle que fût sa rédaction, je crois qu'il ne fut pas étranger au salut de la France et de Paris... »

Les droits de l'Etat-Major. — Le général Buat, chef d'Etat-Major de l'armée en 1921, a donné à la *Revue de Paris* (1) une remarquable étude sur l'Etat-Major ; c'est à cette étude qu'il faut se reporter, si l'on veut connaître exactement le rôle qui a été donné à l'Etat-Major dans la préparation à la guerre et au cours des opérations. En voici les passages essentiels :

Je prendrai l'armée en campagne, mais, les faits de guerre exceptés, le raisonnement s'applique tout autant à l'armée en temps de paix. Enfermé en ses méditations, absorbé par la direction supérieure de rouages multiples et compliqués, condamné vis-à-vis des chefs de ses grandes unités à un régime d'apostolat pour mieux faire comprendre sa pensée et s'assurer qu'elle est bien comprise, le Commandant d'une armée ne peut et ne doit avoir cure que des graves questions sur les sujets essentiels. Une fois ses vues définies, sa pensée largement dessinée, il charge son Etat-Major de matérialiser sa volonté sous forme d'ordres ou d'instructions, puis, s'il est satisfait, il signe...

. . . .

...Il va sans dire que le chef est le seul responsable des ordres, des instructions qu'il signe ou qui sont données en son nom par son chef d'Etat-Major. La responsabilité est d'une pièce et ne se partage pas, et voilà pourquoi l'Etat-Major ne doit rien au regard de ceux qui détiennent ou s'adjugent, l'opinion publique par exemple, l'autorité de juger les actes du commandement... L'Etat-Major n'est donc rien ; mais en la personne du chef d'Etat-Major, il n'en reçoit pas moins délégation de certains pouvoirs. Ceux-ci, sans doute, ne s'adressent qu'à ce qu'on est convenu d'appeler des détails ; mais ces détails sont si nombreux, leur action sur le bien-être des troupes, sur leur moral, sur la coordination exacte de leurs opérations, sur la sûreté et la régularité de leurs mouvements et de leurs ravitaillements, sur bien d'autres objets encore, est si grande qu'ils intéressent la vie même de l'armée et, de ce fait, revêtent une capitale importance.

. . . .

____

(1) Général BUAT, *l'Etat-Major* (*Revue de Paris*, n° 14).

Au demeurant, grand metteur en scène d'une pièce, dont le thème est imposé par le commandement, l'Etat-Major évolue dans un champ réduit ; mais son incapacité, ou plus simplement son imprévoyance peut avoir les conséquences les plus graves ; car il est placé aux sources mêmes de la vie des troupes et agit en fait comme le dispensateur attitré de tout ce qui peut bénéficier ou nuire à l'armée. C'est pourquoi, après avoir dit qu'il n'était rien, on peut prétendre qu'il est aussi beaucoup...

On ne pouvait définir plus exactement le rôle de l'Etat-Major, ni mieux préciser les limites si étendues, mais indispensables, dans lesquelles doivent s'exercer ses fonctions. Il importe en effet de laisser au chef responsable le soin de méditer, de réfléchir, et de prendre ses décisions sur « les sujets essentiels ».

Malheureusement, ce n'est pas dans ces justes et sages limites que s'arrêtent les pouvoirs du chef d'Etat-Major.

Le règlement lui-même, que commente le général Buat, a franchi ses limites et donné au chef d'Etat-Major un pouvoir qu'on ne trouve inscrit dans aucun des Règlements des armées étrangères, pas même dans ceux de l'armée allemande.

Le Chef d'Etat-Major, dit le général Buat, possède encore un autre pouvoir — devoir serait plus exact — non moins important. *Réglementairement, il ne doit pas seulement au commandement de l'armée toute la documentation nécessaire pour asseoir une décision, pas seulement l'exposé de toutes les décisions possibles avec leurs avantages et leurs inconvénients, mais encore le clair énoncé de celles dont il propose lui-même l'adoption. Son devoir va plus loin encore : si tout d'abord ses vues personnelles ne sont pas admises, il les doit défendre aussi longtemps que rien n'est arrêté.*

Et voici comment le général Buat justifie « ce pouvoir » du Chef d'Etat-Major qui incontestablement met en jeu sa responsabilité, tout au moins à l'égard de ses chefs et du Haut Commandement.

Ceci, à n'en pas douter, est une grave prérogative : mais elle ne peut être dangereuse, tout au moins pour les principes de la hiérarchie, que vis-à-vis d'un chef sans volonté ou, ce qui revient au même, qui s'abandonne. Un chef de cette sorte n'en est pas un, le malheur, sans doute peut se produire ; mais si l'Etat-Major est excellent, peut-être le danger est-il encore moindre que dans le cas inverse.

« Blücher doublé de Gneisenau vint à bout de Napoléon »

Si Blücher doublé de Gneisenau vint à bout de Napoléon, c'est, quoi qu'en dise la légende française. parce que ce chef ne s'est jamais abandonné. Il s'est trouvé le plus souvent d'accord avec son chef d'Etat-Major, comme le soir de la bataille de Ligny, où l'armée prussienne ralliée dans la nuit se mit aussitôt en marche vers la Belle Alliance ; mais ce fut malgré Gneisenau et Müffling que Blücher décida de se porter au-devant de Napoléon dans la journée du 16 jujin 1815 (1).

C'est en s'inspirant du rôle que s'est attribué l'Etat-Major que le général Tanant a écrit : Pour éclairer le chef, il faut d'abord voir clair soi-même. L'officier qui va présenter au général la situation s'en fait donc une idée, idée discutable et souvent discutée, mais tout de même il faut bien admettre enfin quelque chose qui représentera la vérité. C'est ici que l'influence de l'officier d'Etat-Major agit à plein. La façon de présenter les choses acquiert une importance capitale.

Selon que dominera l'imagination ou l'assurance ou le scepticisme, l'esprit du chef sera emballé, fixé ou hésitant.

Et bien des décisions prises s'expliquent par la façon dont la situation a été présentée.

Le lieutenant-colonel Revol, dans sa remarquable étude sur ce que nous apprit la guerre (2), a également défini le rôle de l'Etat-Major : Placés en qualité d'aides auprès du commandement, ils ne font pas double emploi avec les chefs subordonnés de troupes ou de services. Ils centralisent et coordonnent tout ce qui concerne tant les uns que les autres. Ils ont ainsi les premiers, les éléments des diverses combinaisons entre lesquelles le chef n'a plus qu'à décider.

Et il ajoute :

Souvent la façon même dont celles-ci lui sont présentées influe sur le choix qu'il en fait. Dès lors, à mesure que la guerre s'élève en étendue, cette partie du rôle incombant au commandement tombe davantage dans les attributions d'une collectivité anonyme.

Voilà pourquoi l'on sent flotter dans l'air cette idée que l'homme tutélaire, conducteur des masses armées est moins nécessaire qu'autrefois...

(1) *Napoléon's unter tag* (LETOW VORBECK).
(2) REVOL : *Revue de France*. N° 18, page 280.

Les principaux événements de la grande guerre ont en effet prouvé que de la décision du chef seul a dépendu le sort de la France.

Lanrezac bat en retraite après Charleroi, se refusant à entendre les protestations de son Etat-Major ; Joffre, en désaccord avec son Etat-Major, livre la bataille de la Marne ; Foch tient ferme Calais, malgré l'avis des Alliés ; Pétain se maintient à Verdun et ne consulte que lui-même ; Mangin, à Villers-Cotterets, attaque, en passant outre aux observations de ses généraux ; dans chacune de ces heures tragiques, c'est de la décision d'un homme qu'a dépendu le sort de nos armées.

En définissant le rôle de l'Etat-Major, le lieutenant-colonel Revol s'est évidemment inspiré de ses souvenirs de la guerre de tranchées : « La guerre des nations se transformait, dit-il, en une sorte de siège d'une immense forteresse », et il est d'avis que les opérations de cette nature diminuent l'importance du rôle des hommes et par conséquent celui du chef au profit du matériel.

Avant de se transformer en une guerre de siège, la grande guerre a été tout d'abord une guerre de mouvement. Il n'a dépendu que du seul chef de la V⁰ Armée de battre en retraite ou de se laisser encercler. Il n'a dépendu que de Joffre seul de livrer bataille le 6 septembre ou de continuer à battre en retraite.

Il n'est nullement évident que la prochaine guerre européenne ne sera pas une guerre de mouvement ; mais dans une guerre de siège comme dans une guerre de mouvement, il arrive toujours des événements inattendus, des heures de crise où le chef doit prendre des résolutions immédiates d'une telle importance que lui seul peut et doit en être juge, et précisément parce qu'il en est le Chef, il en sera meilleur juge qu'un Gneisenau lui-même.

On peut en trouver maints exemples aussi bien dans la guerre Russo-Japonaise, dans notre grande guerre de 1914 à 1918, que dans une simple guerre de siège comme celle de Crimée.

Dans une guerre de siège, comme dans une guerre de mouvement, que le chef soit divisionnaire, ou commandant de corps ou d'armée, la carte est sans cesse sous ses yeux. A toute heure du jour, son chef d'Etat-Major lui communique tous les renseignements de quelque importance, et le lendemain matin, dès la première heure, ceux qu'il aura reçus dans la nuit.

En un mot, l'objet principal, essentiel des pensées du chef, c'est de connaître la situation. Il ordonne tout ce qui peut lui permettre de pénétrer les projets de l'adversaire et s'informe de tout ce qui peut le conduire à saisir la réalité.

Au fur et à mesure que les renseignements lui parviendront, que la situation se dessinera, se précisera, les décisions qu'elle comporte apparaîtront et se préciseront de plus en plus nettement dans l'esprit d'un vrai chef.

La guerre est un art dont la conception et l'exécution seront, comme chez l'artiste, une œuvre essentiellement personnelle. Elle personnifiera les dons particuliers du chef, elle dépendra de son savoir, de son expérience, de son caractère, de son tempérament. Elle différenciera d'autant plus de celle qu'aurait conçue, exécutée son chef d'Etat-Major que cet officier est placé sur un plan inférieur. Il est *irresponsable*.

Si vous faites deux Français juges d'une question, ils seront presque toujours en désaccord sur la solution qu'elle comporte. Comme il est dans le caractère de chacun d'eux de vouloir convaincre son contradicteur, il est inévitable que le devoir, le droit pour le chef d'Etat-Major d'avoir une opinion et de la défendre amènera quelques heurts entre lui et son général.

Les fonctions d'un chef d'Etat-Major l'obligent à prendre l'initiative de multiples détails, à diriger, à contrôler tous les travaux de ses trois bureaux. A l'inverse de son chef, il ne disposera donc que de bien peu de temps pour réfléchir, pour méditer. Le plus souvent sa solution sera celle de son 3e bureau. Que cette solution soit bonne ou mauvaise, il se fait donc un « devoir », comme le veut le Règlement, de l'exposer à son chef et d' « insister » pour qu'elle soit *adoptée*.

Il va sans dire qu'il ne saurait s'agir de ces opérations qui exigent des décisions si rapides, si immédiates, que le général ne pourra perdre un temps précieux à entendre les propositions et les objections de son Chef d'Etat-Major.

Si le général, se conformant donc, lui aussi, aux prescriptions réglementaires, écoute avec patience et intérêt son subordonné, et si un heureux hasard ne les a pas conduits tous deux aux mêmes solutions, le vrai chef imposera toujours ou presque toujours la sienne.

Le général Buat se fait une généreuse illusion, en croyant que dans la pratique cet officier aura « assez d'abnégation pour travailler de tout cœur à l'exécution d'une décision qui, naguère encore, ne lui semblait pas la meilleure ».

En se mettant à la besogne, plus d'un des officiers de l'Etat-Major discutera *in petto* les décisions prises.

Qu'un échec vienne à se produire, le général sera critiqué sans ménagement dans ses bureaux ; grâce aux officiers de liaison, il ne tardera pas à être relevé de son commandement.

Que le général s'abandonne, qu'il adopte la solution de ses bureaux, son Etat-Major, en cas de succès, célébrera très haut les talents d'un chef qui lui doit la victoire. En cas d'échec, les « exécutants » seront les seuls coupables et le G. Q. G. limogera quelques-uns d'entre eux.

Voilà à quels résultats a conduit en temps de guerre la toute puissance de l'Etat-Major.

Citons un exemple, entre bien d'autres, du rôle que s'est attribué, au cours de la guerre, un sous-chef d'Etat-Major. Ceci se passe le 25 août 1914 à l'Etat-Major de la III° Armée :

...Les officiers de notre Etat-Major, anxieux, se réunissent dans le préau du collège, attendant avidement la décision qui s'impose.

J'expose aux généraux la situation.

Je lis l'ordre de la 33° division. Les directions des colonnes portées sur une carte montrent clairement le plan de l'ennemi qui, supposant notre droite au nord d'Ethain et méprisant Verdun et ses forces mobiles, veut nous tourner par Buzy et Lanheres.

Je crois que nous sommes tous d'accord. Hélas, non !

Je suis là en présence de trois chefs que je connais. Le général Ruffey, l'homme à l'imagination féconde, a été bouleversé par les événements graves des journées que nous venons de vivre. Mais, déjà, j'ai réussi à le convaincre et il partage mon avis.

Le général Grossetti, mon Chef d'Etat-Major, qui sera un exécutant d'une farouche énergie, est, devant ses chefs, le militaire qui obéit. Il a horreur des fonctions qu'il exerce et pour lesquelles il ne se reconnaît aucune aptitude. Il ne discutera pas. Il se taira.

Il se taira d'autant plus qu'il voit les choses comme le général Maunoury. Celui-ci, très militaire, lui aussi, est l'homme de la consigne. Jamais il ne la transgressera.

Et c'est de lui que tout dépend, puisque nous n'avons plus rien et qu'il possède tout.

Avec lui, c'est une autre antienne. Sans doute, il est de notre avis. Sans doute une offensive partant de Woëvre peut réussir et rétablir les affaires. Mais... mais il a des instructions, et il ne peut pas attaquer. Sa mission est purement défensive. Il ne nous parle pas des instructions qu'il a reçues, et que nous ignorons totalement, de se replier sur les Hauts-de-Meuse. Peut-être n'a-t-il pas voulu nous désespérer.

Non, il en revient seulement aux instructions que nous connaissons et qui prescrivent à son armée de procéder à l'investissement de Metz.

L'investissement de Metz ! A ces mots, je ne puis m'empêcher de protester violemment.

(*La IIIe Armée dans la Bataille*, par le Général TANANT.

Quelques lignes du Règlement cité en 1897 par le colonel de Foucauld, notre Attaché militaire à Berlin, suffisent à montrer comment le Grand Etat-Major de l'armée allemande comprenait son rôle et son devoir à l'égard du commandement.

L'Etat-Major est l'organe du Commandement, en guerre comme en paix. La *décision* appartient au Commandement seul ; seul, il en porte la responsabilité. L'Etat-Major doit le débarrasser de tous les détails. *Qu'une idée vienne du chef ou de son Etat-Major, c'est une affaire d'ordre intime qui ne regarde personne et qui doit rester ignorée de tout le monde. Peut-être, d'ailleurs, les intéressés eux-mêmes seraient-ils embarrassés de la trancher avec certitude.*

En rappelant l'intervention fâcheuse de l'Etat-Major à l'occasion d'une attaque qui, de l'avis du général commandant le 8ᵉ Corps, ne pouvait comporter qu'une issue sanglante, le général Castelli écrit dans son livre, *Le 8ᵉ Corps en Lorraine :*

...Ces jeunes officiers, trop écoutés en haut lieu, en arrivaient vite à se considérer presque comme investis de la surveillance (sinon même du commandement) des unités auprès desquelles ils étaient accrédités, et devenaient parfois des « mouches du coche » plutôt nuisibles.

CHAPITRE IV

Le Grand Quartier Général et les " Exécutants "

*Confiant dans son bon sens natu-
rel, il aime à s'entourer de
jeunes esprits audacieux et volontaires, et c'est sans doute le
secret le plus précieux de sa
méthode de travail...*

HANOTAUX

Joffre. — Le général Joffre appartenait à l'arme du Génie.
Les officiers de cette arme savante sont des travailleurs, des
consciencieux. Ceux qui les ont vus à l'œuvre aussi bien sur
les champs de bataille que sous le soleil brûlant de l'Afrique,
savent qu'ils accomplissent leur tâche avec un courage qui
n'a d'égal que leur modestie.

Malheureusement au cours de leur carrière les officiers du
génie sont encore plus confinés dans leur spécialité que ceux
des autres armes.

Ne font guère exception que ceux d'entre eux qui, en
passant par l'Ecole de Guerre, ont accompli au grade de lieutenant ou de capitaine des stages dans ces différentes armes.

Les autres, absorbés par leurs travaux journaliers, n'ont
eu ni le temps, ni les occasions de se donner à l'étude de la
tactique des trois armes.

Les officiers du génie qui, en courant les risques de longs
séjours aux colonies, obtiennent un avancement exceptionnel,
n'ont que bien rarement l'occasion de prendre part aux opérations militaires. Ils sont employés presqu'exclusivement à
construire des casernements, des routes, des chemins de fer,

exceptionnellement des forts et des places fortes. Ils ne sont pas mieux préparés au Commandement des troupes de toutes armes que leurs camarades métropolitains.

Les uns et les autres, arrivés au grade de Général, finissent le plus souvent leur carrière dans des commandements qui leur sont spécialement réservés. Le Maréchal Joffre est un de ceux qui ont cependant échappé à cette règle habituelle.

Rentré de Madagascar en 1905, il a présidé la Commission des Inventions, rempli les fonctions de Directeur du Génie et celles de Gouverneur de Lille ; puis il fut placé successivement à la tête d'une division d'infanterie et d'un corps d'armée. Il a donc commandé des troupes de toutes armes de 1907 à 1910, c'est-à-dire pendant trois ans.

Au cours de ses longs séjours coloniaux consacrés à des travaux de construction, il n'a eu qu'une seule occasion de prendre part à une expédition militaire de quelque intérêt.

En décembre 1893, il reçut le commandement d'une colonne destinée à rejoindre à Tombouctou le colonel Bonnier.

Ce colonel, après avoir laissé une petite garnison dans cette ville, dont il venait de s'emparer, se portait au-devant du commandant Joffre, lorsque attaqué dans la nuit du 15 janvier dans les bois de Tacoubao par des centaines de cavaliers Touaregs, il périt au cours du combat et avec lui un grand nombre de tirailleurs soudanais. Le commandant Joffre qui était attendu à cette date à Tombouctou n'avait pu malheureusement atteindre Goundam (1) que le 12 janvier. Au cours de sa route, ses avant-gardes avaient dû forcer le passage de plusieurs marigots, sans éprouver d'ailleurs aucune perte d'hommes.

Nommé commandant de la région Nord, le commandant Joffre en commença activement la pacification. Sa période

---

(1) Goundam est à 40 kilomètres environ de Tacoubao.

coloniale terminée en septembre 1895, il fut remplacé par le commandant Réjou (1).

Volontiers silencieux, il ne semble pas que comme Divisionnaire et Commandant de corps d'armée, dans les divers exercices annuels ou aux grandes manœuvres, le général Joffre se soit fait classer, aux yeux de ses chefs et de ses subordonnés, comme un de ces généraux qui se distinguent par leur savoir et la justesse de leurs critiques.

Très bien noté d'ailleurs au cours de sa carrière d'officier du génie, apprécié par Gallieni pour ses travaux exécutés à Diégo-Suarez, il fut nommé membre du Conseil Supérieur de la Guerre en 1910. Le Ministre se conformait ainsi à l'usage qui voulait que chaque arme spéciale fut représentée à ce Conseil par un officier.

L'amitié du général Gallieni et celle d'Etienne n'avaient pas été cependant sans favoriser l'avancement exceptionnel, dont le général Joffre avait été l'objet depuis son retour en France.

Quand le Ministre de la Guerre décida de remplacer le général Michel dans ses fonctions de Vice-Président du Conseil Supérieur de la Guerre, M. Messimy, comme ses prédécesseurs, limita son choix aux membres du Conseil Supérieur de la Guerre et les pria de lui désigner celui d'entre eux qui leur paraissait le plus digne.

Pau et Gallieni ayant refusé de se mettre sur les rangs, le choix du Conseil se trouva étroitement limité entre deux, ou trois au plus, de leurs collègues plus âgés que le général Joffre. Ce fut au général Joffre qu'il donna la préférence.

Il va sans dire que les lacunes de ses connaissances tactiques n'avaient pu échapper à des généraux qui, comme le général Pau, comptaient parmi les plus expérimentés de

____

(1) Grâce à l'habileté de cet officier supérieur, à la valeur de ses troupes et de ses officiers, parmi lesquels se trouvaient le capitaine Lapérine et le lieutenant Gouraud, Cheboum, le chef des Touaregs, se rendait, le 23 février 1896, à Goundam, où je venais d'arriver avec le capitaine Mangin et me faisait sa soumission. Il fut fidèle à sa parole et se montra par la suite si dévoué à la France qu'il a été décoré de la Légion d'honneur en 1924.

l'armée ; mais le général Joffre avait toujours pris part aux débats du Conseil Supérieur de la Guerre avec autant de modestie que de déférence pour ses collègues. Il partageait avec eux la plus entière confiance dans la haute valeur des officiers d'Etat-Major détachés au Ministère de la Guerre. Les membres du Conseil Supérieur de la Guerre se persuadèrent qu'aidé des conseils de ses collègues, secondé par un personnel d'élite, ce grand travailleur, déjà très au courant des services de l'arrière, mènerait à bien la tâche cependant si lourde que comportait la préparation à la guerre.

Grâce à l'amitié de quelques députés et aussi aux sympathies que lui vaudrait son titre de franc-maçon (bien qu'en sommeil depuis longtemps), le général Joffre aurait, au grand profit de l'armée, une très heureuse influence au sein du Parlement.

Enfin ils pensèrent que la désignation du général Joffre devait être bien accueillie par les hommes politiques de la majorité du Parlement ; et c'est là une raison qui décida peut-être du choix du général Pau et des membres du Conseil Supérieur de la Guerre.

Le futur généralissime croyait-il à la guerre ? Quoi qu'il en soit, il se mit au travail avec autant de confiance en lui-même, en son étoile, qu'en son Etat-Major. Les officiers du Ministère de la Guerre choisis entre tous les brevetés, formaient en effet à ses yeux une élite dont le savoir, l'intelligence, devaient en faire de remarquables collaborateurs, au besoin de précieux conseillers.

Malheureusement « Blücher ne fut pas doublé par un Gneisenau... »

Confiant dans son bon sens naturel, a écrit M. Hanotaux, il aime à s'entourer de jeunes esprits audacieux et volontaires, et c'est sans doute le secret le plus précieux de sa méthode de travail.

Il emprunte à tous ; mais plus volontiers aux jeunes. Une fois la décision prise, d'où qu'elle vienne, comme nous l'avons dit, il la fait sienne. Dès lors, elle lui appartient et il la garde jalousement, égoïstement ; le fruit de la collaboration de plusieurs est devenu son œuvre à lui, et c'est lui qui va la traduire en acte...

Il a, en effet, emprunté aux jeunes et a fait sienne la doctrine de l'offensive à outrance.

Il n'a rien emprunté à Bonnal, qui avait jugé à leur juste valeur les critiques que le colonel de Grandmaison adressait à ceux qui, aux manœuvres, faisaient une mauvaise application des prescriptions du titre XV du Règlement de 1895. Mais il avait ajouté : « Ce n'est pas une raison pour que l'on épouse les critiques dirigées par le Colonel contre un Règlement qui est notre bréviaire tactique et auquel il ne faudra toucher qu'avec la plus extrême prudence. »

Il n'a rien emprunté au général Lanrezac, qui protestait avec sa terrible franchise contre cette folle doctrine qui prétendait écarter, en toutes circonstances, l'emploi de la défensive. Il n'a rien emprunté ni à Foch, ni à tous ces professeurs si remarquables de l'Ecole de Guerre, qui avaient puisé dans les campagnes de Napoléon, la doctrine inscrite dans nos Règlements.

En 1911, l'armée allemande possédait déjà une formidable artillerie lourde qu'elle plaçait en tête de ses colonnes.

C'est seulement en décembre 1912 que le 105 fut adopté en principe, et le 10 mars 1913 qu'il a été officiellement admis pour l'armement de l'artillerie lourde mobile. Le général Joffre n'attachera aucune valeur aux forts et places de la frontière du Nord ; chose étonnante de la part d'un Général qui avait appartenu si longtemps à l'arme du génie (1) et qui avait été Gouverneur de Lille. Au cours même de la guerre, il n'accordera aucun rôle à nos fortifications dans la défense du territoire.

En 1913, le général Joffre a prononcé à l'Ecole Polytechnique un discours, qui montre sa confiance dans notre armée et dans les doctrines nouvelles :

Pour être fort aujourd'hui, il faut avoir tout organisé, tout prévu ; une fois la guerre commencée aucune improvisation ne sera valable. Il faut avoir pris les dispositions les plus minutieuses...

---

(1) Colonel REVOL, page 282.

A cette armée organisée, outillée, instruite, rassemblée, prête à agir, il faut des chefs de guerre et des chefs de science, *imbus les uns et les autres d'une doctrine nationale de guerre.* Cette doctrine basée sur les enseignements du passé, sur les progrès scientifiques, sera adaptée aux qualités et au tempérament de notre race, et formulée en Règlements larges et précis...

En un mot l'armée est prête et l'offensive à outrance lui donnera la Victoire.

En effet, malgré quelques fàcheuses lacunes dans son organisation, l'armée pouvait se mesurer avec son redoutable ennemi ; elle était prête, mais sa doctrine de l'offensive à outrance allait compromettre l'œuvre réalisée au prix de plus de 4o années d'efforts.

C'est par excès de simplification attribué à son rôle, a écrit le colonel Revol, que Joffre en 1914, a perdu sa première bataille livrée sur les frontières.

Cette notion d'offensive absolue, qui l'animait, n'était qu'une réaction psychologique sur son esprit de la volonté du pays. A la place qu'il occupait, au lieu de l'abandon total qu'il lui fit, il devait s'en défendre.

Par ses soins, cette splendide rénovation morale qui donnait à la France une âme libérée des amertumes de la défaite aurait dû s'entourer de précautions...

M. Réginald Kahn a écrit que le général Joffre ne pouvait se dégager de cette offensive à outrance qui était la doctrine universelle.

Il n'est pas douteux cependant qu'un Foch, un Lanrezac, un Gallieni, au lieu d'un abandon total à cette doctrine, s'en seraient défendus ; ils n'auraient pas fait la folie d'attaquer partout ; surpris par la manœuvre allemande, l'attaque de Liége leur aurait révélé leur erreur, et ils n'auraient pas attendu le 2o août pour faire face au péril qui menaçait nos armées.

Le succès de la guerre dépend de la prudence, de la bonne conduite et de l'expérience du Général...

(Napoléon au roi Joseph).

Si sévère que soit le jugement des critiques militaires à l'égard de celui qui conçut et dirigea les opérations de nos aı mées en août 1914, ils reconnaîtront du moins qu'à défaut de génie, de science militaire, l'optimisme inaltérable de Joffre, son sang-froid, « sa tranquillité soutenue et parfois bovine », son impassibilité aux heures tragiques, enfin l'esprit de décision et d'audace, dont il fit preuve en livrant la bataille de la Marne, ont montré chez lui des qualités de caractère qui sont incontestablement de celles qu'on ne rencontre que chez les hommes dignes de commander.

Les qualités de caractère, a écrit Bonnal, l'emportent sur toutes les autres, et l'on a vu des généraux d'une culture intellectuelle plutôt faible l'emporter à la longue sur des adversaires bien supérieurs à eux sous le rapport de l'intelligence et du savoir.

Cependant Bonnal est d'accord avec Penker pour considérer cette qualité comme insuffisante.

Les qualités de caractère sont sans doute les premières chez un homme de guerre, a dit Penker ; mais où peut conduire l'énergie, si on n'est pas assez instruit pour connaître quel but il faut poursuivre et les chemins qui y conduisent ?

L'art du commandement à la guerre, ajoute Bonnal, se développe par l'exercice constant des facultés intellectuelles et morales, appliquées à la résolution de cas concrets, dont l'importance et la difficulté doivent croître avec les années, autant dire avec l'expérience

Pour pouvoir, il faut savoir, dira Foch. La stratégie n'est qu'une affaire de bon sens. Pour arriver sur le terrain avec cette qualité, il faut l'avoir développée par l'exercice, il faut avoir fait ses humanités militaires, étudié, résolu des cas concrets...

En effet, a écrit le lieutenant-colonel Revol, la complexité infiniment accrue des armes, l'augmentation du nombre, rendent aussi nécessaire que jamais la spécialisation dans l'art de la guerre. Le chef suprême n'échappe point à cette nécessité, si simples que continuent d'être les combinaisons théoriques dont il dispose. Les difficultés d'ordre pratique qui s'opposent à leur application exigent un entendement, une perspicacité, une souplesse qu'une longue préparation peut seule acquérir...

Enfin un grand historien, M. Hanotaux, concluera de l'étude qu'il a faite de la grande guerre :

Des connaissances infiniment complexes sont indispensables pour mener de telles masses d'hommes, pour s'attaquer aux conditions militaires des luttes nationales.

C'est parce que le généralissime proposé par le Conseil Supérieur de la Guerre, choisi par le Gouvernement, n'avait pas ces connaissances infiniment complexes, qu'il ne put échapper à l'emprise de ceux qui, à ses yeux, paraissaient les posséder toutes. Il fit siennes leurs conceptions et leurs doctrines. Elles répondaient aux vues de son esprit, il n'hésita pas et s'employa aussi ardemment qu'eux-mêmes à les réaliser, sans même avoir entendu les avis des membres du Conseil Supérieur de la Guerre, ni même ceux des commandants de ses armées.

A la veille de ses batailles, Napoléon expliquait à ses maréchaux la situation tout entière, ses intentions et le rôle du corps d'armée. « Il envisageait, a écrit le Colonel Colin, les différents cas qui pouvaient se présenter. »

En août 1914, le général Joffre fixa uniquement à ses commandants d'armée une direction et un point à atteindre. Il ne consentit à leur donner aucun éclaircissement et se contenta d'être d'accord avec « les jeunes esprits audacieux et volontaires », dont il s'était entouré.

Le Grand Quartier Général. — En février 1915, le général Joffre accordait à un de ses amis de la *Dépêche de Toulouse* une interview, qui ne put être publiée dans ce journal, mais qui fut reproduite en Amérique.

En voici le texte, tel qu'il a été donné par le *New-York American*, le 15 février 1915.

Paris, le 3 février.

De tous les documents publiés depuis le commencement de la guerre, celui qui est de beaucoup le plus saisissant, est une interview du général Joffre, qui exprime son opinion sur les opérations militaires depuis la bataille de Charleroi jusqu'au revers français à Soissons.

Cet interview a été obtenu par son ami de longue date, Paul Huard, et publié samedi dernier par la *Dépêche de Toulouse*.

Dans la chambre du général Joffre, chambre meublée simplement, de douze pieds carrés, contenant trois fauteuils et une table, Huard et le Commandant en Chef se jetèrent dans les bras l'un de l'autre et s'embrassèrent à la française comme deux intimes.

Après les salutations préliminaires, écrit Huard, j'amenai la conversation sur les opérations militaires, et Joffre exprima sa confiance inébranlable dans la victoire finale. Il m'avait dit la même chose le jour même de la déclaration de guerre. Alors mon esprit se reporta aux heures anxieuses de la marche envahissante des Allemands sur Paris et de la défaite de Charleroi, qui m'avait paru être un sanglant démenti de la confiance persistante de Joffre.

Vous devriez me donner quelques explications au sujet de Charleroi, lui dis-je.

Joffre critique son propre État-Major (1)

Le Général ne fut ni surpris ni offensé par ma question.

Je lui demandai s'il était réellement exact, comme le grand public et aussi les combattants le croyaient, que nous avions été chassés de la Belgique par des masses irrésistibles.

Joffre est un de ces hommes, qui n'ont jamais dit un mensonge dans toute leur vie.

« Du tout, du tout, répondit le général Joffre ; notre armée était en nombre suffisant. Nous aurions dû gagner la bataille de Charleroi. Nous avions dix chances contre une de la gagner. Nous l'avons perdue par notre propre faute, par des fautes de nos chefs.

« Déjà, longtemps avant la mobilisation, je m'étais aperçu qu'un grand nombre de nos généraux étaient fatigués. Quelques-uns d'entre eux me paraissaient incapables de remplir leur devoir. Quelques-uns m'inspiraient des doutes. D'autres même me remplissaient d'inquiétude. J'avais fait connaître mon intention d'introduire un élément plus jeune dans notre commandement supérieur. Malgré tous les commentaires et devant le malaise général, j'aurais poursuivi ma tâche, mais la guerre vint trop tôt.

« Il y avait un certain nombre de généraux en qui j'avais confiance, mais qui furent imparfaitement à la hauteur de mes espérances. Les faits sont la véritable épreuve pour les hommes ; c'est la guerre même, plutôt que l'école de guerre, qui montre si les hommes de guerre sont à la hauteur de leur tâche. L'intelligence la plus vive, la science la plus complète n'ont que peu de valeur, si certaines qualités d'action n'y sont pas ajoutées.

« Telles sont les responsabilités de la guerre, que c'est leur attribut particulier de paralyser les facultés les plus rares chez les hommes de mérite. C'est ce qui est arrivé à quelques-uns de mes généraux. Ils n'ont pas su donner la preuve de leurs capacités.

« Ayant remarqué ces défaillances, j'avais entrepris d'y porter remède. Quelques-uns de ces généraux étaient mes meilleurs camarades ; mais, si j'aimais mes amis, j'aimais encore plus la France. Je les relevai, en conséquence, de leurs commandements. Je les renvoyai, comme je m'attendais à être renvoyé moi-même, si j'étais trouvé incapable. Non pas à titre de punition, mais simplement pour le bien public.

« Je l'ai fait, l'âme angoissée ; et, quand j'étais seul, je pleurais. »

---

(1) Le texte montre qu'il faut entendre par cette expression du journal américain, non pas l'État-Major, mais les généraux.

COMMENT LA MARCHE SUR PARIS FUT ARRÊTÉE

Détournant le général de ses souvenirs mélancoliques, je lui dis :

Expliquez-moi, maintenant, votre retraite, et surtout par quel miracle surprenant ou par quel caprice singulier le général Von Kluck obliqua si subitement au moment où Paris était à sa portée.

« La retraite était bien simple, répliqua le général, souriant maintenant de nouveau. Avec de nombreux détails, il m'expliqua comment les hommes de Von Kluck, jetant leurs havresacs, descendaient en tourbillon sur Paris. »

Il m'expliqua comment, pendant les dix jours que dura la retraite franco-anglaise, il constitua, lui, Joffre, dans la région d'Amiens, c'est-à-dire sur le flanc de la ligne d'invasion, une armée dont l'existence était inconnue de tous et surtout des Allemands, jusqu'au moment où cette armée du Général Maunoury donna un coup de coude, si soudain et si violent, aux Teutons, que ceux-ci furent rejetés, suivant les prévisions, sur nos lignes de la Marne. Le général Joffre expliquait ces événements militaires, en me parlant sur un ton des plus indifférents, comme s'il n'avait joué lui-même qu'un rôle tout à fait secondaire, et du même air qu'un aide-professeur de stratégie expliquerait à sa classe la retraite des Dix Mille, l'épopée fameuse de l'armée de Napoléon, qui gravit la colline et la redescendit.

« Cependant, me dit Joffre, cela sera écrit dans l'histoire. Mon Etat-Major l'écrira quand la guerre sera terminée, et je veillerai à ce que l'histoire soit bien établie. »

En ce qui concerne le présent, conclut Huard, il est vraiment regrettable que des manœuvres aussi décisives que celle de la Marne, ne soient plus possibles, et me penchant vers le général Joffre, dit Huard, je lui murmurai à l'oreille :

J'espère que vous aurez reçu quelque chose sur vos manches.

Joffre se mit gaiement à rire. « Certainement, certainement, répondit-il en me frappant sur l'épaule, mais nous manœuvrons encore. Napoléon disait qu'il gagnait les batailles avec les jambes de ses soldats. Nous les avons gagnées avec nos locomotives. Voilà toute la différence. Nous ne devons pas trop médire de cette guerre d'usure. Tout d'abord, elle nous a permis d'augmenter notre outillage de guerre, de l'adapter, d'en créer de nouveaux. Si ce genre de lutte doit continuer, il ne faut pas nous imaginer que le mot d'usure n'a aucun sens. C'est une erreur de croire qu'une armée battue peut se retirer indéfiniment dans de nouvelles tranchées ; une armée qui n'a pas gardé l'ascendant est très près de la panique. Maintenant l'initiative nous appartient, cela ne fait pas le moindre doute. Sous le feu de l'armée, les Allemands ont perdu plus d'un million d'hommes, oui, plus d'un million d'hommes, qui ne reviendront jamais sur le champ de bataille.

« Leur fameuse garde n'est plus qu'une collection d'uniformes ; leurs vieilles listes d'officiers ne sont plus qu'un souvenir historique. Leurs officiers sont braves, ils sont presque tous tombés. Les troupes allemandes sont maintenant si affaiblies moralement que leurs officiers improvisés sont obligés, pour éviter la panique, de les conduire au combat en formations massives, huit hommes de front. C'est les conduire à une hécatombe, en faire de la chair à canon. »

Et nos hommes ? demandai-je. Le général se leva. « Dans toutes les armées, en tous temps, en tous lieux, il y a eu des défaillances. Il se peut qu'il y en ait dans notre armée aussi, mais nos héros se comptent par milliers, oui, par milliers. Quel grand et admirable pays que la France ! Vous pouvez le dire bien haut. Nous vivons dans des temps héroïques et avec une armée comme la nôtre ce serait un crime contre la France que de désespérer.

De quelque partie de la France qu'ils viennent, ils sont dignes des chefs qui les commandent maintenant. »

Et Soissons, lui demandai-je ?

Soissons n'est qu'un épisode

« Soissons a été une fatalité, si vous voulez, ou une faute si vous préférez ; mais en tout cas ce n'est qu'un épisode. »

Et d'un air impatient, Joffre ajouta : « Je commande à des soldats, mais non au baromètre. Le général Chance est un grand capitaine, mais pas un seul instant je ne doute de la victoire finale. »

Huard, dont l'amitié avec Joffre avait duré cinquante ans, dit que Joffre ne ressemble pas à ses photographies. Il ressemble à un bon gros homme de bon caractère. Son tempérament est caractérisé par une douceur infinie. Ses yeux bleus pénétrants sont remarquablement limpides. Il a une âme saine dans un corps sain et jouit d'un bon appétit. Il n'y a rien de froid dans son caractère. Il a été appelé taciturne, mais le fait est que tout en gardant un silence rigoureux sur les secrets militaires, il est cependant d'une nature expansive. La mère d'un simple soldat, qui l'appelait l'autre jour « Papa Joffre », l'a désigné par le nom qui lui convient le mieux.

Une chose est certaine, il vaincra par la force de son grand caractère seul. D'ambitions effrénées, il n'en a aucune. Son seul idéal est de se retirer pour vivre isolé à la campagne, après la guerre.

Lorsqu'on apprit, à Paris, que la *Dépêche de Toulouse* avait publié cette interview, le chef de la censure télégraphia aux autorités de Toulouse de saisir toute l'édition.

La Dépêche protesta, disant que cette interview avait été publiée avec le consentement formel du général Joffre. Mais le censeur insista pour faire supprimer certains passages et il avisa plus tard le journal, qu'il pouvait publier le reste. *La Dépêche* refusa toutefois de n'en publier qu'une partie. Le censeur interdit alors toute reproduction d'aucune partie de l'interview par d'autres journaux.

En janvier 1915, une première publication du Grand Quartier Général communiquée confidentiellement aux Généraux, aux Ministres, aux Ambassadeurs, fit un exposé des premiers mois de la guerre, qui n'eut d'autre but que de montrer les fautes des « exécutants » et de nos Alliés. Une deuxième publication, « La course à la mer », fut écrite dans le même esprit ; on y trouva encore, à la stupéfaction de nos Ambassades, les plus maladroites critiques sur nos Alliés.

A en croire les officiers de l'Etat-Major du G. Q. G., pas une faute n'avait été commise. Cependant, on connaissait les études de Moltke, de Bernhardi, qui supposaient les armées allemandes envahissant la France par la Belgique. Nombre d'écrivains en France, en Belgique, en Angleterre, avaient envisagé une attaque de l'Allemagne par la rive gauche de la Meuse. Le plan du général Lacroix permettait d'y faire face ; le plan du général Michel la prévoyait.

Pour justifier le plan XVII, et excuser l'aveuglement du G. Q. G. en août 1914, le général Dupont écrivait, en juillet 1921, dans la *Revue Militaire Française* :

On pensait que les Allemands apporteraient le plus grand soin à ne pas fournir aux Anglais un prétexte à intervenir... Tout pesé, il est permis de croire que seule l'attaque de Liège pouvait commencer à déchirer le voile. (1).

-----

(1) Nous savions, en 1912, que l'Allemagne avait fait dresser des cartes d'Etat-Major pour tout le territoire belge et qu'elle en avait gravé un nombre considérable d'exemplaires à destination de ses officiers. En 1914, nous avons trouvé ces cartes entre les mains des prisonniers allemands.

L'attaque de Liége ne pouvait laisser en effet aucun doute sur la manœuvre de la droite allemande ; et cependant le G. Q. G. n'en tint aucun compte, sans doute en était-il encore à dire comme le général Castelnau en 1913 : « Tant mieux, si l'ennemi passe par la rive gauche de la Meuse. »

Sous l'inspiration du G. Q. G., Millerand écrira : Le commandant de la V° Armée, au lieu de se porter au Nord de la Sambre, a attendu passivement, et à distance de la rivière, le choc des armées allemandes, et il a reculé ensuite, alors que deux de ses corps seulement avaient été sérieusement engagés. — Bien loin de s'avouer que la bataille des frontières avait dangereusement affaibli nos cadres et nos effectifs, et exposé nos armées à une complète destruction, le G. Q. G. déclara qu'après tout, cette première période d'offensive n'avait pas été sans obtenir des résultats d'ordre moral. Ceux qui ont vu la bataille des frontières se sont rendu compte que, malgré ces circonstances douloureuses, elles devaient, précisément, à leurs premières attaques d'avoir suffisamment de cohésion et de sang-froid pour accomplir une retraite vigoureuse et pour réaliser ensuite le redressement.

Au cours de la guerre, les ciseaux de la censure, dont le G. Q. G. disposait à son gré, coupèrent tout ce qui pouvait faire l'éloge des chefs. Il ne fut pas permis de prononcer le nom des officiers qui s'étaient distingués par quelque action d'éclat.

Tout ce qui avait l'apparence d'une critique à l'égard du G. Q. G. fut supprimé. Les portes des « exécutants » furent hermétiquement fermées aux reporters ; mais celles du G. Q. G. s'ouvrirent toutes grandes pour quelques privilégiés choisis parmi des écrivains de grand talent.

On devine l'émotion qui fit battre leurs cœurs, en pénétrant dans la demeure du vainqueur, du sauveur de la France, et avec quel intérêt ils écoutèrent ces officiers du Grand Quartier Général : sous les ordres du généralissime, ils dirigeaient, réglaient les mouvements de millions de combattants et préparaient la grande bataille, la victoire qui bientôt, disaient-ils, rejetterait les armées allemandes au delà des frontières de France.

On comprend avec quels sentiments de piété ils prirent

connaissance des documents, qui leur livraient les secrets de la guerre, de la défaite comme de la victoire, et leur admiration pour ces officiers d'élite, pour ces jeunes stratèges qui leur exposaient les faits et leur expliquaient les mouvements des armées : il leur semblait dès lors facile de saisir tous les principes d'art militaire dont s'était inspiré le généralissime de nos armées (1).

Ces « grands initiés » leur montraient que la manœuvre de la Marne était « en puissance » dès le 14 août. A cette date, une nouvelle armée s'organisait sur notre frontière Nord et quelques jours plus tard, l'armée de Maunoury ramenée de Verdun débarquait à Montdidier, tandis que plusieurs divisions ramenées de l'aile droite à l'aile gauche des armées, venaient renforcer la garnison de Paris.

Quand la Ire Armée allemande avait précipité sa marche au Sud-Est de Paris, le généralissime avait compris tout de suite la faute de Von Kluck et avait déchaîné, sur son flanc et sur ses derrières, l'armée de Maunoury.

A les entendre, si Gallieni n'avait pas modifié l'heure et la direction de l'attaque de cette armée, si Franchet d'Esperey s'était jeté avec plus d'ardeur dans la trouée, que le Grand Quartier Général lui avait signalée entre Von Kluck et Von Gœben, toute l'aile droite allemande aurait été enveloppée et l'armée ennemie rejetée au delà de la frontière.

Dès le 25 août, le généralissime a placé l'armée Maunoury sur le flanc droit des armées ennemies avec sans doute l'intention d'inquiéter Von Kluck et, au besoin, de l'attaquer ; mais « l'art militaire est un art tout d'exécution », a dit Napoléon. La surprise avec des forces suffisantes, au jour voulu, au point voulu, telles sont en effet les conditions de succès.

---

(1) En 1923, dans la *Revue de Paris*, un écrivain de l'Etat-Major reprochait encore au « général Lanrezac d'avoir, par son insistance, amené le général Joffre à modifier son plan initial... » ; pour soutenir cette thèse, il examinait ce qui serait arrivé, si ce plan avait été exécuté résolument, dès que les IVe et Ve Armées se trouvèrent prêtes à se porter en avant, et il affirmait que l'on avait des chances d'arrêter l'invasion de la Belgique.

« Que l'on se soit bercé, a écrit le colonel Grouard, de pareilles illusions « à l'ouverture des hostilités, c'est à la rigueur concevable ; mais qu'on ait pu « y persister six ans après les événments, dénote un regrettable aveuglement. »

L'histoire dira que Joffre fut vaincu à la bataille des Frontières et qu'il fut vainqueur sur la Marne.

Elle dira aussi que, grâce à Lanrezac, nos armées échappèrent à un désastre, et elle appellera Gallieni le Sauveur de Paris.

Elle ajoutera que, si Joffre fut vaincu le 22 août, c'est qu'il se laissa surprendre par la manœuvre des armées ennemies, et qu'au cours de la retraite de ses armées il surprit à son tour l'adversaire.

Elle retracera le rôle décisif de Gallieni : il vit la manœuvre à exécuter, sut faire approuver son plan par le généralissime, et avec son armée, dont il avait fait renforcer les effectifs, il attaqua au jour voulu et au point voulu.

De ces habiles manœuvres et de cette victoire, l'Etat-Major s'attribua tout le mérite.

Joffre vaincu, les « exécutants » avaient été, aux yeux du Grand Quartier Général, les seuls responsables de la défaite.

Joffre victorieux, aucun des généraux qui avaient fait preuve de sang-froid, d'énergie et d'habileté aussi bien pendant la retraite qu'au cours de la bataille, ne fut félicité par le G. Q. G. Ni Foch, ni Sarrail ne furent nommés au lendemain de la Marne ; Gallieni, lui-même, ne fut mis à l'ordre que le 27 septembre. On ne pardonna pas à Lanrezac d'avoir eu raison en montrant le péril.

Le généralissime fut un miroir dans lequel son Etat-Major s'est complu à admirer son propre génie militaire. Cet Etat-Major n'a pas compris que la gratitude, la générosité, sont des qualités dont l'histoire aime à parer ses grands hommes.

Les limogés. — Pour vaincre, il avait fallu l'offensive à
outrance ; pour sauver la Patrie, on avait rejeté à l'arrière
tous ceux qui étaient considérés comme responsables de la
perte de la bataille des frontières. Après la Marne, ce fut une
folie révolutionnaire : chaque échec comporta une victime
expiatoire, tous les motifs parurent bons pour écarter les
généraux qui, aux yeux des Etats-Majors, leur paraissaient
trop âgés, ou ceux dont le caractère indépendant déplaisait
aux Etats-Majors.

Grâce à la communication rapide et secrète établie entre
tous les échelons du commandement par les officiers de
liaison, les limogeages suivaient de quelques heures les fautes
reprochées aux officiers généraux. L'officier général, souvent
prévenu en pleine bataille, avait à remettre son commandement sur l'heure à son successeur. Parfois c'était celui-ci
même qui, en venant le remplacer, lui apprenait la décision
qui lui enlevait son commandement.

Après la bataille des frontières, Lanrezac avait été mis à la
disposition du Ministère de la Guerre, et une trentaine de
généraux avaient été renvoyés à l'arrière.

Après la Marne, au cours des années 1914, 1915 et 1916,
plus de cent généraux, qui tous avaient bien eu quelque part
à la victoire du 8 septembre 1914, furent également limo-

gés (1). En 1916, Foch lui-même dut quitter son commandement pour une mission spéciale.

Que dans la tempête, dans laquelle la France faillit périr avec ses armées, le G. Q. G. ait multiplié les victimes expiatoires, c'était là, sans doute, un acte nécessaire. En donnant satisfaction immédiate à une opinion toujours disposée à accuser nos généraux d'incapacité, on relevait à l'arrière un moral prêt à s'effondrer, on sauvait le Gouvernement, et avec lui, le chef de nos armées.

Qu'on ait choisi les victimes parmi les généraux qui avaient reculé pour échapper au désastre, ou parmi ceux qui avaient été désignés hâtivement par des officiers de liaison des Etats-Majors, voilà qui est explicable, excusable même, sauf à distinguer plus tard les innocents des coupables.

Mais que, le calme ayant succédé à la tempête, la France sauvée, la route de la capitale solidement fermée à l'ennemi, le commandement ait continué à relever les chefs sous les prétextes les plus injustifiés, les plus fantaisistes, qu'il n'ait pas ramené sur le front le général Lanrezac qui avait sauvé ses armées du désastre (2) et aussi des généraux qu'on avait de toute évidence condamnés à tort, ce fut là une œuvre mauvaise dont les inspirateurs furent les Etats-Majors.

Telle fut la terreur du « limogeage » chez la plupart des généraux, que plus d'un sacrifia ses subordonnés pour échapper au châtiment dont il se voyait menacé. Elle leur enleva toute initiative et fit de beaucoup d'entre eux des muets du sérail, incapables désormais de donner un avis utile, d'oser

---

(1) Parmi eux on comptait nombre de généraux brevetés.

(2) M. Fernand Engerand a raconté comment le 6 septembre 1924, le général Nollet, Ministre de la Guerre et le Maréchal Pétain se rendaient au domicile du général Lanrezac à Neuilly, et lui « remettaient les insignes de Grand'Croix « de la Légion d'honneur : Les services éminents que vous avez rendus à la « Patrie, lui dit le Maréchal Pétain, n'ont pas été oubliés. La manœuvre en « retraite que vous avez dirigée restera comme un exemple. Nous avons tous « eu l'impression qu'en l'exécutant, vous avez préservé vos troupes d'encercle- « ment complet et sauvé en même temps votre armée et la France. »
Mais l'Etat-Major ne voulait plus revoir sur le front le grand Chef qui leur avait montré leur funeste erreur. Maintenant que l'Etat-Major prétendait parler au nom du Généralissime, il ne voulait plus s'exposer à entendre les utiles observations de celui qui, en temps de paix, avait été leur maître et qui le restait encore en temps de guerre.

faire une proposition intéressante. Toute attaque ne fut plus préparée qu'avec le désir de satisfaire l'Etat-Major toujours féru d'offensive à outrance. Un exemple montrera à quel point le commandement abaisse les caractères les plus loyaux, les plus indépendants, en usant de procédés aussi despotiques.

Un officier général des plus appréciés en temps de paix, fut remplacé dans son commandement d'une division de l'armée active en 1914, à la suite d'un échec dont l'entière responsabilité incombait au G. Q. G. Placé à la tête d'une division territoriale, ce général montra de telles qualités militaires qu'on lui donna de nouveau le commandement d'une grande unité de l'armée active. Il commandait en 1915 un secteur, lorsqu'une division arrivant d'outre-mer fut placée sous son commandement pour prendre part à une attaque qui venait d'être décidée par le G. Q. G. Le chef de cette division qui se trouvait pour la première fois sur le front, crut devoir soumettre à son chef des propositions qui pouvaient éviter à sa troupe des sacrifices inutiles ; et, comme il insistait pour qu'elles fussent transmises au commandant de l'armée, « Vous n'avez pas été limogé ? lui dit le commandant du secteur ; eh bien ! moi, j'ai été limogé... » (1). Le divisionnaire n'ayant écouté que la voix de sa conscience, transmission fut faite, et il fut limogé. Il trouva un grand chef pour le féliciter de la loyauté et du courage dont il avait fait preuve (2).

Qui donc pourrait affirmer qu'il ne regretta jamais d'avoir fait son devoir, quand on songe à la douleur de ceux qui, après avoir consacré tant d'années au service de l'armée, à

---

(1) En même temps que le Commandant de secteur auquel il est fait allusion — ou plus exactement 48 heures après — dans la même région et sous le même commandement, un général, commandant une division de cavalerie, crut devoir, après une démarche restée sans résultat, rendre compte que, par suite de fatigues excessives inutilement imposées à ses régiments, la division serait hors d'état d'être employée, si on ne lui procurait pas au moins 24 heures de repos, ne fût-ce que pour faire referrer les chevaux.

Au moment où il dictait ce compte rendu, un de ses subordonnés qui était aussi son ami de jeunesse lui dit : « Si tu envoies cela, tu te suicides ! — Le général répondit : « J'aime mieux me suicider que de m'exposer à être déshonoré ! » Il fit partir son compte rendu et fut limogé !

Le général Castelli commandant du 8ᵉ corps fut aussi limogé, pour avoir fait connaître la fatigue de ses soldats, et combien d'autres, pour les mêmes motifs !

(2) Dès les premiers jours de son commandement, le Maréchal Pétain jugea

sa préparation à la guerre, ont été chassés du front en pleine bataille, ont achevé leur carrière à l'arrière, sous les regards méprisants de leurs concitoyens, tandis que, là-bas, nos armées se battaient, triomphaient, entraient dans Metz et Strasbourg, foulaient la terre Rhénane et défilaient glorieusement sous l'Arc de Triomphe ?

On peut dès lors comprendre comment la doctrine de l'offensive à outrance, préconisée par l'Etat-Major, resta, en 1915 et même en 1916, celle d'une armée qui se battait avec une artillerie incapable de coopérer utilement aux attaques exécutées sur toute l'étendue du front.

Le général Castelli, qui dut trop souvent sacrifier ses soldats dans des attaques inutiles, a rappelé dans son livre, *Le 8e Corps en Lorraine*, les conséquences funestes de ces sacrifices.

Mais quand le mur où l'on se jette tête baissée est érigé en système, quand le Commandant d'armée, par exemple, se refuse à entendre les objections motivées de son inférieur direct, quand

---

indispensable de rappeler aux officiers qu'ils avaient le devoir de soumettre à leurs chefs leurs observations.

Ce devoir, depuis bientôt trois ans, les officiers ne le connaissaient plus. Voici ce document emprunté à *Plutarque n'a pas menti* :

« Nos officiers ont donné, depuis bientôt trois ans des preuves du courage le plus héroïque, et néanmoins ils hésitent à signaler à leurs chefs les difficultés d'exécution qu'ils constatent, dans la crainte d'être taxés d'esprit timoré.

« Il résulte de cette abstention craintive que le commandement supérieur maintient parfois des ordres qu'il n'eût pas hésité à compléter s'il eût été mieux renseigné. La constatation en a souvent été faite au sujet du degré d'avancement des préparations d'attaque.

« Il appartient au commandement, par son attitude, de réagir contre cette tendance.

« Le supérieur doit ménager à son subordonné un accueil bienveillant, montrer le désir de l'aider à solutionner les difficultés qui l'arrêtent, faire appel aux renseignements utiles, et même les provoquer.

« Dans la guerre actuelle, la puissance meurtrière du feu ne permet pas les expériences ; la moindre opération exige une préparation minutieuse pour laquelle le concours de toutes les bonnes volontés est indispensable.

« Par contre, une fois la préparation bien étudiée, une fois la décision prise et l'ordre donné, l'exécution doit être poursuivie avec une énergie et une ténacité qui excluent toute réticence.

« L'attitude bienveillante du chef est conforme aux traditions les plus nobles de l'armée française ; elle n'exclut aucunement la fermeté...

« Le confident professionnel de l'Officier, c'est son chef ; le chef doit justifier cette confiance, qui repose sur l'estime réciproque et le commun dévouement au pays. »

celui-ci, au lieu d'être écouté. comme il en a le droit, se voit éconduit, parfois d'une façon blessante, et relégué au rang des purs exécutants qui n'ont qu'à obéir, sans mot dire — comme si son honneur et sa vie, qui n'y sont point engagés, se trouvaient en jeu, — alors les ressorts du commandement sont dangereusement faussés.

Des attaques sans espoir et sans possibilité de succès, simples condamnations à mort pour les exécutants, sont donc partout et toujours injustifiables...

Ardant du Picq a écrit : Les illusions en matière militaire conduisent à ordonner l'impraticable, et l'impraticable ordonné est une atteinte à la discipline... Ces idées étaient courantes parmi les officiers de troupe, en contact journalier avec cet élément inconstant au suprême degré qu'on appelle le moral d'une troupe. *Leurs voix qu'ils ont cherché quelquefois à faire entendre au risque de leur situation. ont bien rarement été écoutées.* Mais les Etats-Majors supérieurs, ne voyant pas le feu, se refusaient à reconnaître la faillite de leur doctrine (d'offensive quand même) qui crevait les yeux des combattants. et sacrifiaient journellement à leur idole les hommes qui sauvaient la situation par leur clairvoyance de la leçon des faits. Les ordres, qui sortaient des Etats-Majors supérieurs, semblaient faire du soldat une pièce de bois du jeu de la guerre, sans âme ni chair, et le commandement supérieur (1). vivant loin des champs de bataille. à la remorque des événements journaliers. ne cessait de harceler le commandement intermédiaire (2) pour faire d'incessantes attaques (3).

. . . .

Entre sa troupe qui doit subir une fois de plus les conséquences de l'erreur commise et le commandement supérieur qui ne veut pas l'écouter, la situation du Commandant de corps d'armée ne tarde pas à devenir intenable. Ses officiers et ses soldats, retenus par le sentiment de l'honneur et de la discipline. donnent leur vie, c'est entendu. sans murmurer et sans mot dire. Si quelque timide protestation ose se faire entendre dans son entourage. il la réprime aussitôt et couvre son Commandant d'armée. En lui-même. cependant. protestent hautement la raison et la conscience du chef.

On se lasse, à la longue. d'avoir à préparer. chaque soir, pour le lendemain. l'inutile et absurde massacre des siens, et d'aller chaque matin y assister impuissant. comme spectateur et directeur obligé, dans un poste abrité...

(1) Lisez : le Commandant de l'Armée.
(2) Lisez : le Commandant du Corps d'Armée.
(3) *Les Archives de la Grande Guerre, Devant Saint-Mihiel,* passim.

En prétendant faire la trouée, puis grignoter l'adversaire, nos pertes dépassèrent celles des Allemands. En changeant sans cesse leurs chefs, en leur demandant des sacrifices dont l'inutilité était évidente, on ébranla la confiance des soldats dans leurs généraux, le défaitisme menaça de nous faire perdre la guerre. Malgré l'énergie de Clemenceau, malgré les admirables qualités militaires de Foch et de Pétain, malgré la valeur des généraux et l'héroïsme des soldats, la Victoire eût été douteuse, si nos armées, épuisées dans leurs effectifs, n'avaient reçu les puissants renforts d'Alliés, heureusement aussi intéressés à la défaite de l'Allemagne que la France elle-même.

CHAPITRE V

La valeur professionnelle des Chefs et des Aides du Commandement.

Il y avait en France, à la veille de la guerre, deux catégories d'officiers, nous ne disons pas deux écoles, dans les hauts grades...; nombre d'officiers de valeur appartenaient à la fois à l'une et à l'autre.

Hanotaux (Rev. des Deux Mondes, 1er septembre 1920.)

Les Généraux. — Tout en conservant aux yeux de la troupe leur incontestable prestige, et en obtenant de tous la plus stricte déférence, les généraux étaient trop souvent de la part des Etats-Majors l'objet de critiques faites à haute voix devant les subordonnés.

Aux manœuvres, comme aux exercices sur la carte, les membres du Conseil Supérieur de la Guerre et, à leur tour les commandants de corps d'armée n'hésitaient pas à adresser aux généraux subordonnés les plus pénibles critiques, en présence de nombre d'officiers ; et ces critiques étaient trop souvent inspirées, au su de tous, par leurs Etats-Majors.

En réalité, c'était l'Etat-Major qui décidait de la réputation des généraux (1), et telle était la confiance du Conseil Supérieur de la Guerre dans les officiers de ce corps, qu'il comptait beaucoup plus sur eux, en cas de guerre, que sur la plupart des généraux.

---

(1) Des officiers de l'Etat-Major du Vice-Président du Conseil Supérieur de la Guerre partant aux manœuvres avec leur chef diront : « Nous allons mettre te' Commandant de corps d'armée au cadre de réserve, c'est un incapable. »

En supprimant les conseils d'avancement, on avait enlevé aux généraux une prérogative qui ouvrait la porte à l'intrigue et à la politique ; on avait diminué considérablement leur autorité à l'égard des officiers.

Les Comités d'armes ne pouvaient étudier que les seules questions, sur lesquelles les directeurs du Ministère de la Guerre voulaient bien appeler l'attention du Ministre ; cependant, afin d'écarter toute contradiction, toute opposition, les Directeurs d'accord avec l'Etat-Major, avaient obtenu la suppression de ces Comités.

Inspirés par les bureaux, les journaux avaient approuvé la mesure, en affirmant que ces Comités n'étaient qu'un refuge pour les vieux généraux (1).

Les Commissions, chargées d'étudier les divers Règlements, étaient composées de généraux et d'officiers supérieurs désignés par les Etats-Majors, qui en inspiraient les travaux et en dictaient les conclusions.

Il allait de soi que du moment qu'on créait une école de Hautes Etudes Militaires, c'était aux généraux que cette école devait ouvrir ses portes. En développant leur savoir, en en faisant les véritables interprètes des pensées et des doctrines du Haut Commandement, on aurait ajouté à leur prestige, à leur autorité, aux yeux de leurs subordonnés. Or ce fut uniquement aux officiers supérieurs, aux officiers d'Etat-Major, « aux élèves maréchaux », que furent consacrés les cours de l'Ecole des Hautes Etudes Militaires.

Les Règlements de 1913, qui décidèrent des doctrines tactiques et stratégiques de l'armée française, furent établis et publiés, sans même qu'on eût pris l'avis des généraux.

En diminuant ainsi les généraux, c'est-à-dire le Commandement, les Ministres de la Guerre commettaient une faute d'autant plus regrettable que rien ne justifiait cette façon d'agir à leur égard.

____

(1) Le Comité d'Infanterie était, en grande partie, composé des plus jeunes généraux de l'armée.

Malheureusement les Français sont toujours disposés à mettre en doute la valeur de ceux qui remplissent les hautes fonctions de l'Etat, et tout particulièrement celle de nos généraux.

Les échecs des premiers jours de la guerre n'étaient pas faits pour relever aux yeux de l'opinion leur réputation ; mais le G. Q. G. se chargea lui-même de porter sur eux un jugement définitif, en faisant écrire par l'agence Reuter ces quelques lignes :

Tous les vieux généraux qui, au commencement d'avril, étaient à la tête de grands commandements, ont été graduellement éliminés, quelques-uns parce qu'ils n'ont pas pu supporter les fatigues de la guerre, d'autres parce qu'on les a appelés à des commandements territoriaux...

(Agence Reuter.)

La preuve, a écrit un ancien officier d'Etat-Major, que nos Généraux étaient incapables, c'est qu'il a fallu en limoger 30 dès le premier mois de la guerre.

On en a limogé environ 150, en 1914, 1915 et 1916. Cette preuve a suffi à une opinion publique, qui n'en demandait pas d'autres, pour conclure que presque tous nos généraux étaient des incapables ; mais aux yeux de l'histoire, il eût été indispensable que les rapports qui justifiaient cette hécatombe de généraux fussent publiés, et que les chefs mis en cause fussent à même de se défendre. Non seulement aucun de ces rapports n'a vu le jour, mais les limogés eux-mêmes les ont ignorés, et presque tous les ignorent encore. Le soin qu'apportent l'Etat-Major et le Ministère à en garder le secret, les erreurs stupéfiantes que l'on constate maintenant dans les comptes rendus des officiers de liaison, suffiraient pour donner à penser que « la refonte du Commandement » fut l'œuvre d'un Etat-Major abusant des pouvoirs discrétionnaires que la guerre mettait dans la main de ces jeunes officiers.

« Ce ne sont pas les braves gens parmi les généraux limogés, a écrit le Général*** (auteur de Plutarque n'a pas menti), qui ont poussé des cris d'orfraie et rempli les colonnes des journaux de leurs protestations, de leurs clameurs, de leurs accusations. Les bons ont fait abnégation, plusieurs sont morts désespérés, les autres souffrent en silence. »

Plein de mépris pour « les bons » eux-mêmes, le Général··· ajoute : « Aucun n'a compris les raisons de sa chute et ne les comprendra jamais ; car ils avaient tous la conviction qu'ils faisaient de leur mieux. On fait ce qu'on peut... Hélas ! beaucoup pouvaient peu. »

Tandis, en effet, que les limogés gardaient le silence, quelques-uns de ces officiers d'Etat-Major multipliaient leurs accusations et leur insolence à l'égard des « exécutants » et créaient la légende des généraux « incapables ».

C'est sous leur inspiration que l'*Echo de Paris* écrivait encore le 4 septembre 1925 : « On oublie beaucoup trop cette préparation à la Marne qui consista à envoyer à Limoges une centaine de généraux. »

Il y eut exactement 30 limogés avant la Marne ; tandis que, ultérieurement, plus d'une centaine de généraux qui avaient bien eu leur part dans la victoire furent limogés à leur tour.

Quand des chefs ont la conviction d'avoir été accusés injustement d'avoir compromis le succès de l'armée, d'avoir fait verser inutilement le sang de leurs soldats, il n'en est pas un qui n'eût voulu se justifier s'il en avait eu les moyens.

Si les « Bons », pour la plupart, ont gardé le silence, c'est que, non seulement les Ministres de la Guerre se sont refusés à leur donner communication du rapport fait par le Grand Quartier Général à l'appui de la mesure qui les avait frappés ; mais c'est aussi qu'ils n'ont pu disposer des documents qu'exigeait leur défense.

Sans même faire ultérieurement une enquête qui eût permis d'établir des faits précis et de justifier une mesure définitive, on les a condamnés sans les entendre, on les a condamnés sur des comptes rendus établis hâtivement au cours des opérations, et l'Etat-Major écrit l'Histoire de la Grande Guerre en se gardant bien d'interroger les survivants.

A défaut de documents qui auraient permis de répondre à cette dangereuse légende des 150 généraux fatigués ou incapables, comment admettre que la plupart de ces généraux, qui avaient été bien notés au cours de toute leur carrière, dont bon nombre étaient brevetés, qui chaque année subissaient la dure épreuve des manœuvres, furent cependant incapables de commander leurs divisions devant l'ennemi ou étaient vieillis, fatigués (1) ?

M. Hanotaux, en justifiant l'avancement rapide du Général Joffre, a donné une idée très exacte des conditions dans lesquelles les généraux parvenaient aux commandements des grandes unités de l'armée française :

La longue discipline morale que la France s'imposa à elle-même pendant les années, qui suivirent la guerre de 1870, s'affirma notamment dans la formation des cadres militaires. Durant cette période, l'armée se mit au travail. Dans ses éléments permanents et supérieurs, elle fut sérieuse, modeste, appliquée. Elle refit son éducation et son instruction techniques. Elle remonta aux principes et aux sources, s'instruisit aux grands exemples, apprit à connaître les méthodes des Généraux illustres, étudia avec une ardeur passionnée celles du « dieu de la guerre, Napoléon... »

Nous n'avons pas à rappeler par quelle loi s'opérait traditionnellement la sélection dans les rangs de l'armée française. Tout le monde connaît le système d'avancement au choix et à l'ancienneté, qui remontait en somme à la grande réforme de Gouvion de Saint-Cyr. Ce système a été critiqué et non sans motifs. La manière dont il fut appliqué à certains moments paraît peut-être plus blâmable encore que son principe, il n'a pas échappé à certaines tares aussi fréquentes dans les monarchies que dans les démocraties ; l'intrigue de la petite chapelle, l'abus de la faveur et de la recommandation (2). Encore convient-il de reconnaître que dans ses grandes lignes, il présentait cet avantage de laisser à l'armée le soin de procéder elle-même à un travail de sélection préparatoire par une sorte de cooptation, les chefs d'hier désignant les chefs de demain. L'esprit de corps put rendre, en somme, de réels avantages. Il a le sens de la durée, celui de la responsabilité, du devoir, de l'honneur.

A la veille de la guerre, dit M. Hanotaux, il y avait en France deux catégories d'officiers dans les hauts grades :

---

(1) En 1916, le G. Q. G. déclara que Foch, lui aussi, était vieilli, fatigué !

(2) Si blâmables, parfois si méprisables que fussent ceux qui usèrent de l'intrigue, on pourrait citer facilement parmi eux des généraux qui avaient d'incontestables qualités militaires et qui en donnèrent la preuve au cours de la guerre.

d'abord celle des officiers coloniaux, ils avaient assumé des responsabilités, ils avaient commandé, ils avaient manié les hommes ou vu couler le sang humain...

Ajoutons que le plus grand nombre des généraux coloniaux étaient brevetés, tels Gallieni, Mangin, Berdoulat, de Trentinian, Goulet, Lefèvre, Claudel, etc...

L'autre catégorie était celle des officiers qui, ayant passé les hautes études militaires, avaient travaillé, réfléchi, étudié, comparé ; ils avaient « entraîné leurs réflexes » aux diverses combinaisons et éventualités de l'art militaire et de la « grande guerre »; mais les circonstances ne leur avaient pas permis, à proprement parler, de « faire la guerre ». Souvent, il est vrai, les deux catégories n'en faisaient qu'une. Nombre d'officiers de valeur appartenaient à la fois à l'une et à l'autre. Il restait même quelques officiers déjà âgés, dont la jeunesse avait servi en 1870 ; une expérience amère leur en était restée... (1).

A ces deux catégories s'ajoutait une troisième, celle des officiers de l'armée métropolitaine brevetés ou non brevetés qui prirent part aux expéditions coloniales.

Notre armée était donc commandée par des généraux dont la capacité et la science ne pouvaient pour la plupart d'entre eux, être mises en doute.

L'examen attentif des fautes qui furent commises montrera que les unes, les plus graves, furent la conséquence de celles que commit le G. Q. G., que les autres doivent être attribuées à la doctrine de l'offensive à outrance, ou à une connaissance insuffisante, chez les généraux et dans les Etats-Majors, de la tactique des trois armes.

Ils eurent d'ailleurs vite fait de mettre à profit les premières leçons de la guerre.

M. Madelin a écrit, dans la *Revue des Deux Mondes*, que depuis 1870, l'armée n'avait rien appris ; l'auteur de la *Psychologie des Foules* a montré qu'il y avait d'ailleurs tout avantage à commencer la guerre sans rien savoir, parce qu'on s'adapte mieux aux réalités qui s'imposent à l'esprit.

______

(1) Gabriel Hanotaux, de l'Académie Française. *Nos Grands Chefs : Le Maréchal Joffre* (*Revue des Deux Mondes*, 1920).

Ceux qui n'ont pas compris que la préparation militaire des officiers, nous avait, aussi bien que celle des soldats, donné la victoire, ne manquent pas de rappeler que le Maréchal Foch a dit que dans cette guerre nouvelle il fallait oublier tout ce qu'on avait appris. Il a fallu aussi que les médecins oublient tout ce qu'ils avaient appris lorsque Pasteur révolutionna les doctrines thérapeutiques et chirurgicales. Mais qui donc eût été plus à même qu'eux d'utiliser immédiatement la voie si imprévue qu'un homme de génie venait de leur ouvrir ? Qui donc eût mieux profité des premières leçons de la guerre que celui qui triompha en 1918 ? Ajoutons, qui donc aussi eût mieux mis à profit les premières leçons de la guerre que tous ces généraux devenus par une sévère sélection, comme l'a montré M. Hanotaux, les chefs de notre armée ?

Qu'à la première bataille, à l'épreuve décisive du feu, quelques-uns même parmi les mieux notés aient commis des fautes graves, que ces fautes aient justifié leur renvoi à l'arrière et même parfois devant les Conseils de Guerre, c'était là chose inévitable ; mais les combats livrés sur les frontières et au cours de la retraite de nos armées, dans lesquels nos ennemis furent souvent, de leur propre aveu, terriblement éprouvés, puis les batailles de l'Ourcq et de la Marne ont assez prouvé que nos généraux étaient dignes decommander.

Ils eurent tous leur part dans la victoire, y compris la centaine de généraux qui cependant furent ultérieurement limogés.

Nombreux sont ceux qui, après avoir rappelé les combats que livrèrent leurs soldats dans les premières semaines de la guerre, pourraient clore leur récit en disant comme le général Castelli, ancien commandant du 8e Corps, relevé de son commandement, le 10 octobre 1914 :

Justice du moins soit rendue — c'est le but de ce livre — aux soldats de Sarrebourg, de la trouée de Charmes et de la forêt d'Apremont !

Sans eux, peut-être, Monsieur le Maréchal, sans leurs généreux efforts, vous n'auriez pas pu livrer la bataille de la Marne ;

L'ayant livrée, vous n'auriez pas pu la gagner ;

L'ayant gagnée, vous n'en auriez pas conservé les fruits. (*Le 8e corps en Lorraine*).

Faute d'une guerre de mouvement, qui permît aux talents militaires de se révéler aux yeux du commandement et de s'imposer au choix du généralissime, les commandements des armées furent heureusement réservés à d'anciens professeurs de l'Ecole de Guerre (1), ou exceptionnellement à des généraux qui, comme Franchet d'Esperey, Gouraud, Mangin, etc., étaient déjà réputés pour leur indomptable énergie.

Parmi les officiers supérieurs, brevetés ou non, on trouva facilement de nouveaux chefs ayant toutes les connaissances techniques qu'exige le commandement des brigades et des grandes unités. Après avoir acquis un peu de l'expérience qui leur manquait, ils se montrèrent pour la plupart à la hauteur de leurs nouvelles fonctions. Cependant bon nombre d'entre eux furent victimes à leur tour des procédés despotiques de l'Etat-Major.

On a dit que les généraux qui commandaient en 1917 et en 1918 ont justifié par leurs succès le choix qui les avait désignés. Le succès final ne prouve nullement que la refonte complète du Commandement fût nécessaire et qu'une méthode révolutionnaire employée pour désigner les chefs de l'armée s'imposât seule au Général en Chef ; au contraire, elle eut des conséquences d'une telle gravité qu'elle faillit compromettre la victoire de nos armes.

---

(1) Parmi les anciens professeurs de l'Ecole de Guerre on compte 11 Commandants d'armée ou de groupes d'armées, 2 Commandants en chef des armées françaises et le Commandant des armées alliées.

*Alors que toute l'activité de l'offi-
cier d'Etat-Major devrait se
concentrer sur ses fonctions
du temps de guerre, cette partie de son service est considérée comme l'accessoire...*

Journal des Sciences Milit., 1910

Les Etats-Majors. — En exigeant beaucoup de travail des candidats, les examens d'entrée de l'Ecole de Guerre les obligent à étendre les notions qu'ils ont acquises au cours des premières années de leur carrière militaire et de les rendre plus aptes à profiter de l'enseignement de l'Ecole.

Les deux années d'étude demandent de tous un effort considérable. Les cours sont confiés à des officiers d'une haute valeur intellectuelle et qui comptent dans l'armée parmi les plus aptes à professer l'art et les sciences de la guerre.

A la sortie, les officiers brevetés ont donc beaucoup appris ; les corps de troupe et les Etats-Majors sont certains de trouver en eux une moyenne d'officiers intelligents, travailleurs, instruits et dévoués à leur tâche. Il en était parmi eux dont le caractère et les dons remarquables semblaient déjà les désigner pour les plus hauts rangs de l'armée.

L'Etat-Major a joué un rôle prépondérant avant la guerre et dans les opérations de 1914, 1915 et 1916.

A-t-on trouvé chez lui des Gneissenau capables de doubler les chefs de nos armées et de nos grandes unités ?

Les fautes commises dans la préparation à la guerre sont la preuve évidente que l'élite même de l'Etat-Major n'était pas à la hauteur du rôle qu'il s'était attribué.

Faute d'un contact fréquent avec les troupes des trois armes, faute d'avoir réfléchi, médité, d'avoir entendu les chefs les plus autorisés de l'armée. d'avoir écouté un Bonnal, un Lanrezac, un Ruffey, ces officiers, souvent remarquablement doués, eurent cependant en tactique, en stratégie, des doctrines erronées, et ne comprirent pas la nécessité de l'artillerie lourde.

L'Etat-Major du Grand Quartier Général n'a pas été plus heureux dans le rôle qu'il a joué au cours des premières années de la guerre. La manœuvre stratégique d'août 1914, nous conduisit au bord du gouffre, et les opérations de 1915, 1916, épuisèrent dangereusement nos effectifs.

A voir les conditions dans lesquelles plusieurs de nos armées furent engagées dans les combats livrés sur nos frontières, il ne semble pas que le généralissime ait eu un Etat-Major transcendant. A-t-on rencontré au moins dans tous ces Etats-Majors ces qualités qui font de l'officier de l'Etat-Major un officier capable de bien matérialiser les volontés de son chef et de prendre l'initiative de tous les détails d'exécution que comportent ses fonctions d'auxiliaire du commandement ?

Il suffit de lire les ordres donnés en août 1914 aux grandes unités pour se rendre compte que, si quelques-uns sont impeccables, il en est d'autres où se constate l'oubli des plus simples notions tactiques.

Pourquoi l'Etat-Major n'a-t-il pas été ce que semblait promettre la valeur des officiers brevetés choisis pour le service de l'Etat-Major ?

Voici ce qu'écrivait le général Bonnal à l'époque où il était placé à la tête de l'Ecole de Guerre :

Outre que le temps passé à l'Ecole Supérieure de Guerre ne saurait suffire, même en donnant aux exercices de tactique appliquée une extension de plus en plus grande, à confirmer chez tous cette qualité dont parle le général de Pencker, qui permet de juger vite et bien une situation de guerre, de prendre la décision qu'elle comporte et d'en assurer l'exécution, les résultats obtenus s'affaibliraient bientôt, si au sortir de cette école la pratique des manœuvres sur la carte, et sur le terrain, était délaissée.

L'art du commandement à la guerre se développe par l'exercice constant des facultés intellectuelles et morales appliquées à la résolution des cas concrets, dont l'importance et la difficulté doivent croître avec les années, autant dire avec l'expérience... Il faut donc que les officiers, après leur sortie de l'Ecole Supérieure de Guerre continuent à faire de nombreuses applications tactiques..., mais il ne suffit pas de vouloir, il faut encore que les applications soient *réellement instructives*.

Après avoir montré les avantages de la méthode des cas concrets, il ajoutait que cette méthode « exige de la part des professeurs un labeur et une activité considérables. »

Quelques pages empruntées aux *Sciences Militaires* nous rappelleront les plaintes, auxquelles donnait lieu la mauvaise préparation de l'officier d'Etat-Major à ses fonctions en temps de guerre.

L'officier, une fois breveté, accomplit dans les Etats-Majors, autres que l'Etat-Major de l'Armée, qui est notre Grand Etat-Major, un stage d'épreuve de deux années, à l'issue duquel il est, sauf très rares exceptions, déclaré apte au service d'Etat-Major.

Dès lors, il servira soit à l'Etat-Major de l'Armée (Ministère de la Guerre), soit dans les Etats-Majors de corps d'armée, divisions, brigades, places fortes, etc., et accomplira régulièrement les périodes de commandement de troupes, prévues par la loi pour les capitaines, commandants et colonels.

Mais, à quelque Etat-Major qu'il appartienne, il ne sera pas débarrassé du travail de chancellerie ni du service courant, comme l'est par l'Adjudantur son collègue de l'armée allemande ; tout au plus trouvera-t-il dans le personnel, du reste très restreint, des officiers archivistes du service d'Etat-Major, des auxiliaires capables de le seconder dans cette absorbante tâche, à quoi il devra consacrer le meilleur de son temps. On a trop répété que le *Bulletin Officiel* lui était un livre de chevet, pour que nous ayons à insister sur les conséquences de cette situation (1).

De plus, chaque Etat-Major a une propension à se spécialiser et à se fermer, sans autre communication avec les troupes et avec les Etats-Majors voisins que les besoins de ce même service courant. L'Etat-Major de l'armée, en particulier, tend, du fait même de ses fonctions, à devenir un Etat-Major à part, dont les

---

(1) En faisant au cours de la guerre le portrait d'un des Chefs d'Etat-Major de la grande guerre, Foch a écrit : « Il possède tout ce qui convient à un « officier d'Etat-Major complet ; mais il n'a subi aucune des déformations pro- « fessionnelles qu'imposent les stages prolongés dans les bureaux du temps « de paix.. »

membres ne se renouvellent qu'exceptionnellement. Il n'offre pas, en tous cas, pour l'ensemble des officiers du service d'Etat-Major, ce caractère de centre de hautes études et de régulateur, qui lui donne chez nos voisins un rôle si élevé et si important ; il ne contribue que difficilement à la création de cette unité de doctrine dont nous cherchons à déterminer et à répandre les principes directeurs. Il n'a, avec les troupes elles-mêmes, que des contacts tout aussi lointains. En fait, ce n'est guère que par des notes ou des circulaires, non par des travaux en commun ni par des actes, qu'il peut coordonner, unifier et diriger l'instruction générale de l'armée.

Il n'y a qu'une voix pour déplorer la situation faite aux brevetés par l'organisation actuelle de l'Etat-Major : à la tribune du Parlement, dans la Presse quotidienne, dans les Revues Militaires et même dans celles destinées au grand public, le mal a été maintes fois signalé. Alors que toute l'activité de l'officier d'Etat-Major devrait se concentrer sur ses fonctions du temps de guerre, cette partie de son service est considérée comme l'accessoire, au point qu'il n'y est guère entraîné que deux ou trois fois l'an : ce n'est pas assez pour le maintenir en haleine. On sait pourtant que c'est de sa vivacité d'esprit pour interpréter la pensée du chef, de sa facilité de rédaction, de sa prévoyance, de sa méthode, toutes qualités demandant à être exercées, que dépendent uniquement le bien-être des troupes et la bonne exécution des intentions du commandant. (*Sciences Militaires*, 15 décembre 1910. — *La Réorganisation de l'Etat-Major*).

L'Etat-Major de l'Armée a bien dans ses attributions tout ce qui concerne l'instruction de l'armée, et un de ses bureaux, le troisième, en est tout spécialement chargé ; mais le 3e bureau ne comprend qu'un très petit nombre d'officiers, qui sont à peu près complètement absorbés par la préparation et la tenue à jour de toutes les mesures concernant le plan en vigueur et qui n'ont nullement le loisir de se livrer à de longues études théoriques sur la stratégie ; leur besogne consiste en des applications essentiellement pratiques. L'Etat-Major de l'Armée, avec la constitution actuelle de ses bureaux, est donc organisé pour *traiter des affaires et pour préparer des mesures d'exécution pratiques ; il n'est pas organisé pour faire des études théoriques ;* il faudrait une transformation complète pour en faire véritablement l'école d'instruction des officiers des Grands Etats-Majors et l'organe de préparation du Haut Commandement, comme en Allemagne.

Remarquons d'ailleurs que les officiers appelés à l'Etat-Major de l'armée y entrent actuellement sans aucune préparation spéciale, alors que les questions qui vont être soumises à leur examen réclameraient tout au moins des connaissances théoriques très étendues sur la stratégie et sur les conditions de la grande guerre moderne. (1).

Ce n'est donc pas les officiers d'Etat-Major qu'il faut accuser de n'avoir été ni de grands stratèges ni de bons tacticiens, ni même de bons auxiliaires du Commandement, mais l'institution elle-même et ceux à qui il appartenait d'en obtenir tout au moins de meilleurs résultats.

En effet, le Ministre de la Guerre et le Conseil Supérieur de la Guerre n'avaient pris que des mesures insuffisantes pour développer l'instruction militaire des officiers d'Etat-Major et pour faire de tous, en temps de guerre, des auxiliaires du Commandement, aptes à remplir bien et rapidement leurs multiples fonctions.

Avant la guerre, avant que les Etats-Majors d'armée « aient sauvé la France... » (2) c'étaient là des vérités sur lesquelles tous les officiers d'Etat-Major étaient d'accord.

En créant le centre des Hautes Etudes Militaires, le général Brun voulut développer les connaissances militaires chez une élite d'officiers supérieurs choisis de préférence dans l'Etat-Major ; mais ce fut une profonde erreur de ne pas envoyer à ce centre des Hautes Etudes les généraux, c'est-à-dire ceux qui étaient appelés à commander en temps de guerre. On donna la préférence à des officiers supérieurs très bien notés, il est vrai, mais ce fut au détriment de la préparation des généraux, de leur autorité et de leur prestige. Ce fut une autre erreur de confier au général de Castelnau la direction de ces Etudes ; malgré son savoir et ses dons d'éloquence, à supposer qu'il ait pressenti le danger auquel allait conduire

---

(1) Ceci était écrit, lorsque a paru la circulaire ministérielle du 4 octobre 1912 qui tente d'apporter un remède à cette situation et par conséquent reconnaît implicitement l'exactitude de notre affirmation.

« La solution adoptée consiste en un stage d'épreuves à l'Etat-Major de l'Armée pour les officiers brevetés que leurs aptitudes peuvent ultérieurement faire désigner comme titulaires à ce même Etat-Major. Qu'on nous permette une comparaison : c'est le stage de clerc dans une étude de notaire ou d'avoué ; il permet d'acquérir la pratique des affaires : ce stage d'épreuve ne peut, à notre avis, suppléer à l'insuffisance d'études théoriques préalables de stratégie pas plus que le stage de clerc ne permet de suppléer à l'insuffisance d'études de droit, pour ceux qui peuvent être appelés à prendre une charge importante. »

(2) Discours de Joffre à l'Académie Française.

inévitablement la doctrine de l'offensive à outrance (1) il ne sut pas en convaincre ses auditeurs. Pour ramener ces officiers aux sages enseignements de l'Ecole de Guerre, il eût fallu un Lanrezac, un Foch, un Pétain. C'est, précisément, pour ne pas ébranler la nouvelle doctrine, et peut-être aussi pour ne pas grandir l'autorité que leur donnait leur réputation, qu'on s'est gardé de désigner l'un d'eux.

En résumé, l'Etat-Major n'a été ni encouragé dans ses études militaires ni préparé à ses fonctions du temps de guerre.

Dès lors, il ne faut pas s'étonner que l'élite des officiers d'Etat-Major n'ait pas été pour l'armée *le cerveau* qui aurait pu projeter quelques heureuses clartés sur les réalités de la guerre, et encore doit-on moins s'étonner que beaucoup d'entre eux aient fait de médiocre ouvrage en août 1914.

Hâtons-nous d'ajouter que, dans cette lutte formidable et sans répit de la grande guerre, si leur doctrine fut trop longtemps celle de l'offensive à outrance, du moins dans la tâche journalière si lourde, si complexe qui incombe aux officiers d'Etat-Major, ils se sont rapidement mis à la hauteur de leurs fonctions. Les premières lueurs de la bataille suffirent à dissiper les ténèbres que la vie de bureau avait amassées sur les esprits des meilleurs élèves de l'Ecole de Guerre.

On s'aperçut même bien vite « que ce fut une faute de prétendre pouvoir remplacer dans leurs travaux les officiers brevetés d'Etat-Major par des officiers des corps de troupe, fussent-ils choisis parmi les meilleurs » (2).

En rappelant le rôle de notre Etat-Major au cours de la guerre, le général Buat a écrit : « Il semblera au voyageur,

---

(1) La controverse engagée entre le Commandant de la II° Armée et le Maréchal Foch à la suite d'une étude de M. Victor Giraud sur le général Castelnau, parue en 1921 dans la *Revue des Deux Mondes*, permet de croire que c'est bien de la doctrine de l'offensive à outrance que s'est inspiré le général de Castelnau en août 1914.

(2) Les Allemands agirent différemment, ils gardèrent ceux dont les services étaient indispensables. Un général allemand ayant appris qu'un de nos officiers d'Etat-Major les plus connus avait été trouvé parmi les morts sur le champ de bataille : « Ils en ont donc beaucoup comme cela, dit-il, pour les faire tuer ! » 21 généraux, 108 colonels et lieutenants-colonels, 115 commandants brevetés furent tués au cours de la guerre, et parmi eux nombre d'officiers d'Etat-Major replacés dans les troupes.

qui pénètre dans nos armées, qu'il se meut dans le royaume de l'ordre » (1), au milieu de centaines de mille hommes, de milliers de voitures dont il faut régler les mouvements, sur un terrain où il a fallu multiplier les travaux des terrassiers ; ce même voyageur verra ailleurs une armée qui, après s'être enfoncée de plusieurs kilomètres à l'intérieur des positions ennemies, « sera comme paralysée par son succès même ; ses troupes seront sans vivres, et ses canons sans munitions : ni routes, ni pistes ne relieront sa récente conquête à sa base de départ ». Il est vrai que l'armée américaie, car c'est elle dont il s'agit, en était à sa première année de guerre.

Le Maréchal Joffre a dit que les « Etats-Majors d'armée ont été comme un roc dans la tempête et qu'ils ont sauvé la France... » C'est au généralissime, aux commandants d'armée, que doit aller notre admiration d'avoir été « comme un roc dans la tempête ». Ceux qui ont « sauvé la France », c'est Lanrezac, sur la Sambre et à Guise, ce sont Joffre et Gallieni à la Marne, Foch dans la course à la mer, Pétain à Verdun, etc...

Si regrettable qu'ait été la mentalité des Etats-Majors, reconnaissons que les généraux ont trouvé en eux des aides du Commandement, qui, en temps de guerre, comme avant 1914, ont toujours accompli leurs travaux avec la plus entière conscience.

S'ils ont eu leur large part dans les erreurs et les fautes commises, ils ont eu aussi leur part incontestable dans la Victoire.

C'est dans leurs bureaux que s'est préparée la mobilisation de nos armées. Ce sont les Etats-Majors qui, depuis 1870, n'ont cessé de perfectionner l'emploi des chemins de fer et l'organisation des services de l'arrière. Au cours de la guerre, leur ardeur infatigable, leur foi dans la victoire, l'expérience acquise en ont fait de bonne heure des Etats-Majors d'une remarquable valeur. Si en août 1914, nombreux furent ceux qui n'étaient pas à hauteur de leurs fonctions, si trop souvent les Etats-Majors et particulièrement ceux des armées et du

---

(1) *L'Etat-Major*, par le général BUAT. (*Revue de Paris*, 15 juillet 1921.)

G. Q. G. ont abusé de leur influence, s'ils sont sortis du rôle que comporte le service d'Etat-Major, il faut en accuser d'abord nos institutions, ensuite les chefs qui leur donnèrent ou leur laissèrent prendre les droits incompatibles avec ceux qui appartiennent au commandement.

L'Etat-Major se refuse encore maintenant à confesser ses erreurs. Il écrit l'histoire, en vantant ses talents militaires et en rendant les « exécutants » responsables de tous les échecs. Quoi de plus pardonnable puisque les Ministres de la Guerre ont décidé que les exécutants ne seraient jamais entendus ? Quelques anciens officiers des Etats-Majors d'armée ont critiqué injurieusement, bafoué les généraux ; comment s'en étonner, puisqu'ils ont pu le faire impunément ?

DEUXIÈME PARTIE

Les Opérations de la 7ᵉ Division du 4ᵉ Corps du 10 Août au 22 Septembre 1914

J'ai commandé la 7ᵉ division du 4ᵉ corps jusqu'au 22 septembre 1914 ; l'étude des combats livrés par cette division, du 10 au 22 août 1914, et le bref récit de ses opérations jusqu'au 22 septembre 1914 me permettront de donner un exemple des remarquables qualités militaires dont firent preuve, dès les premiers jours de la guerre, nos officiers et soldats, de montrer les conditions dans lesquelles le Grand Quartier Général engagea l'une de ses armées dans la bataille, et la dangereuse insuffisance d'Etats-Majors mal préparés à leurs fonctions d'aides du Commandement.

Quelques faits précis rendront le lecteur juge de ce fâcheux esprit et même de cette partialité qui ont été reprochés aux officiers d'Etat-Major des armées et du G. Q. G.

Ces faits suffiront à mettre l'opinion et les historiens en garde sur la valeur des dires de ces officiers et sur celle des documents versés aux archives du Ministère de la Guerre.

CHAPITRE I

La IIIe Armée dans la Bataille des Frontières

Le plan XVII confiait au généralissime une masse articulée comme suit : deux armées (Ire et IIe) en bordure de la frontière d'Alsace-Lorraine ; au centre, (IIIe et V^e en première ligne, IVe en deuxième ligne), destiné à une foudroyante offensive dans les Ardennes belges, un groupe de trois armées; à gauche, les petites armées belge et britannique très suffisantes de ce côté ; car on doit admettre, *a priori*, que les Allemands ne porteront rive gauche de la Meuse que des forces insignifiantes.

Ce concept stratégique était en tous points erroné. Le plan Schlieffen (« Denkschrift » de 1905 et « Studie » de 1912), quoique amenuisé par Moltke junior, actionnait une ample conversion sur la gauche et un rabattement face au sud. L'aile marchante (1re et 2e A. S.), rive gauche de la Meuse, gagnerait à travers la Belgique la région nord de la France ; la 5e A. constituerait le pivot autour de Thionville ; les 6e et 7e A. S., le moment venu, déboucheraient du secteur Saar-Nied, tout d'abord défensif ; et ce serait « *Cannae !* » A l'extrême gauche, dans les Vosges, un détachement de sûreté.

Le 8 août, la IIIe Armée est concentrée le long des Hauts de Meuse, prête à prendre l'offensive vers le Nord, ou à contre-attaquer vers Metz.

A la même date, à la gauche de la IIIe Armée, la IVe achève sa concentration dans la région Suippe, Sainte-Menehould.

Le contact avec l'ennemi a lieu dans un premier engagement le 9 août : un bataillon de chasseurs qui s'est avancé

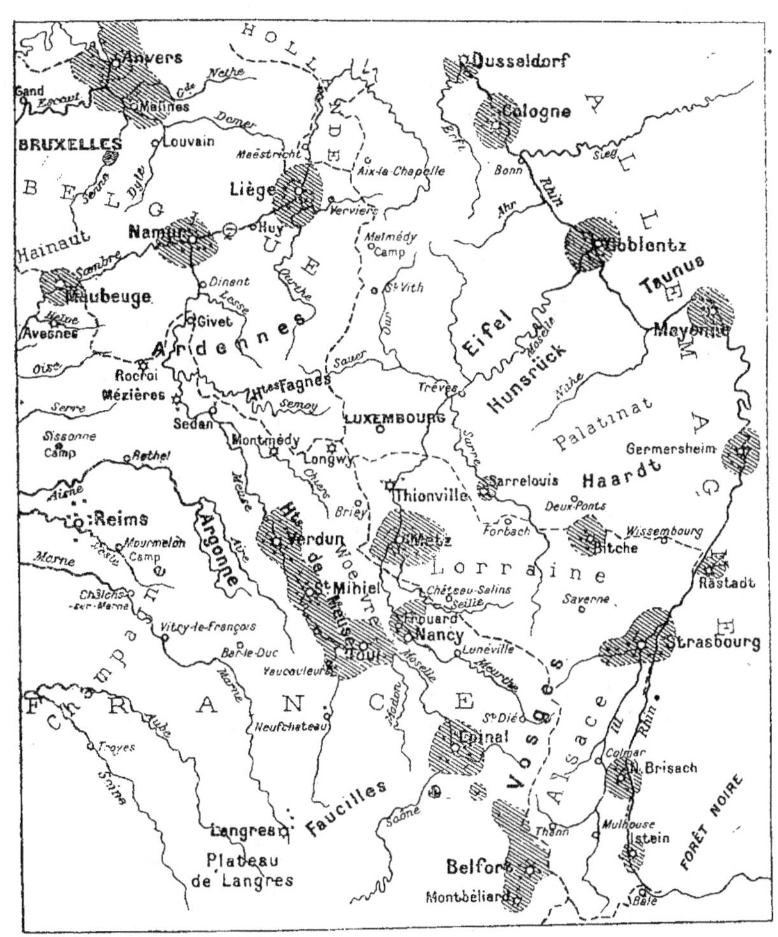

HOLLANDE
Anvers
Gand
Escaut
Malines
Nethe
Dussaldorf
Cologne
ALLE
BRUXELLES
Louvain
Demer
Maëstricht
Aix-la-Chapelle
Bonn
Sieg
Ahr
Rhin
Erft
Liège
Verviers
Huy
Namur
Dinant
Lesse
Malmédy
Camp
St Vith
Coblentz
Taunus
BELGIQUE
Serre
Dyle
Sambre
Hainaut
Maubeuge
Helpe
Avesnes
Oise
Givet
Ardennes
Ourthe
Sauer
Eifel
Hunsrück
Moselle
Mayence
MAGN
Rocroi
Mézières
Htes-Fagnes
Semoy
Trèves
Nahe
Palatinat
Serre
Sissonne
Camp
Sedan
Montmédy
Longwy
LUXEMBOURG
Germersheim
Haardt
G
Rethel
Aisne
Ornes
Sarre
Sarrelouis
Deux-Ponts
Reims
Mourmelon
Camp
Argonne
Hts
de
Verdun
Woevre
Briey
Thionville
Forbach
Metz
Wissembourg
Bitche
Lorraine
Rastadt
Marne
Vesle
Châlons
-sur-Marne
Vitry-le-François
St Mihiel
de
Meuse
Aire
Château-Salins
Seille
Saverne
Bar-le-Duc
Vaucouleurs
Toul
Marne
Moselle
Frouard
Nancy
Lunéville
Meurthe
Vosges
Strasbourg
CHAMPAGNE
Aube
FRANCE
Neufchateau
Madon
St Dié
Alsace
Ill
Rhin
Troyes
Seine
Epinal
Colmar
N. Brisach
FORÊT NOIRE
Faucilles
Saône
Thann
Mulhouse
Istein
Langres
Plateau
de Langres
Belfort
Montbéliard
Bâle

dans la région Longuyon-Spincourt est obligé de se replier devant d'importantes forces de cavalerie soutenues par de l'infanterie. Le 10 août, les avant-postes du 4ᵉ Corps sont également attaqués par une nombreuse cavalerie.

Le 9 août, le 2ᵉ Corps (Général Gérard) est en position sur l'Othain ; la 9ᵉ division de cavalerie (Général Abonneau) se porte à sa droite sur Damvillers.

Le Général Commandant de la IIIᵉ Armée donne ordre, d'une part, au 6ᵉ Corps d'Armée (Général Sarrail) de surveiller la direction d'Etain, Spincourt, qui se trouve découverte par suite de l'abandon de cette dernière localité, et de porter un bataillon de couverture à Etain ; d'autre part, au 4ᵉ Corps d'Armée (Général Boëlle), de se relier vers Gincrey avec le détachement d'Etain, et de faire tenir les débouchés Nord et Est des bois de Dombres, de Mangiennes et de Spincourt. En exécution de cet ordre, le 10 août, la 7ᵉ division, placée sous mon commandement, la 8ᵉ, sous les ordres du général de Lartigues, cantonnées à Gremilly, Azannes et Romagnes-les-Côtes, seront couvertes par des avant-postes établis à Gincrey (1 bataillon de la 7ᵉ division), Billy-sous-Mangiennes (2 bataillons, 7ᵉ division), Mangiennes (2 bataillons, 8ᵉ division).

I. Combats d'avant-postes : Mangiennes et Billy - sous - Mangiennes (10 Août 1914)

Vers 8 heures du matin, je me porte sur le terrain que vont occuper les avant-postes de la 7ᵉ division, j'en fais la reconnaissance, je fixe la position à prendre par la réserve en cas d'attaque et je choisis la ferme Moreigne comme point de liaison entre les avant-postes des 2 divisions (1). Un officier est envoyé à l'Etat-Major de la 8ᵉ division, pour lui faire connaître l'extrême gauche des avant-postes de la 7ᵉ division.

---

(1) L'ordre de stationnement a omis de donner ces deux indications essentielles.

Vers 10 heures, quelques cavaliers ennemis apparaissent sur la rive droite du Loison à environ 1 kilomètre de Billy-sous-Mangiennes, ils suivent nos mouvements sans même chercher à se dissimuler.

A 10 h. 3o, le bataillon de la 8ᵉ division qui occupait provisoirement Billy-sous-Mangiennes, est relevé par un bataillon de la 7ᵉ division.

Le peloton de cavalerie, qui éclairait ce bataillon et qui, à défaut de cavalerie divisionnaire (1), devait être attribué aux avant-postes de la 7ᵉ division, était parti de bonne heure en reconnaissance au delà du Loison et n'avait encore envoyé aucun renseignement à 10 h. 3/4. Cependant, en raison de l'étendue du front à surveiller et à défendre et de la proximité possible de l'ennemi, avant de rejoindre mon quartier général, je prends l'initiative de renforcer les avant-postes par un bataillon et un groupe d'artillerie, et je donne l'ordre au commandant d'artillerie de faire immédiatement, avec le commandant du groupe, la reconnaissance du terrain et la préparation du tir.

Dans ces conditions, en cas d'attaque, les avant-postes devaient offrir une résistance suffisante pour donner à la division le temps et l'espace nécessaires pour prendre ses dispositions de combat.

Vers 12 h. 15, faute de quelques patrouilles de cavalerie, le bataillon de la 8ᵉ division, qui a été relevé à Billy-sous-Mangiennes, et qui rejoint les avant-postes de la 8ᵉ division en suivant la rive gauche du Loison, est surpris par des feux de mitrailleuses, qui partent de la lisière sud des bois de Brunehaut. Il s'élance aussitôt à l'attaque de l'ennemi, baïonnette au canon ; il subit des pertes sanglantes, se disloque et recule au delà de la ferme Moreigne.

Quelques instants plus tard, l'ennemi débouche des bois et s'avance sur Billy-sous-Mangiennes ; n'ayant trouvé sur sa route aucune patrouille de cavalerie, il compte évidemment

---

(1) L'escadron divisionnaire n'avait pas encore rejoint la division.

surprendre mes avant-postes ; mais le feu du groupe d'artillerie, qui est déjà en batterie, jette le désordre dans ses rangs, et il disparaît aussitôt.

En même temps que les avant-postes de la 7ᵉ division étaient ainsi pris à parti, une violente attaque, soutenue par plusieurs batteries de 77, se déclanchait sur Mangiennes. L'insuffisance de la cavalerie, détachée aux avant-postes de la 8ᵉ division, avait permis à l'ennemi de se glisser dans le bois de Brunehaut, de surprendre les grand'gardes et de jeter l'alarme jusqu'au Quartier Général du 4ᵉ Corps. Le village serait tombé entre les mains des Allemands sans l'heureuse intervention de 3 bataillons et d'un groupe d'artillerie du 2ᵉ Corps d'Armée, dont le tir fut si foudroyant qu'une des batteries ennemies fut clouée sur place. La retraite des Allemands se transforma bientôt, vers 18 heures, en véritable déroute.

Dans la matinée du 10, conformément aux ordres du général commandant le Corps d'Armée, le régiment de cavalerie du Corps d'Armée s'était porté au delà de Pillon pour soutenir une découverte lancée vers Longuyon.

Après avoir arrêté une colonne de toutes armes sur la route de Pillon, il s'était rabattu en arrière des avant-postes, en passant au nord de Mangiennes, puis avait pris position sur la route de Gremilly, où il avait recueilli les troupes, qui avaient évacué Mangiennes, et le bataillon qui venait d'être décimé par le feu des mitrailleuses ennemies.

A 8 heures du soir, le général commandant le 4ᵉ Corps d'Armée me faisait appeler et me disait que Mangiennes était tombée entre les mains de l'ennemi. Il fut décidé qu'on reprendrait Mangiennes dès le lendemain, sauf à en référer au commandant de la IIIᵉ Armée.

Le 11 août, à 2 h. 45, le G.Q.G. prescrivit de régler immédiatement entre les 4ᵉ et 2ᵉ corps d'armée une attaque en vue de reprendre Mangiennes. Mais dans la matinée, alors qu'il a déjà donné un ordre en conséquence, le commandant de la IIIᵉ Armée apprend que la localité est occupée par des unités du 2ᵉ corps d'armée....

(Histoire de la Grande Guerre)

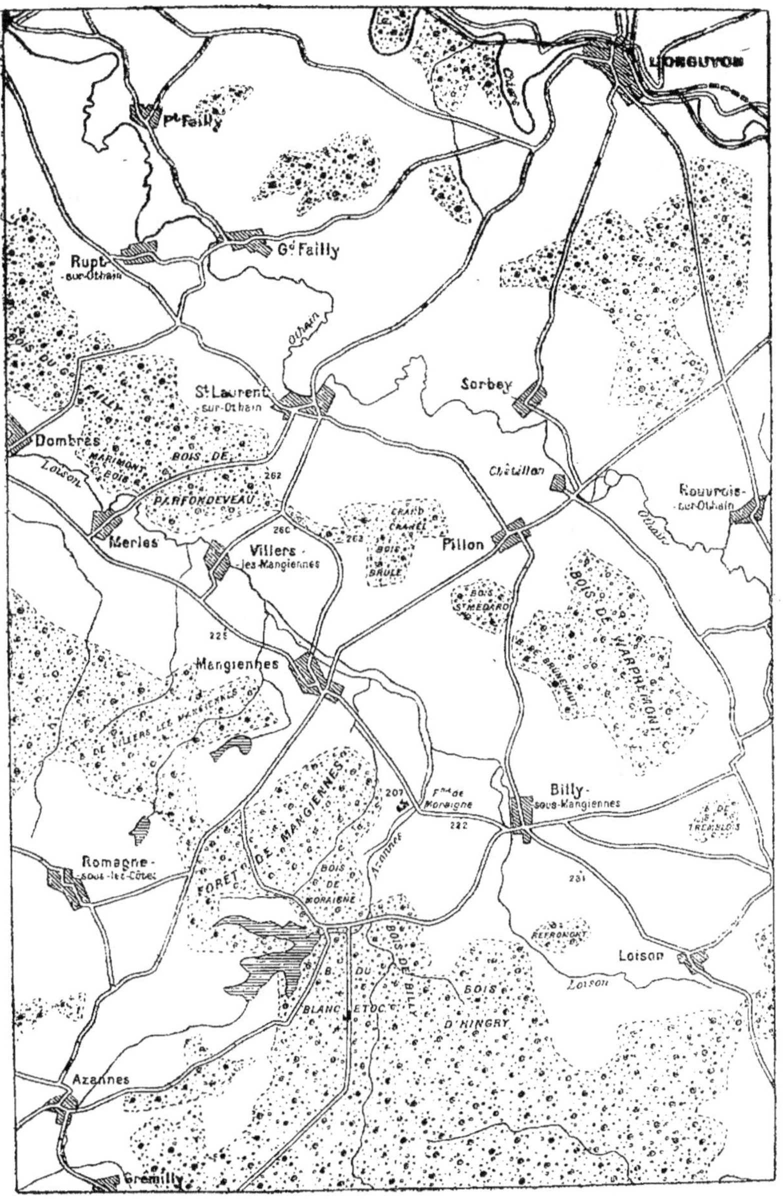
LONGUYON
Pt Failly
Gd Failly
Rupt-sur-Othain
BOIS DU FAILLY
St Laurent-sur-Othain
Sorbey
Dombras
MARIMONT BOIS
BOIS DE
Loison
PARFONDEVEAU
262
Châtillon
Rouvrois-sur-Othain
Merles
260
GRAND CHANEL
263
BOIS BRULE
Pillon
Villers-les-Mangiennes
BOIS ST MEDARD
BOIS DE HARPREMONT
225
Mangiennes
BRUNEAUX
VILLERS LES MANGIENNES
Billy-sous-Mangiennes
B. DE TREMBLOIS
FORÊT DE MANGIENNES
207
Fme de Moraigne
222
231
BOIS DE MORAIGNE
Arronne
Romagne-sous-les-Côtes
REFFRONCRY
BOIS DE BILLY
Loison
Loison
B. DU BLANC ETOC
BOIS D'HINGRY
Azannes
Gremilly

On a évalué les forces ennemies, qui ont combattu, à
ɪ division de cavalerie, ɪ compagnie cycliste, 3 batteries et
ɪ section de mitrailleuses.

Au sujet du combat de Mangiennes, le premier volume de
l'*Histoire de la Grande Guerre* donne les deux télégrammes
ci-dessous adressées au G. Q. G. par le chef d'état-major de
la III⁰ Armée.

ANNEXE N° 171

Télégramme Général Commandant la III⁰ Armée

A Général Commandant groupe d'armée. — Vitry-le-François

Dans l'après-midi, avant-postes du 130⁰ Mangiennes attaqués
par forces importantes estimées à 1 division avec 6 ou 7 batteries.
Ces deux Brigades, bien que soutenues efficacement par 1 groupe
d'artillerie, qui aurait eu la supériorité du feu, se sont retirées à
la nuit sans être poursuivies, 130⁰ aurait subi pertes sérieuses.

Je prescris au 4⁰ corps d'occuper au jour les positions orga-
nisées entre Damvillers et Ornes, prêt à tout événement.

Je suis en mesure de reprendre Mangiennes et de refouler
l'ennemi au-delà de Spincourt, mais ce serait s'exposer à une
affaire partielle que je ne prescrirai que si vous m'y autorisez.

Compte rendu détaillé suit.

P.O. le Chef d'Etat-Major.

GROSSETTI.

(*Histoire de la Grande Guerre*).

ANNEXE N° 247

Verdun, 13/8/1914.

Mon cher Ami,

L'officier de liaison apporte au G.E.M.G. l'ordre pour la journée
du 14, qui nous a été demandé ....
.... l'esprit de la troupe est remarquable au 130⁰
malgré les grosses pertes, 700 hommes hors de combat, d'après
les chiffres reçus à l'instant, pour 2 bataillons seulement, on ne

s'apercevrait pas, en causant avec les survivants et en les voyant tout joyeux, de la rude journée qu'ils ont vécue................

Grossetti.

OBSERVATIONS

Le général commandant le Corps d'Armée ne s'attendait évidemment pas à voir ses avant-postes attaqués. Quoi qu'il en soit, la surprise de Mangiennes fut la conséquence de l'emploi erroné que fit du régiment de cavalerie le commandant du Corps d'Armée : le 14ᵉ hussards aurait dû avoir pour mission d'assurer la sûreté rapprochée des avant-postes de la 7ᵉ et de la 8ᵉ division, sauf à rechercher l'ennemi au delà de Pillon avec une découverte soutenue par un escadron.

L'attaque ennemie s'est déclanchée vers 13 heures. L'heureuse intervention du 2ᵉ Corps d'Armée a suffi pour rétablir la situation. Cependant la liaison entre le Grand Quartier Général du 4ᵉ Corps et la 8ᵉ division était si mal établie qu'à 8 heures du soir, le général commandant le 4ᵉ Corps a fait appeler le général commandant la 7ᵉ division pour lui faire part de la perte de Mangiennes. Le lendemain le général Ruffey commandant la IIIᵉ Armée, mis au courant des événements et des fortes pertes subies se rendit au G. Q. G. du 4ᵉ Corps, et le général Tanant nous apprend irrévérencieusement, que le général Boëlle « en prit pour son rhume... » (*La IIIᵉ Armée dans la Bataille*, Souvenirs d'un Chef d'Etat-Major, par le général A. Tanant.)

Le général commandant le 4ᵉ Corps et son Etat-Major avaient négligé d'appliquer les excellentes prescriptions du service en campagne et l'instruction provisoire sur la conduite des grandes unités :

La cavalerie de corps d'armée sera le plus souvent rattachée aux détachements de sûreté pour les éclairer et les renseigner... » (S. des A. R. en C.).

Pendant le jour, la cavalerie attachée aux avant-postes constitue l'élément principal des avant-postes.... (S. des A.R. en C.).

Le Commandant des corps d'armée détermine la fraction de

la cavalerie chargée de participer à la protection des troupes contre les surprises, et la répartit entre les divisions d'infanterie... (S. des A.R. en C.).

La cavalerie de corps sera le plus souvent rattachée aux détachements de sûreté, pour les éclairer et les renseigner ; elle concourra aussi pour une large part à la protection des troupes en station, en marche et au combat... (*Instruction provisoire sur la conduite des grandes unités*).

Rappelons la doctrine allemande :

Ce n'est qu'exceptionnellement que la cavalerie divisionnaire (1 régiment à 4 escadrons) envoie des escadrons à la découverte. Il est toujours risqué de priver les divisions d'infanterie de leur cavalerie.

Le résultat immédiat obtenu par l'artillerie des avant-postes de la 7ᵉ division prouve que le plus souvent il est indispensable de donner quelques batteries à ces détachements de sûreté.

On lit au chapitre VII du règlement sur la conduite des grandes unités : « Pour le combattant, l'attaque est toujours menée avec la résolution d'aborder l'ennemi à l'arme blanche et de le détruire. »

Comment, dès lors, s'étonner de l'héroïque folie avec laquelle le bataillon, surpris à hauteur de la ferme Moreigne, se jeta sur l'ennemi ?

II. Bataille de rencontre Ethe-Virton

I. *Opérations de la IIIᵉ Armée du 14 au 21 août 1914*

Malgré de pressantes insistances du général Lanrezac, le G. Q. G. obstiné ne se rendra compte que tardivement de la situation. Alors (15 août), il jouera la « variante », laquelle consiste à faire glisser vers la gauche dans l'entre Sambre-Meuse la Vᵉ Armée et à lui substituer en première ligne la IVᵉ Armée.

A cette IVᵉ Armée incombera une double tâche : étayer,

rive Est de la Meuse, la droite de la Ve Armée ; enfoncer le centre de l'adversaire en association avec la IIIe Armée.

Les documents suivants qu'a publiés l'*Histoire de la Grande Guerre* précisent le rôle qui incombera à la IIIe Armée et nous donnent les renseignements obtenus par le 2e bureau du 17 au 21 août.

ANNEXE N° 226

IIIe ARMÉE Q.G. de Verdun, 13 août 1914.
E.M. 22 heures.
3e Bureau

Instruction personnelle et secrète
pour la Journée du 14 Août

Situation générale : Le groupe principal des armées allemandes, établi aux abords de Metz devant Thionville, dans le Luxembourg, et plus au nord en Belgique, est en situation de déboucher vers l'ouest ou de converser vers le sud en s'appuyant sur la place de Metz.

Mission : ....

1°/ Pouvoir contre-attaquer avec ses deux corps de droite toutes les forces qui déboucheront de Metz.

2°/ Ou participer à une attaque dans la direction du Nord avec ses deux corps de gauche.

Dans le second cas, l'armée opérant à l'Ouest de la zone boisée Gremilly, Billy-sous-Mangiennes, aurait à lier son action à celle du 2e corps de la IVe Armée, qui serait orientée des Hauts-de-Meuse vers Ecurey et Brandeville-sur-Quincey.

Mouvements des corps d'armée : Les corps d'armée et la 7e division de cavalerie s'établiront en conséquence, le 14 août, dans les zones indiquées par l'ordre général d'opération n° 8.

Le 4e corps face au N. prêt à déboucher de Damvillers-sur-Witarville et Dombras. Il fera tenir les débouchés de Mangiennes et le Haut-Fourneau au S.O. de Billy-sous-Mangiennes et relèvera le cas échéant les avant-postes du 2e corps, si celui-ci dégageait son front.

Le 5e corps s'établira de manière à être prêt à déboucher en deux colonnes vers le N. par Mangiennes et Billy-sous-Mangiennes, ou vers l'Est par Ornet et Etain.

La 7ᵉ division de cavalerie se tiendra prête à opérer vers le N.,
le N.E. et l'Est et éclairera :

> Sur Spincourt, Longuyon,
> Sur Norroy-le-Sec, Londres, Bouvillers.
> Sur Briey,
> Sur Conflans ....

....

ANNEXE N° 327

Armée de l'Est
Etat-Major Général
3ᵉ Bureau
—

G.Q.G., 16 août, 14 h. 30.

...La IIIᵉ Armée laissant face à Metz le groupement des forces
aux ordres du Général Durand, s'établira sur le front Gametz
Etain, prête à déboucher en direction générale de Longwy, avec
ses 4ᵉ et 3ᵉ corps et 2 divisions du 6ᵉ corps.

JOFFRE.

Renseignements obtenus par l'Aviation et la Division de Cavalerie.

Reconnaissance aérienne du 17 août

1 Régt. d'Inf. en marche de Kayl sur Esch, sud Alzette.

1 bataillon d'Inf. en marche de Foetz sur Monderange.

1 long convoi (3 km.) marchant de Bettembourg sur Noert-
zange, un convoi de 1.000 m. en marche sur Finon...

Avant-postes ennemis entre Othain et Kienne se renforcent
par ouvrages.

L'Officier de service.

Commandant R.

ANNEXE N° 484

Armée de Varennes
    Etat-Major
    2ᵉ bureau

Compte rendu des reconnaissances aériennes du 18 août

Reconnaissance N° 1

Résultats :

1° Une colonne d'Infanterie évaluée à 1 régiment en marche à 8 heures d'Arlon vers Attorf ;

2° Deux colonnes d'Inf. évaluées à 1 brigade chacune débouchaient de Mersch, dans la direction d'Arlon...

3° Un parc d'environ 80 voitures et 300 à 400 chevaux se trouvait à 7 h. 40 à l'Est d'Etalle.

Reconnaissance N° 2

Vu à Arlon :

1 convoi rangé vers la gare.

1 colonne probablement Inf. longue de 4 km., marchant vers Attorf.

On peut déduire :

Mouvements de glissements vers le N.O. signalés dans la région d'Arlon continuent (renseignement certain).

ANNEXE N° 482

Reçu de Verdun, le 20/8, à 17 h. 55.

Armée Verdun à Grand Quartier Général

Compte rendu renseignements N° 29.

Aucun incident à signaler jusqu'à 15 heures ; la région au N. et à l'Est de Spincourt est toujours occupée par la cavalerie ennemie et quelques soutiens d'infanterie qui n'ont montré aucune activité ; mais exécutant des travaux de campagne. Vers Briey, les Allemands ont plus sérieusement organisé le front Lantefontaine, Genarville, Valleroy (où il y aurait de l'artillerie lourde), Trichemont, Labry... Mars la Tour bombardé...

Reconnaissances aériennes du 18/8.

4 reconnaissances entre 7 h. et 10 h., sur front Virton, Luxembourg, Firck, Bouzonville...

Aucun mouvement de troupes dans la zone Arlon, Habey-la-Neuve, Virton, Aubange. Gros bivouacs d'artillerie (1 à 2 Rég. à 3 km Sud-Est d'Etalle.

...Le 19 au soir, le Général Abonneau signale que, dans le couloir d'Etalle, la 3e division de cavalerie allemande se serait repliée en désordre vers l'est par Vance sur Arlon, et que la lisière de Neufchâteau, ainsi que la voie ferrée Neufchâteau-Libremont, sont tenues par des éléments légers d'infanterie et de cavalerie. Rien de nouveau n'a été aperçu vers Bertrix, Maissin et Paliseul.

....

ANNEXE N° 629

Reçu de Verdun le 20/8, à 11 h. 10.

Colonel Lebouc à Général Berthelot.

Nos reconnaissances aériennes viennent de rentrer. La région Virton, Arlon, Longwy, est absolument vide d'ennemis, en revanche, dans la région S.E. du Luxembourg, on a reconnu diverses colonnes constituant au total 1 division en marche du S.E. vers le N.O.

Armée de Stenay

—

Etat-Major   Stenay, 20 août 1914.
2e bureau

—

Bulletin de renseignement N° 6

La division de cavalerie allemande qui opérait dans la région Arlon, Florenville cédant, devant notre cavalerie, était, le 19, échelonnée entre Tintigny et Arlon. Arlon aurait été mis en état de défense.

....

Les reconnaissances aériennes ont signalé, ce matin, de fortes colonnes franchissant la route Neufchâteau, Bastogne, Alize, direction générale vers l'Ouest et le Nord-Ouest.

....

ANNEXE N° 740

IIIe Armée

—

Etat-Major
2e Bureau

Verdun. 21 août, 15 heures.

Bulletin de renseignement N° 10

. . . .

Situation particulière devant la IIIe Armée. Dans le Grand Duché de Luxembourg, des colonnes allemandes ont traversé, le 20 août, la partie septentrionale au N. de la Sure, pour se porter dans la direction de Neufchâteau. La zone méridionale, particulièrement au S.E. de Luxembourg, est occupée, mais on n'y a vu que des *mouvements sans importance*. On ne signale également que quelques cantonnements ou bivouacs d'infanterie et d'artillerie entre Etalle et Arlon. Longwy a été attaqué, le 20 août, par le S.E. de la direction de Differdange. où se trouve de la grosse artillerie.

P.O. le Chef d'Etat-Major

GROSSETTI.

ANNEXE N° 630, page 552

Reçu le 20 août, à 18 h. 45.

Armée de Verdun à Grand Quartier Général

Compte rendu N° 106

Renseignement N° 32

Trois reconnaissances aériennes ont exploré la zone Longuyon, Virton, Arlon et Luxembourg, Grevenmacker, Sarrebourg (S.E. de Grevenmacker), Siezk. *La région Virton, Arlon, Longwy* paraît toujours inoccupée ; il en est de même de la rive droite de la Moselle, entre Siezk et Grevenmacker. Des avions ont signalé une Brigade d'Infanterie vers Stoelz (3 km. N. d'Esch-sur-Alzette). une Brigade d'Infanterie avec artillerie marchant de Bettembourg sur Reckange ; des bivouacs peu importants au S.E. du Luxembourg, vers Dalheim, Hassel IIa......, Rentgen, un parc d'aviation près de Dudelange (3 avions).

Il semble donc que les colonnes ennemies signalées hier continuent leur marche vers le N.O. La division de cavalerie signalée depuis plusieurs jours vers Marville. a été mitraillée ce matin par nos avions et semblait avoir subi des pertes.

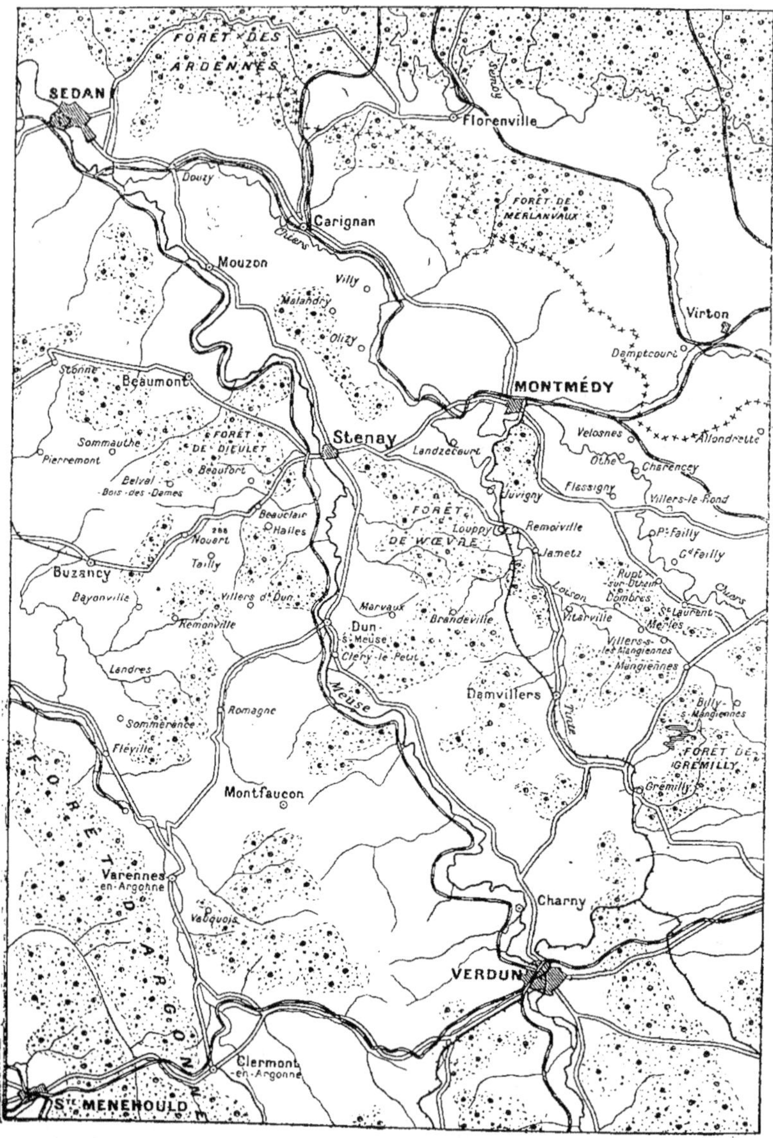

FORÊT DES ARDENNES
SEDAN
Florenville
Douzy
Carignan
Chiers
FORÊT DE MERLANVAUX
Mouzon
Villy
Malandry
Virton
Olizy
Damptcourt
Stonne
Beaumont
MONTMÉDY
Stenay
Velosnes
Allondrelle
Sommauthe
FORÊT DE DIEULET
Landzécourt
Othe
Charency
Pierremont
Beaufort
Juvigny
Flassigny
Villers-le-Rond
Belval
Bois-des-Dames
Beauclair
FORÊT
DE WŒVRE
Louppy
Remoiville
P: Failly
Nouart
Hailes
Jametz
G: Failly
Buzancy
Tailly
Rupt-sur-Othain
Chiers
Bayonville
Villers d'Dun
Marvaux
Brandeville
Louron
Dombras
St-Laurent
Itarville
Merles
Remonville
Dun-s-Meuse
Villers-s-les-Mangiennes
Landres
Cléry-le-Petit
Mangiennes
Meuse
Damvillers
Loison
Billy-s-Mangiennes
Sommerance
Romagne
FORÊT DE GRÉMILLY
Fléville
Grémilly
Montfaucon
Varennes-en-Argonne
Charny
Vauquois
FORÊT D'ARGONNE
VERDUN
Clermont-en-Argonne
St MENEHOULD

ANNEXE N° 741

Verdun, 21 août, 15 heures.

Bulletin de renseignement N° 16

. . . .

On ne signale que quelques cantonnements ou bivouacs d'infanterie et d'artillerie entre Etalle et Arlon, Longwy a été attaqué le 20 août par le S.E.

P.O. le Chef d'Etat-Major

Grossetti.

Voici comment le G. Q. G., d'après ses instructions, voyait la situation générale à la date du 21 août :

Au nord de la Meuse, une armée allemande, composée des II° (1re division), IX°, X°, VII°, IV° Corps, corps de la Garde, et précédée de trois divisions de cavalerie, s'est avancée, la droite en avant, dans la direction de Bruxelles.

Au sud de la Meuse, les forces allemandes se sont retranchées par leur droite sur la Lesse, entre Rochefort et Dinant, tandis que leur gauche (18° et 19° corps) a été retardée par notre cavalerie, dans la région de Neufchâteau.

Entre Metz et les Vosges, le mouvement en avant des armées françaises s'est heurté à une contre-attaque des Bavarois et d'une partie du 15° Corps d'Armée.

En Haute-Alsace, nos troupes auraient occupé Mulhouse, après un vif engagement, au cours duquel 24 pièces de canon ont été prises à l'ennemi.

Situation particulière devant la III° Armée : Dans le Grand-Duché de Luxembourg, des colonnes allemandes ont traversé, le 20 août, la partie septentrionale, au nord de la Sure, pour se porter dans la direction de Neufchâteau. La zone méridionale, particulièrement au sud-est de Luxembourg, est occupée, mais on n'y a vu que des mouvements sans importance.

On ne signale également que quelques cantonnements ou bivouacs d'infanterie et d'artillerie entre Etalle et Arlon.

Longwy a été attaqué, le 20 août, par le sud-est, de la direction de Differdange, où se trouve de la grosse artillerie. (B. R. N° 16 N° 2/113 de la IIIe Armée, Verdun, 21 août, 15 heures).

La réalité est tout autre. Si les mouvements de l'ennemi au nord de la Meuse ont été à peu près exactement repérés, ceux qui se sont effectués dans la région boisée du Luxembourg ont échappé aux investigations de nos avions et de nos cavaliers. Or, l'armée du Kronprinz impérial se trouve déjà largement déployée là où n'ont pu être relevés que quelques bivouacs. Couverte à droite par la 3e division de cavalerie, qui opérait vers Rossignol et Neufchâteau et assurait la liaison avec la IVe Armée, cette armée avait son 5e corps au bivouac dans les bois d'Etalle ; le XIIIe corps wurtembergeois était dans la région Châtillon, Meix-la-Tige, Rachecourt; le 6e corps à Ottange, Rochonvillers et Angevillers, appuyé à Thionville, et en deuxième ligne, tout le 5e corps de réserve dans les bois de Bettembourg.

Depuis plusieurs jours, on signalait un glissement des forces allemandes vers le nord-est, et puisque le front de Lorraine demeurait immobile, le Haut-Commandement français avait l'impression que dans les régions de l'Ardenne et du Luxembourg, le dispositif ennemi devait présenter un point de moindre résistance. Dès lors, ordre a été donné à la IVe Armée d'acculer à la Meuse, entre Dinant, Namur et l'Ourthe, toutes les forces adverses qui se trouvent dans cette région et, pour cela, d'attaquer en direction générale de Neufchâteau. « L'ennemi sera attaqué partout où on le rencontrera. » (Ordre particulier N° 16 à la IVe Armée, 21 août.)

Le Général L. de Langle de Cary (chef d'Etat-Major, Général Maistre) ignore tout de son adversaire, ainsi qu'en témoignent l'instruction du 20 août et l'ordre N° 17 dudit jour ; pas de renseignements recueillis par la cavalerie (4e et 9e divisions) mal employée ; pas d'exploration aérienne suffisante, faute de matériel ; pas de service d'espionnage.

Le général commandant la IVe Armée adopte, le 22, pour déclancher son offensive, un étrange dispositif en syringe, un parallélisme de douze divisions étalées sur un front d'une soixantaine de kilomètres, savoir :

Une fraction du 9ᵉ Corps de Mézières-Sedan, objectif : Gédine.

Le 11ᵉ Corps de Sedan, objectifs : Porcheresse-Maissin.

Le 17ᵉ Corps de Mouzon, objectifs : Anlay-Orchamps.

Le 12ᵉ Corps, objectifs : Recogne-Libramont.

Le Corps colonial, objectif : Neufchâteau.

Le 2ᵉ Corps de Montmédy-sur-Eglise (Est de Neufchâteau).

Le commandant de la IVᵉ Armée prétend tomber par surprise dans le flanc des colonnes allemandes assez imprudentes pour exécuter devant ses lignes une marche de l'Est à l'Ouest.

Il est exact que la 3ᵉ Armée coule de l'Ourthe (Durbuy-Le Roche) vers la Meuse, qu'elle franchira entre Namur et Givet. Mais Hausen est couvert par la 4ᵉ Armée déjà postée sur la façade Sud.

Le duc de Wurtemberg (8ᵉ K. A. ; 18ᵉ K. A. ; 18ᵉ K. R.) retiendra de front l'offensive de la 4ᵉ Armée tandis que la 5ᵉ Armée (Kronprinz) débouchera d'Arlon-Thionville pour assaillir son extrême droite et aborder la IIIᵉ Armée.

La 5ᵉ brigade coloniale atteindra, en direction Nord, Neufchâteau ; la 1ʳᵉ brigade sera retenue à Rossignol ; le 3ᵉ régiment et le 7ᵉ régiment devront, autour de Saint-Vincent, combattre face à l'Est.

Le 2ᵉ Corps, enrayé à Bellefontaine, changera d'axe et s'engagera à Meix, Robelmont, Houdrigny, Virton, d'où débouchera, précisément, la 8ᵉ division du 4ᵉ Corps de la IIIᵉ Armée, le même jour et à la même heure !

II. *La 7ᵉ Division dans la bataille*

ANNEXE Nᵒ 706

21 août, 21 h. 30.

Ordre particulier Nᵒ 17

Commandant en Chef à Commandant IIIᵉ Armée (Verdun)
et IVᵉ Armée (Stenay).

II. — La IIIᵉ Armée a toujours pour mission de couvrir les flancs de la IVᵉ Armée contre les forces qui peuvent encore se trouver dans la région du Luxembourg. Elle marchera en un dispositif, échelonné un peu en arrière de la IVᵉ Armée, et permettant de s'engager facilement et rapidement face à l'Est en tout ou en partie contre tout élément important signalé.

Le flanc extérieur sera soigneusement éclairé aussi loin que possible ....

J. JOFFRE.

ANNEXE Nᵒ 592

G.Q.G., Vitry, 20 août, 20 h. 30.
arrivé le 21 à 0 h. 15.

Le Commandant en Chef

Au Commandant de la IIIᵉ Armée, Verdun.

La IIIᵉ Armée commencera, dès demain 21 août, son mouvement offensif en direction générale d'Arlon.

Elle portera les têtes de ses 2 corps de gauche sur Virton et Tellancourt, où elles s'installeront, son corps de droite en échelon refusé ayant sa tête à Beuveille.

La mission de la IIIᵉ Armée sera de contre-attaquer toute force ennemie qui chercherait à gagner le flanc droit de la IVᵉ Armée.

Dans son mouvement général, elle sera prête à s'engager face à l'Est, s'il est nécessaire.

La route Gametz, Bazeilles, Ecouviez, Virton incluse est la limite de la IIIᵉ Armée à l'Ouest.

Le Général Commandant en Chef,
J. JOFFRE.

La Journée du 21 août

Au reçu des instructions du commandant en chef, le général Ruffey établit dans la nuit l'ordre d'opérations réglant, pour la journée du 21, la manœuvre des 4e, 5e et 6e corps, telle que l'avait déjà envisagée l'Instruction secrète du 17 août. La IIIe Armée a pour mission de prendre l'offensive en direction générale d'Arlon, sa droite se tenant prête à refouler dans Metz toute attaque qui déboucherait de cette place, sa gauche liant son action à celle du 2e corps (IVe Armée), qui doit se porter de Montmédy sur Tintigny.

La 7e division de cavalerie, opérant vers Audun-le-Roman et Aumetz, et soutenue par deux batailllons du 6e corps, éclairera la marche de l'armée et poursuivra sa découverte dans les directions d'Arlon, de Luxembourg et de Bettembourg.

ANNEXE N° 742

Ordre Général d'Opérations pour la Journée du 21 Août

Le 4e corps disposant de la zone comprise entre la ligne incluse Marville, Bazeilles, Velosnes, Torgny, Lamerleau, Virton, et la ligne incluse Grand Failly, Petit Aivry................... Allondrelle, la Malmaison, La Tour, portera ses avant-gardes sur la Basse Vire à *Virton et La Tour*, la queue du gros sur le Chiers.

Les avant-gardes du 4e et 5e corps franchiront la ligne de l'Othain, à 6 heures.................................

Signé : RUFFEY.

(Histoire de la Grande Guerre).

Le 21 août, à 9 heures, la 7e division a franchi le Chiers à Colmey. A partir de Charency la présence de détachements ennemis l'a obligée à des temps d'arrêt prolongés. Il est 20 heures quand elle atteint ses cantonnements.

La 8e division est partie de Vittarville à 5 heures. Arrêtée à Torigny pour donner le temps à l'avant-garde de chasser de Virton un bataillon ennemi qui n'oppose aucune résistance, elle atteint ses cantonnements à 16 heures.

4ᵉ Corps d'Armée

—

Etat-Major
3ᵉ Bureau

—

Ordre Général N° 16

(Stationnement du 21 Août)

Le 4ᵉ corps va stationner au nord de la Chiers, dans sa zone de marche.

Q.G. : Vélosnes.

7ᵉ D.I. Avant-garde : Latour. Zone : Buette, La Malmaison, Allondrelle (localités incluses). Q.G. : Latour.

8ᵉ D.I. Avant-garde : Virton. Zone : Vieux-Virton, Saint-Mard, Harnoncourt, Bouvroy, Dampicourt. Q.G. : Saint-Mard.

14ᵉ Hussards : Chenois où le régiment rentrera à 17 heures.

Artillerie de corps : 2 groupes à Lamorteau, 2 groupes à Torgny, avec état-major.

Génie de corps : Lamorteau.

317ᵉ : 1 bataillon à Torgny. avec état-major, 1 bataillon à Bazeilles et Othe.

315ᵉ : 1 bataillon et état-major à Epiez et Charency.

Trains de combat : Bazeilles, Othe.

1ᵉʳ groupe des parcs : Epiez, Charency (E.M.), Vezin.

2ᵉ groupe des parcs et V.C. : Consenvoye (section N° 2). Damvillers section N° 1 et dépôt de remonte).

Avant-postes

Par divisions accolées.

Ligne de résistance : 7ᵉ D.I. : Gommery (liaison vers Bleid avec le 5ᵉ corps d'armée), Ethe, cote 210 (2 km. nord de Chenois) liaison avec la 8ᵉ D.I.

8ᵉ D.I. : de la route d'Ethe-Virton incluse par Bellevue et 295 à Houdrigny inclus (liaison avec le 2ᵉ C. d'A.).

Limite entre les deux divisions : ruisseau de Babay, chemin de 210 à Chenois (à la 7ᵉ D.I.).

(*Histoire de la Grande Guerre*)

Le 21 au soir, les Corps de la III° Armée se sont arrêtés :

Le 4° Corps, dans la région Virton-Latour-Les Ruettes, en liaison à gauche avec le 2° Corps, de la IV° Armée ; le 5° Corps, dans la région Ville-Houdlemont, Gorcy ; le 6° Corps avec sa 12° division à Pierrepont, sa 42° à Mercy-le-Bas, Xivry-Circourt, sa 40° à Pienne-Norroy-le-Sec.

Cette dernière division couvre le flanc droit de la III° Armée, que tout mouvement vers le Nord expose de plus en plus à une offensive allemande pouvant déboucher de la région dangereuse Metz-Thionville. Son action est prolongée par la 7° division de cavalerie opérant vers Ozérailles, et soutenue par le groupe de divisions de réserve, concentré dans la région d'Etain.

Voici ce qu'on sait de l'ennemi, le 21 au soir, au Quartier Général de la III° Armée, à Verdun :

La région Virton-Arlon-Longwy paraît toujours inoccupée. Des troupes ennemies sont signalées dans la région au nord-est de Thionville, en marche vers le nord-ouest. Vis-à-vis de la 3° armée, Briey a été évacué et les troupes qui l'occupaient se sont portées vers Fontoy.

Nos patrouilles de cavalerie n'ont rien trouvé dans la région de Longuyon. Elles sont entrées à Longwy, qui semble de moins « en moins pressé par l'ennemi ». (B.R. n° 15 n° 2/104 de la 3° armée. Verdun, 20 août).

Renseignements recueillis par l'Etat-Major du 4° Corps

et transmis à la III° Armée

1° Le 20 août, le lieutenant d'Otard d'Artis, du 3° Dragons, a dû louvoyer au milieu de patrouilles de cavalerie ennemie extrêmement nombreuses, opérant sur la ligne Athus, Musson, Ville Houdlemont, Saint-Pancré, Tellancourt. A 7 h. 30, les habitants lui ont signalé la présence *d'importantes forces* de toutes armes à Clemency. A 10 h. 30, *il a trouvé Ethe, puis Saint-Léger occupés par de l'infanterie.* Le soir, entre 18 et 19 heures, il a entendu une furieuse canonnade du côté de Longwy.

Le 14° Hussards, qui couvrait la marche du corps d'armée dans la journée du 21, a vu l'ennemi lui aussi, et ses comptes rendus sont propres à inspirer les plus sérieuses réflexions. A 11 h. 30, l'avant-garde de ce régiment marchant de la Malmaison sur

Ruette, a été accueillie par des coups de fusil à la sortie nord du bois de Ruette. La localité était occupée par des fantassins qui se sont dérobés, mais dont les habitants *ont estimé l'effectif à 1.500 hommes. A côté de Ruette, Grandcourt était aussi occupé.*

Dans la soirée, l'avant-garde de la 8e division a dû chasser de Virton, où elle venait de cantonner, un bataillon qui a laissé sur le terrain un mort et un blessé. C'était le 3e bataillon du 123e régiment wurtemburgeois.

Une reconnaissance du 14e Hussards, conduite par le lieutenant de la Ferté, qui avait ordre de pousser sur Robelmont, n'a pu franchir ni la Basse Vire, ni le Ton, dont tous *les passages étaient tenus par de l'infanterie.* Le cheval du lieutenant a été blessé. Une autre, conduite par le lieutenant de la Croix, s'est heurtée, elle aussi, à *des postes d'infanterie ennemie* tenant la Basse Vire depuis Latour jusqu'à Signeulx. Ce lieutenant devait aller reconnaître la région d'Etalle ; sous les balles, il a voulu franchir le double obstacle de la Basse Vire et de la voie ferrée ; mais, tout aussitôt cerné, s'il a été assez heureux pour gagner Tellancourt au galop, il n'en a pas moins eu deux cavaliers blessés, un cheval tué et six chevaux blessés. Il ramène un prisonnier du 1er régiment de Ulhans parlant fort bien le français.

Tous ces renseignements furent transmis au Quartier Général de la IIIe Armée, à Verdun.

(GRASSET. Revue Militaire Française, page 252).

La 7e division est entrée trop tard dans ses cantonnements pour pousser ses avant-postes jusqu'à Ethe.

Vers 22 heures, ils ont atteint la lisière des bois de Bampont et des Loges. La corne Ouest des Jeunes Bois, Gomery.

L'ordre du Corps d'Armée pour la journée du 22 fut apporté, à 2 heures du matin, au Quartier Général de la 7e division ; *aucun des renseignements recueillis par la cavalerie ne fut communiqué au général commandant la division, on ne lui fit même pas connaître l'itinéraire de la colonne de gauche du 5e Corps.*

IIIe Armée
—

Etat-Major	Quartier Général de Verdun
3e Bureau	le 21 août 1914.

Carte employée : 1/320.000.

Instruction personnelle et secrète pour la Journée du 22 août.

La mission de l'armée est :

1° De couvrir la droite de la IVe armée, qui marche vers le Nord ;

2° De faire face à toutes attaques venant du Nord et de l'Est.

Dans la journée de demain, 22 août, la première partie de la mission incombera au 4e corps d'armée, qui poussera une division dans la région d'Etalle et son autre division dans la région de Saint-Léger-Châtillon, de façon à pouvoir contre-attaquer par Etalle et par Vance toutes les forces ennemies qui déboucheront d'Arlon, pour agir contre le flanc droit de la IVe armée.

Le 5e corps, agissant dans la région comprise entre les routes excluses Virton, Châtillon, Arlon et Musson, Halanzy, Messancy, viendra dans la région de Meix-la-Tige, Rachecourt, avec mission de refouler ce qui sortirait d'Arlon et d'aider le 6e corps à déboucher vers Aubagne et Athus.

La 2e partie de la mission sera remplie par le 6e corps d'armée, etc....

Le Général Commandant l'Armée,
RUFFEY.

P.A. Le Chef d'E.M. : GROSSETTI.

ANNEXE N° 77

IVe Corps d'Armée
—

	Q.G. Velosnes, le 21 août
Etat-Major	à 23 h. 50
3e Bureau	

Ordre général N° 18

Pour la Journée du 22 Août

1re Partie

I. — La zone méridionale du Luxembourg et particulièrement la région S.E. de Luxembourg, est occupée ; mais on n'y a vu que des mouvements sans importance ; on n'a signalé également que quelques cantonnements ou bivouacs d'infanterie et d'artillerie entre Etalle et Arlon. Longwy a été attaqué, le 20 août, dans la direction de Differdance, où se trouve de la grosse artillerie.

II. — Le 4ᵉ C.A. a atteint la zone qui lui était fixée par l'ordre général Nº 16. Il a pour mission de couvrir la droite de la IVᵉ armée (2ᵉ corps), qui marche vers le Nord.

III. — Le 14ᵉ Hussards se portera dans la région de Vance, avec mission de renseigner sur les mouvements de l'ennemi, entre la route Vance, Arlon incluse et Etalle, Habay-la-Neuve, Heinstert incluse. Départ de Chenais à 4 heures. Il disposera comme soutien d'un bataillon de la 7ᵉ division, qui sera à sa disposition à Latour, à 4 heures. Les renseignements seront adressés aux généraux de division et au Commandant de C.A.

IV. — *Mouvement du C. A.*

a) 7ᵉ division se portera par Ethe dans la région de Saint-Léger Châtillon, avec mission de contre-attaquer par Vance tout mouvement de l'ennemi vers l'Ouest menaçant le 2ᵉ C.A.

Départ d'Ethe à cinq heures (5 h.).

b) 8ᵉ division se portera par Huombois sur Etalle, avec mission de contre-attaquer toute troupe ennemie menaçant le flanc du 2ᵉ C.A., dans la zone à l'Ouest de la route incluse Etalle, Habay-la-Neuve.

Départ de Virton à 4 h. 30.

Les Généraux de division se procureront des guides du pays connaissant bien la forêt. La 7ᵉ division assurera la liaison vers Meix-la-Tige avec le 5ᵉ C.A. La 8ᵉ division assurera la liaison avec le 2ᵉ C.A. et avec la 7ᵉ division, *sur la transversale Bellefontaine, Bois d'Ardennes et Ethe* (1) et, d'autre part, sur la transversale Tintigny, Etalle, Châtillon.

L'A.C. et le génie rendus à Latour à 7 heures (sept), marcheront en queue de la colonne de la 7ᵉ division, avec un bataillon du 317ᵉ, réparti entre les groupes et en queue. Le T.C. rompra à 5 heures de Bazeilles et se portera sur Virton (entrée Ouest) avec l'autre bataillon du 317ᵉ. Un bataillon du 315ᵉ, rendu à Marville, à 8 heures, à la disposition de l'armée pour garder le poste de Commandement.

Le Général Commandant le 4ᵉ C.A. marchera en tête du gros de la 7ᵉ division. Permanence du Q.G. à Velosnes jusqu'à 10

---

(1) Les lignes en italique ne figurent pas dans la publication sur le combat d'Ethe, sans doute parce que l'Etat-Major du 4ᵉ Corps d'Armée les a supprimées dans le communiqué transmis au commandant Grasset.

heures. Poste du commandement éventuel : Virton à partir de 6 heures (1).

VI. — L'A. L/2 rendue à Marville, à 7 heures, à la disposition du général Commandant la IIIe Armée.

VII. — T.R. groupés par division : 7e division, 14e Hussards et groupe des parcs, Vezin. — 8e division A.G. Gén. C. Verdun.

VIII. — Communications : Postes d'A. Verdun et Marville ouvert : Velosnes 6 heures. Poste du C.A. Virton 8 heures.

IX. — Liaisons : un officier du 4e C.A. à l'arrivée à Marville, à partir de 8 heures. Un officier par division à Latour à 6 h. 1/2. 1 peloton de l'escad. div. de la 8e division rendu à 5 h. 45 à Virton à la disposition du général Commandant le 4e C.A.

NOTA. — *La mission incombant aux divisions est nettement offensive, malgré les difficultés du terrain. La surveillance sur les flancs des colonnes par les escadrons divisionnaires devra être très active (2).*

Pour ampliation

Le Chef d'Etat-Major   Le Général Commandant le 4e C.A.
    DEGOUTTE.   BOELLE.
           (Histoire de la Grande Guerre).

ORDRE PRÉPARATOIRE POUR LA JOURNÉE DU 22 AOUT 1914.

La division se portera par Ethe sur Saint-Léger et Vance.

Avant-garde sous les ordres du Général Commandant la 14e brigade (1).
- 3 bataillons du 104e.
- 1 groupe A.D.T.
- Compagnie du Génie.
- 2 pelotons de l'escadr. div.

Passage de la tête d'avant-garde à Gomery à 4 h. 30.

Le gros de la colonne suivra à 2.000 mètres.

2 bataillons du 103e.
2 groupes A.D.T.
13e brigade.
Train de brigade.
Artillerie de corps et génie de corps avec un bat. du 317e.

Passage de la tête du gros de la colonne à Gomery, à 5 h. 45.

---

(1) Le général commandant le corps d'armée et l'artillerie de corps ont marché avec la 8e division.

(2) Même observation qu'au bas de la page précédente.

Un bataillon du 103ᵉ restera à 4 heures à Latour, à la disposition du colonel commandant le 14ᵉ hussards.

Les T. C. des corps seront réduits aux voitures à munitions et d'outils.

Le reste des T. C. des corps se groupera à Gomery et prendra la tête du T. C. de la division.

> *Le Général commandant la 7ᵉ division,*
> Général DE TRENTINIAN.

P. O. le Chef d'E. M.
MACKER

Forces en présence le 22 août 1914 sur le front Robelmont,
Virton, Ethe. Bleid, Signeulx :

9ᵉ division (2ᵉ corps).

4ᵉ Corps d'Armée. — Général Boëlle, commandant : Chef d'Etat-Major, Colonel Degoutte.

8ᵉ division. — Général de Lartigue : 1 escadron divisionnaire, 12 bataillons d'infanterie, 31ᵉ régiment d'artillerie.

7ᵉ division. — Général de Trentinian, commandant : 1 escadron divisionnaire ; — 12 bataillons d'infanterie (13ᵉ brigade, 101ᵉ, 102ᵉ, Colonel Lacotte ; 14ᵉ brigade, 103ᵉ, 104ᵉ, Général Felineau), 26ᵉ régiment d'artillerie.

24 mitrailleuses (6 par régiment).

Artillerie de corps, 44ᵉ régiment.

4 escadrons du régiment de cavalerie du Corps d'Armée (14ᵉ hussards), Colonel de Hautecloque.

3ᵉ division (2ᵉ corps).

Vᵉ Corps allemand : IXᵉ division, Xᵉ division.
1 régiment uhlans et 1 régiment chasseurs royaux ;
5ᵉ régiment d'artillerie à pied (obusiers 150) ;

6° régiment de mortiers ;

5° bataillon de pionniers, 6° détachem. de mitrailleurs;

19° d'aviation :

24 bataillons d'infanterie ;

2 brigades d'artillerie de campagne (77 et 105) ·

XIII° Corps allemand :

53° brigade : 7 bataillons d'infanterie ;

54° brigade : 1 bataillon d'infanterie.

2 compagnies de mitrailleurs ;

19° uhlans ;

1 compagnie du 13° bataillon de pionniers ;

1 groupe du 49° régiment d'artillerie.

Le 21 au soir, le V° et le XIII° Corps sont dans les bois de Villancourt, de Saint-Léger, d'Ethe, couverts par des avant-postes fortifiés, le gros dissimulé dans les localités et dans les bois.

La 7° division doit passer à Ethe dès 5 heures du matin. L'ordre préparatoire de la 7° division fixe en conséquence le départ du cantonnement à 4 heures.

La mission qui lui incombe est « nettement offensive » ; mais on n'a « vu que des mouvements sans importance ». Le 14° hussards a pour « mission de renseigner sur les mouvements de l'ennemi entre la route Vance, Arlon incluse et Etalle, Habay-la-Neuve, Heinstert incluse ». La liaison entre la 7° et la 8° division n'est prévue qu'à l'arrivée aux cantonnements. — Je ne dois donc m'attendre à aucune résistance sérieuse au cours de la marche, d'autant que j'ignore les renseignements recueillis le 20 et le 21 par les régiments de cavalerie et par l'avant-garde de la 8° division.

La 7° division ne dispose que d'un escadron de cavalerie : deux pelotons rejoindront l'avant-garde, deux autres seront utilisés ultérieurement sur les flancs de la colonne. Le régiment de cavalerie et son bataillon de soutien ne sont pas placés sous mes ordres, mais ils suivent le même itinéraire que la 7ᵉ division, les bois les obligeront à ralentir sans cesse leur marche. La 7ᵉ division peut donc considérer qu'au moins pendant les premières heures de marche sa sûreté rapprochée, puis sa sûreté éloignée seront assurées par le 14ᵉ hussards et son bataillon de soutien.

L'escadron d'avant-garde du 14ᵉ hussards parti à 4 heures du matin de Chenois pénètre dans Ethe à 5 heures ; il en chasse les uhlans qui l'occupent et les poursuit sur la route de Saint-Léger jusqu'au moulin de Hamawé.

Le chef du peloton de pointe de l'avant-garde n'a rien vu dans les bois et hauteurs dominant notre flanc gauche.

A 5 h. 3o, le commandant du 14ᵉ hussards entre lui-même dans Ethe avec ses trois escadrons de cavalerie. Avant de continuer sa route, il juge utile de lancer quelques patrouilles dans les directions Sud et Sud-Est. Elles se heurtent à de l'infanterie allemande qui les reçoit à coups de fusils et les arrêtent depuis Lacheneau jusque vers Bleid.

Pour en finir avec la résistance de l'ennemi, dont « les fusils se sont levés » devant toutes ses patrouilles, le colonel donne l'ordre au bataillon de soutien de déblayer la route et il m'envoie, ainsi qu'au commandant de l'avant-garde, le compte rendu suivant :

Ethe, 6 h. 45,

« Me portant de Latour sur Vance par Ethe et Saint-Léger, j'ai trouvé Ethe occupé par l'ennemi. Je l'ai délogé du village en lui infligeant des pertes importantes. En arrivant à la lisière des bois, en quittant Ethe, j'ai été arrêté par l'infanterie ennemie. Le bataillon Vicq, du 103ᵉ, qui m'était donné comme soutien est entré en action et travaille en ce moment à m'ouvrir le chemin à travers les bois. »

De Hautecloque

Vers 5 heures du matin, à hauteur de Gomery, l'attention du général Felineau, commandant l'avant-garde est mise en éveil par les premiers coups de fusils tirés par le peloton d'avant-garde du 14ᵉ hussards. Il décide, en raison du brouillard, de s'arrêter jusqu'à ce qu'il ait reçu quelques renseignements de la cavalerie qui, dès lors, doit être en contact avec l'ennemi.

Je le rejoins et lui donne l'ordre de remettre immédiatement en marche son avant-garde.

Il va sans dire qu'au cours de la marche, il prendra pour son détachement les dispositions de sûreté que comportera la situation.

L'ordre N° 18 n'a prescrit aucun détachement de liaison entre la 7ᵉ et la 8ᵉ division. Ces deux divisions ne doivent se mettre en communication que lorsqu'elles seront parvenues sur la transversale Tintigny, Etalle, Châtillon ; cet ordre n'indique pas les localités occupées par le 5ᵉ Corps dans la soirée du 21. Il ne dit pas un mot de son itinéraire dans la journée du 22 ; le général commandant la 7ᵉ division sait seulement que le 5ᵉ Corps atteindra Meix-la-Tige et que la veille les avant-postes de la 7ᵉ division et ceux du 5ᵉ Corps devaient se relier entre Ethe et Bleid. Les avant-postes n'ont d'ailleurs atteint ni Ethe ni Bleid à la fin de la journée du 21.

L'ordre N° 18 prescrit uniquement une grande activité de mon escadron divisionnaire sur les flancs de ma colonne, qui a 7 à 8 kilomètres de longueur. Ce sont là des dispositions qui me paraissent très insuffisantes, et, puisque déjà l'ennemi apparaît dans Ethe, je crois utile de prendre de plus sérieuses précautions et de protéger les flancs du gros de la colonne par deux flanc-gardes (1).

En conséquence vers 5 h. 1/2, je donne l'ordre au colonel commandant la 13ᵉ brigade de porter de suite un bataillon

---

(1) Il va sans dire qu'il eût été absurde de ma part d'affaiblir ma division, en lançant sur ma droite et même sur ma gauche des détachements destinés à établir la liaison avec le 5ᵉ corps, dont j'ignorais l'itinéraire, et avec la 8ᵉ division, qui s'écartait de plus en plus de la 7ᵉ division. En effet, ainsi que les événements de la journée du 22 l'ont bien prouvé, deux détachements de toutes armes eussent été nécessaires pour établir ces liaisons d'une façon utile et leur donner une force de résistance suffisante.

du 101e sur Bleid. La flanc-garde sera éclairée par un peloton de cavalerie, dont je donne le commandement à un officier de mon Etat-Major, le capitaine de cavalerie de Jouvencel. De Bleid, elle continuera son rôle de flanc-garde en marchant parallèlement à la route de Saint-Léger.

En même temps, d'accord avec le général Felineau commandant la 14e brigade, je décide qu'un bataillon pris dans l'avant-garde se portera au nord d'Ethe. Ce sera la flanc-garde de gauche.

Ces dispositions prises, je rejoins l'artillerie de l'avant-garde, qu'en raison du terrain, j'ai placée à la queue de ce détachement de sûreté. Elle est encadrée par une compagnie du 104e.

A 7 h. 30, le général commandant l'avant-garde m'envoyait le renseignement suivant :

Ethe, sortie Est, 22 août, 7 h. 30,

Général commandant la 14e brigade

A général commandant la 7e division,

« A la sortie Est d'Ethe, le gros de l'avant-garde a été accueilli par quelques coups de feu semblant provenir de patrouilles isolées. Le 14e hussards et son bataillon de soutien se sont intercalés dans la colonne, d'où cause momentanée d'arrêt, mais la marche reprend... »

Dès 7 heures, le bataillon de soutien, arrêté par les feux de l'ennemi, s'est déployé entre Hamawé et Lacheneaux. A peine le général Felineau avait-il envoyé son compte rendu qu'il était obligé de déployer précipitamment les 2 bataillons de l'avant-garde pour faire face à une violente attaque de l'ennemi, qui débouchait sur sa gauche, des bois Lefort et du fond de Bivaux, en forces si nombreuses que nos soldats avaient dû reculer et s'accrocher au talus du chemin de fer. A ce moment le colonel Hautecloque, jugeant sans doute leur situation critique, décida d'intervenir en jetant audacieusement sur l'ennemi ses 3 escadrons.

Après quelques charges héroïques tentées au delà de la voie ferrée, il avait reconnu l'inutilité de ses sacrifices et avait décidé de se retirer vers le gros de la division en franchissant les Jeunes Bois où malheureusement ses escadrons fauchés par les obus avaient été cruellement éprouvés ; lui-même déjà blessé avait été tué.

Vers 7 h. 45, au moment où j'entrais dans Ethe avec la dernière compagnie de l'avant-garde ,le brouillard qui recouvrait toute la région se dissipait comme par enchantement ; une bordée d'obus jetait par terre plusieurs attelages des échelons des batteries, qui marchaient en queue du gros de l'avant-garde.

Je continuai cependant à m'avancer pour me rendre compte des conditions dans lesquelles s'engageait l'avant garde, mais à peine avais-je dépassé les premières maisons du village que je me trouvai au milieu d'une violente fusillade. Devant moi, à moins de 100 mètres, l'ennemi tenait au bout d'une ruelle une maison, d'où il essayait de déboucher. A ma droite, la lisière Est du village était attaquée par de nombreux assaillants, tandis qu'à ma gauche l'infanterie allemande apparaissait dans la longue rue qui conduit à Belmont.

Il fallait garder Ethe à tout prix ; je décidai donc de rester là aussi longtemps que je jugerais ma présence nécessaire (1).

Des pièces mises immédiatement en batterie enfilent les rues par lesquelles l'ennemi tentait de s'avancer, tandis que d'autres battent toute la rive gauche, arrêtent heureusement l'élan des assaillants et les empêchent de tourner le village.

Un officier de liaison du 4ᵉ Corps était entré avec moi dans Ethe ; ces premières dispositions prises, il repart en automobile pour rejoindre le P. C. du commandant du 4ᵉ Corps. Sa voiture est accompagnée par les feux de l'artillerie allemande ; mais elle échappe aux obus et disparaît dans les Jeunes Bois ; il va donc pouvoir exposer la situation de

____

(1) Contrairement aux récits qui me montrent faisant le coup de fusil avec les tirailleurs, je suis resté à cheval au centre du village pour en diriger la défense. Mon escorte, elle-même, n'a pas mis pied à terre.

l'avant-garde au général commandant le Corps d'Armée. Quelques instants plus tard, j'envoyais un officier de mon Etat-Major, le capitaine Jullien, au colonel Lacotte commandant le gros de la colonne, avec l'ordre de se porter en avant et d'attaquer, en prenant Belmont comme objectif.

Après le départ de ces deux officiers, le barrage établi par les feux de l'artillerie et des mitrailleuses ennemies rend la liaison très difficile entre l'avant-garde et le gros de la colonne ; cependant plusieurs tentatives sont faites dans la matinée pour assurer l'exécution de l'ordre donné au colonel Lacotte et renseigner le général commandant le 4ᵉ Corps.

Le colonel commandant l'artillerie divisionnaire a pu quitter Ethe et rejoindre ses batteries à la cote 298.

La situation reste critique jusque vers midi, c'est-à-dire jusqu'au moment où le général commandant la 14ᵉ brigade se replie dans Ethe avec la plus grande partie de l'avant-garde. Dès lors le village va être défendu par des forces suffisantes pour s'accrocher solidement à cet excellent point d'appui et permettre au gros de la division de manœuvrer et de se déployer.

Ma présence n'étant plus nécessaire à Ethe, j'en confiais la défense au général commandant la 14ᵉ brigade. Je décidais de rejoindre immédiatement le gros de ma division, dont l'intervention me paraissait beaucoup trop tarder.

Je pus traverser heureusement le barrage que les canons et les mitrailleuses ennemies avaient établi au delà d'Ethe, et quelques minutes plus tard j'étais au milieu des soldats du 101ᵉ régiment (1).

Dès les premiers coups de canon, c'est-à-dire vers 8 heures, le colonel commandant le gros de la division avait arrêté ses troupes, dont la tête du 101ᵉ régiment venait de dépasser Gomery, en arrière de la ligne qui s'étend de Bel-

---

(1) Si violent que fût ce barrage, je n'avais pas un instant mis en doute que je pourrais rejoindre le gros de ma division, dès que je serais rassuré sur la résistance que les défenseurs d'Ethe opposeraient à l'ennemi ; et en effet, toute la journée il fut possible à un cavalier bien monté de franchir la courte distance qui séparait Ethe des Jeunes Bois.

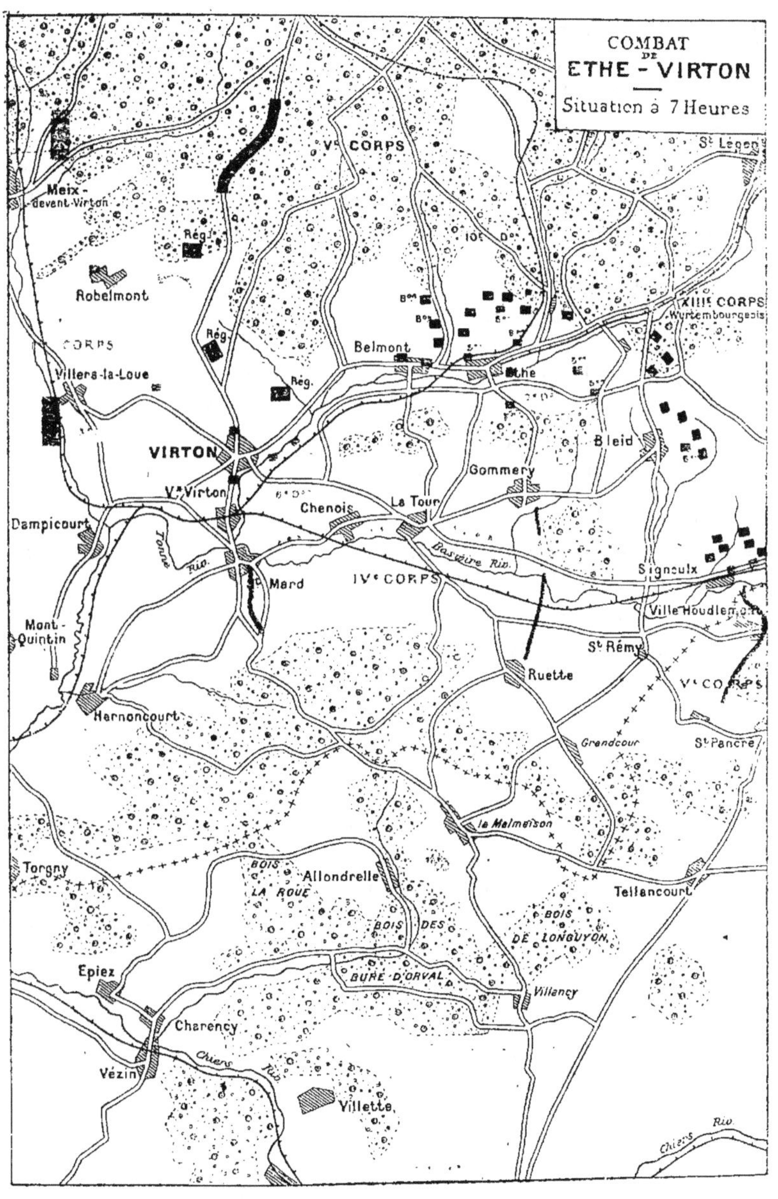

COMBAT DE ETHE - VIRTON
Situation à 7 Heures
V° CORPS
St Léger
Meix-devant-Virton
Rég.
Robelmont
Rég.
CORPS
Belmont
Ethe
XIII° CORPS
Wurtembourgeois
Villers-la-Loue
Rég.
Rég.
Bleid
VIRTON
V° Virton
Gommery
Dampicourt
Chenois
La Tour
Bassire Riv.
Signeulx
Tonne Riv.
IV° CORPS
Ville-Houdlemont
St Mard
St Rémy
Mont-Quintin
Ruette
V° CORPS
Harnoncourt
Grandcour
St Pancré
la Malmaison
Torgny
BOIS LA ROUE
Allondrelle
Tellancourt
BOIS DES
BOIS DE LONGUYON
Epiez
BURE D'ORVAL
Villancy
Charency
Chiers Riv.
Vézin
Villette
Chiers Riv.

mont à Bleid, en passant par Ethe, et que tiennent 6 bataillons et 10 pièces de canons. Le colonel disposait donc d'une zone de manœuvre très étendue pour les bataillons et les deux groupes d'artillerie qu'il avait sous ses ordres.

Le colonel Lacotte s'était tout d'abord conformé à l'ordre reçu de marcher sur Belmont ; il avait donné au 101ᵉ l'ordre d'occuper les Jeunes Bois, tandis que le 26ᵉ d'artillerie prenait position à la cote 293 à l'ouest de Gomery.

Le 101ᵉ avait atteint ce premier objectif, le 102ᵉ s'étant déjà déployé au nord-ouest de Gomery. Toute la division était donc engagée vers midi sur une ligne de bataille qui s'étendait du bois des Loges jusqu'à Bleid lorsque le colonel Lacotte renonça tout à coup à poursuivre l'exécution de l'ordre d'attaque sur Belmont qui lui avait été transmis par un de mes officiers d'Etat-Major.

Le bataillon flanc-garde de droite s'était heurté à la brigade wurtemburgeoise, droite du XIIIᵉ Corps en marche, vers le Sud. Il avait dû, tout en luttant avec un admirable courage, céder peu à peu le terrain et rallier Gomery sous la protection d'une des batteries du 26ᵉ d'artillerie en position à la cote 293.

Sollicité d'envoyer des renforts à la 8ᵉ division, déjà inquiet de voir les tirailleurs ennemis s'avancer sur Latour et apparaître au sud de Belmont, le colonel Lacotte apprenant le recul de ce bataillon craignit que toutes les troupes en avant de Gomery fussent cernées, et au lieu d'essayer de les dégager, il décida de se reporter en arrière avec toute l'artillerie et ses bataillons pour les établir sur le plateau de la Malmaison.

Le mouvement était déjà achevé par l'artillerie et par 2 bataillons du 102ᵉ ; mais le 101ᵉ venait seulement d'abandonner le terrain, lorsque j'atteignis la lisière sud des Jeunes Bois. Je donnai aussitôt au colonel commandant ce régiment l'ordre de se reporter en avant et de communiquer l'ordre à toutes les troupes de reprendre l'offensive. Tandis que mon chef d'Etat-Major assurait l'exécution de ces mesures, je me portais par Gomery sur une hauteur qu'occupaient encore des batteries du 44ᵉ régiment d'artillerie et d'où on découvrait tout le champ de bataille. A ce moment l'ennemi traversait Belmont et s'avançait au pas de course vers les Jeunes Bois ; arrêté et rejeté sur le Ton par les obus de nos 75 (1), il disparut derrière le rideau d'arbres qui bordent ce ruisseau.

Complètement découvert sur mon flanc droit, menacé de très près sur l'autre flanc, sans liaison avec la 8ᵉ division et le commandant du Corps d'Armée, je décidai vers 4 h. 1/2 qu'il y avait lieu de profiter du recul de l'ennemi et d'une accalmie qui se prolongeait pour retirer mes troupes du champ de bataille, dont elles étaient restées maîtresses toute la journée.

Vers 5 h. 30, les défenseurs des Jeunes Bois commencèrent à se retirer très lentement sur Gomery et sur la Malmaison.

En atteignant la Malmaison. je retrouvais le colonel Lacotte avec les troupes du 102ᵉ et 2 groupes du 26ᵉ régiment d'artillerie. Le 101ᵉ s'était replié sans être suivi par l'ennemi.

Rien n'eût été plus facile que d'occuper le plateau de la Malmaison et de s'y maintenir. Cependant. vers 20 heures, je recevais l'ordre de cantonner ma division dans les villages d'Allondrelles, de Charency et de Villers-le-Rond (2).

Le 23, à la pointe du jour, la 14ᵉ brigade ralliait à Charency le gros de la division.

Tous les efforts de l'ennemi s'étaient brisés devant la résistance héroïque des défenseurs d'Ethe. A la nuit tombante, le général Felineau avait évacué le village avec son

____

(1) L'artillerie hésita tout d'abord à tirer. la distance ne permettant pas de distinguer l'infanterie allemande de l'infanterie française. mais les mouvements exécutés par l'ennemi eurent vite fait d'établir cette distinction aux yeux de nos artilleurs.

(2) Ces cantonnements plaçaient exactement la 7ᵉ division en liaison avec la 8ᵉ division et le 5ᵉ corps d'armée.

C'est à la tombée de la nuit. c'est-à-dire vers 20 heures que les régiments de la 7ᵉ division furent mis en route. Il va sans dire que j'ignorais l'emplacement des cantonnements de la 8ᵉ division et du 5ᵉ corps : je n'ai donc pu diriger nos régiments sur Allondrelle, Charency et Villers-le-Rond que parce que ces localités m'avaient été désignées par un officier d'Etat-Major du 4ᵉ corps.

artillerie et ses blessés légers. En route, il avait rallié des détachements restés dans les Jeunes Bois (1).

ANNEXE N° 1154

23 août, 12 h. 20.

Commandant Pellegrin

A Général Commandant armée Damvillers.

. . . .

La 7e division très bien reprise en main a 6 bataillons en état. Elle n'a perdu que *2 pièces* à Ethe où, d'ailleurs, des éléments d'infanterie française se sont maintenus jusqu'à la nuit et ont pu se replier sur la Malmaison sans être inquiétés (2).

. . . .

(Histoire de la Grande Guerre).

Voici comment le commandant Grasset de la Section historique du Ministère de la Guerre, termine la remarquable étude sur le combat d'Ethe qui a paru dans la *Revue Militaire Française* (3) :

En somme, la terrible journée d'Ethe, baptême du feu de la 7e division, était bien pour elle une victoire taillée dans le bloc de la bataille des frontières, puisque, dès 17 h., elle avait vu la Xe division allemande fuir devant elle et que si Ethe n'a pas été conservée, c'est que des circonstances, dont elle n'est pas responsable, ne l'ont pas permis. Or, cette stérile victoire lui coûtait cher. Elle avait perdu 124 officiers et 5.000 hommes tués, blessés ou disparus, c'est-à-dire environ la moitié de l'effectif combattant.

———————

(1) L'avant-garde a évacué Ethe seulement vers 21 heures.

(2) Ce ne sont pas des éléments d'infanterie, mais toute une brigade d'infanterie qui s'est maintenue dans Ethe ou aux abords du village jusqu'à la nuit.

(3) Le commandant Grasset de la Section Historique du Ministère de la Guerre a publié, en 1923, une étude très documentée sur le combat d'Ethe. Elle se trouve d'accord avec les notes du Général commandant la 7e division sur tous les points essentiels ; cependant quelques paragraphes de l'Ordre Général N° 18 donnés par le premier volume de l'*Histoire de la Guerre*, ont été supprimés. Le rôle de la flanc-garde de droite est emprunté à un historique fabriqué après coup par l'Etat-Major du 4e corps

C'est pourquoi le 101e, le 103e, le 104e régiments d'infanterie, le 3e groupe d'artillerie et la 4e compagnie du 1er génie, qui ont plus spécialement arrêté et brisé le choc des masses allemandes trois fois supérieures, méritent grandement que le nom d'Ethe brille sur leurs drapeaux et étendards, parmi ceux des plus brillantes victoires. Ce nom glorieux, évoqué dans les théories faites aux jeunes soldats, symbolisera le souvenir des sacrifices sublimes et d'actes héroïques qui ont pu être égalés dans les quatre années de la guerre, mais qui n'ont jamais été surpassés.

(Commandant A. GRASSET : *Une bataille de rencontre. —* ETHE. *—* 22 août 1924. *— Revue Militaire Française,* N° 30).

LA 9e DIVISION (5e CORPS) ET LA 8e DIVISION (4e CORPS)

DANS LA JOURNÉE DU 22 AOUT 1914

Pour se rendre un compte exact de la situation dans laquelle fut placée la 7e division dans la journée du 22 août 1914, il est nécessaire de résumer brièvement les opérations exécutées dans cette même journée par la 9e division du 5e Corps, d'après l'*Histoire de la Grande Guerre,* et par la 8e division, d'après le récit fait par le commandant Grasset dans la *Revue Militaire Française.*

1° La 9e Division. — Le 5e corps attaquera, demain 22, tout l'ennemi qui lui fait face de Signeulx à la redoute de Bel Arbre, Ouest de Longwy.

A sa droite...

A sa gauche, le 4e corps marchera sur Saint-Léger et Châtillon, attaquera sur le front Gorcy (9e division exclus) Signeulx, en prenant come axe Tellancourt, Saint-Pancré, Bassancy, C... ; les attaques franchiront le front Signeulx, Gorcy, Cosnes à 5 heures.

Cavalerie...

La 8e division assurera la liaison avec le 6e C.A.

(*Histoire de la Grande Guerre*).

Le 5e Corps a pour objectif Meix-la-Tige et Rochecourt.

De son côté, le XIIIe Corps allemand s'est mis en marche dans la nuit. Il ne s'est pas laissé arrêter par le brouillard et s'est heurté au 5e Corps à hauteur de Signeulx.

Dès 7 h. 3o, la 9ᵉ division, colonne de gauche du 5ᵉ Corps a commencé à reculer sur la route de Saint-Pancré.

A 11 heures, le commandant du 5ᵉ Corps a donné à ses troupes l'ordre de battre en retraite, la 9ᵉ division s'est portée sur Tellancourt.

A 14 heures, le général commandant le 4ᵉ Corps a reçu de la IIIᵉ Armée le télégramme suivant :

A 11 heures, le 2ᵉ corps a 3 régiments de sa division de tête à Tintigny et Bellefontaine. Le 4ᵉ régiment et une brigade de l'autre division sont engagés sur le front Meix devant Virton-Houdrigny, sans indication de l'heure où cette situation s'est réalisée.

A 10 h. 55, le commandant du 5ᵉ corps d'armée a fait connaître que sa gauche n'avait pu déboucher de Signeulx et qu'il était obligé de l'étayer.

Plus à droite, devant le 6ᵉ corps, l'ennemi débouchant de Cutry, Chenières, Lain, a violemment attaqué le 6ᵉ corps qui a enrayé cette attaque et pris la supériorité du feu. Le 5ᵉ corps *n'est plus en liaison* avec la 7ᵉ division du 4ᵉ corps.

L'intérêt du combat est en ce moment de rejeter vers la lisière du bois, au nord de Virton, sans y engager de grosses forces, les troupes ennemies qui ont débouché d'Etalle, en rabattant, si possible, la 7ᵉ division du 4ᵉ corps, dans le flanc droit des troupes ennemies qui attaquent Signeulx à la gauche du 5ᵉ corps.

(Histoire de la Grande Guerre).

2° *La 8ᵉ Division*. — Malgré l'épais brouillard, la 8ᵉ division se met en marche, en raison de la nécessité d'avancer rapidement pour couvrir le flanc droit de la IVᵉ Armée ; « personne d'ailleurs ne croit aller à la bataille... »

A 4 h. 3o, l'escadron divisionnaire prend le contact avec l'ennemi.

Dès 5 heures, il fait savoir à l'avant-garde que l'ennemi est là et s'est retranché.

A 5 heures, l'avant-garde débouche de Virton sous les yeux du général commandant la division. Le général commandant le 4ᵉ Corps ne tarde pas à rejoindre.

Le 31ᵉ régiment d'artillerie est à 3 kilomètres en arrière.

A 5 h. 30, l'avant-garde, qui s'est heurtée à l'ennemi à Bellevue, se trouve subitement enveloppée dans une gerbe de mitraille.

Bien que le commandant de la 15e brigade se persuade que l'ennemi ne peut être en force et décide de pousser ferme sur Etalle, il est obligé de déployer successivement tous ses bataillons.

A 7 h. 20, très éprouvés, ils sont rejetés sur Virton où s'est déjà enfourné un régiment de la 16e brigade.

Vers 8 heures, la situation de la 8e division est fort critique.

Les 9 bataillons de l'ennemi, qui s'apprêtent à envelopper Virton, « n'avaient qu'à pousser de l'avant pour bousculer dans le brouillard les unités disloquées du 115e et du 130e », lorsque se dessine nettement le danger qui vient d'apparaître sur le flanc droit du Ve Corps prussien : le 2e Corps en marche sur Bellefontaine, a détaché des bataillons de flanc-garde de plus en plus nombreux, qui menacent l'aile droite de la 9e division allemande, et l'obligent même à s'établir sur la défensive.

De 10 heures à midi, toute la 3e division du 2e Corps s'est engagée. Le 117e et le 124e (du 4e Corps) placés à sa droite prennent part à l'action, soutenus par le groupe d'artillerie de l'avant-garde de la 8e division, déployé au Sud-Ouest entre Dampicourt et le Bois de la Cote ; pendant ce temps les deux autres groupes cherchent une position sur la rive gauche du Ton vers la cote 280.

A 9 h. 30, après avoir séjourné un instant dans la mairie de Virton, où le lieutenant-colonel du régiment de cavalerie de corps venait d'être blessé par une balle, le général commandant le 4e Corps d'Armée fixe son poste de commandement sur le mamelon 280 au sud de Saint-Mard ; de là, il pourra suivre les opérations de la 8e division. Il y est rejoint par le général commandant la 8e division.

A 10 heures, l'artillerie du 31e et l'artillerie du corps sont déployées entre ce mamelon et Gomery, où le colonel commandant le 44e a maintenu un de ses groupes.

A midi, cette artillerie a réduit à peu près au silence les batteries ennemies qui tiraient dans la direction de Saint-Mard. La situation est cependant devenue si pénible devant Virton que le général Boëlle décide d'occuper la position 280, Mont-Quintin, avec les débris des 115e, 124e, 130e ; tandis que le 117e continuera, de concert avec le 2e Corps, une offensive contre Robelmont.

A 14 heures, il ne reste plus que 300 hommes du 130e à la lisière Nord de Virton, où une section de mitrailleurs restera en position jusqu'à 15 heures.

« La position 280 Mont-Quintin, jalonnée par une infanterie dont plusieurs unités étaient décimées, mais dont d'autres étaient absolument intactes et couronnées par 14 batteries admirablement servies et approvisionnées, était parfaitement susceptible d'arrêter une offensive ennemie cherchant à déboucher de Virton sur les derrières du 2e Corps... »

Bien que très éprouvé, le 117e, à la droite du 2e Corps, se maintient sur sa position jusqu'à 13 heures. A 19 heures, il prend encore part à un mouvement en avant du 2e Corps ; puis il se replie sur Harnoncourt.

A 14 heures, un officier de cavalerie s'était heurté, à Latour, à l'ennemi ; à 15 heures, il a rencontré, au retour, un groupe du 26e d'artillerie embouteillé dans un chemin creux montant vers le bois Lehaut.

Un capitaine d'Etat-Major est envoyé à la Malmaison pour donner ordre au général de Trentinian de se maintenir sur ce point. Après avoir croisé les troupes de la 13e brigade, ce capitaine rencontre au nord de la Malmaison un officier d'Etat-Major de la 9e division du 5e Corps. « A voix basse, pour n'être entendu que de lui, cet officier lui dit : La 9e division a été broyée à votre droite ; on peut considérer que 3 régiments ont été anéantis ; elle se retire sur Tellancourt. »

A la Malmaison, le capitaine d'Etat-Major se trouve en présence du général de Trentinian qui rallie ses troupes sur le plateau (1).

—————

(1) Dans un récit qu'a donné cet officier d'Etat-Major du 4e Corps, il me fait dire : « Le général Felineau est tué... », comme si la situation de l'avant-garde m'avait paru désespérée, alors qu'au contraire, en quittant Ethe, je l'avais laissé dans d'excellentes conditions défensives.

OBSERVATIONS

Le Grand Quartier Général. — Sous prétexte de ne pas nous engager prématurément, de ne pas tomber dans un piège, le généralissime n'a pas permis au commandant de la III° Armée de jeter chez l'adversaire des coups de sonde qui auraient donné, tout au moins, un contour apparent suffisant pour que la III° Armée et le généralissime lui-même eussent une idée moins erronée de la situation.

Cette façon de procéder ne s'inspire des méthodes ni d'un Napoléon ni d'un Moltke ; elle est la négation des doctrines professées à l'Ecole de Guerre par Bonnal, Lanrezac, Foch, Bourderiat, etc.

Les Allemands ont agi tout autrement. Si le combat livré à Mangiennes leur a coûté cher, au moins a-t-il permis à l'armée du Kronprinz d'être, dès le 18 août, parfaitement fixée sur les mouvements des 2° et 4° Corps de l'armée française. Le 21, grâce aux détachements de sûreté éloignée portés jusqu'à Ruette, Latour et Virton, ils savent que le 4° Corps d'Armée a ses avant-gardes au delà de la Vire ; c'est ainsi que la 7° division, qui ne s'attendra qu'à rencontrer des détachements sans importance, se heurtera en colonne de marche, à la 10° division allemande, dont 3 régiments marchent déployés sous la protection d'une puissante artillerie divisionnaire en position.

La responsabilité d'une telle bataille de rencontre incombe donc tout d'abord au G. Q. G.

La III° Armée. — Cependant, le 18 août, l'aviation a donné des renseignements qui donnent à penser que les « 3 colonnes d'infanterie à une brigade chacune, débouchant de Mersch dans la direction d'Arlon, sont peut-être encore dans la région d'Arlon, le 20 et le 21. »

Les avions n'ont plus rien vu, il est vrai, le 20 dans la région Virton. Arlon, Longwy ; mais, dans cette contrée très boisée, rien n'est plus facile aux troupes que de dissimuler leur présence.

Le 21, les découvertes lancées par le 14ᵉ hussards ont constaté la présence de l'ennemi au delà du Ton et « il y avait eu partout de petits combats d'avant-garde ». (Général TANANT. — *La IIIᵉ Armée dans la Bataille.*)

Les renseignements, dont disposait la IIIᵉ Armée, n'étaient donc pas « inexistants », comme l'a prétendu le général Tanant.

En tous cas, c'était égarer les commandants de Corps d'Armée de leur dire qu'on n'avait vu que des mouvements sans importance. Mieux eût valu dire que les renseignements étaient « inexistants » et mettre les commandants de Corps d'Armée sur leurs gardes.

En réalité, si tardivement que soient parvenus au G.Q.G. de la IIIᵉ Armée les renseignements recueillis par le 4ᵉ Corps dans les journées du 20 et du 21, ils arrivèrent encore à temps pour permettre de rédiger et d'envoyer au 4ᵉ Corps les instructions complémentaires dans la nuit du 21. Il était clair que la IIIᵉ Armée n'avait pas devant elle des détachements d'infanterie sans importance. Et cependant l'Etat-Major ne prend aucune des initiatives qu'imposait la situation révélée par le 4ᵉ Corps d'Armée. Rien n'est modifié dans ses instructions.

La IIIᵉ Armée est si persuadée que le 4ᵉ Corps ne rencontrera pas l'ennemi le 21, qu'elle commet la faute inexcusable de donner à la 7ᵉ et à la 8ᵉ division deux directions de marche divergentes qui les écarteront sans cesse l'une de l'autre. Après quelques heures de marche, elles seront à 6 kilomètres l'une de l'autre et seront séparées par des bois épais et sans chemins transversaux. Aucun détachement d'infanterie, ni même de cavalerie ne reliant le 4ᵉ Corps et le 5ᵉ Corps, il eût fallu (comme le colonel de Grandmaison lui-même le recommandait dans sa 2ᵉ conférence) porter les corps de la IIIᵉ Armée sur des lignes successives. Leur liaison au cours de leur marche et aussi leur coopération en cas de rencontre avec l'ennemi s'en fussent trouvées facilitées.

Par prudence, en raison de la divergence des itinéraires de la 7ᵉ et de la 8ᵉ division et des risques qui pouvaient en être la conséquence, la III° Armée avait enfin le devoir d'appeler l'attention du commandant du 4° Corps sur la nécessité d'un détachement de liaison entre ces deux divisions (1).

Le 4° Corps d'Armée. — Telle est la situation pleine de dangers dans laquelle le Commandement et l'Etat-Major de la III° Armée ont placé le 4° Corps et particulièrement la 7° division. Malheureusement le général commandant le 4° Corps, qui a eu un instant le sentiment de la faute commise par la III° Armée, ne fait rien pour remédier aux dangers qui peuvent en être la conséquence.

Il ne tient aucun compte dans l'ordre N° 18 des renseignements recueillis par le 14° hussards dans les journées du 20 et du 21, ni de ceux donnés par l'avant-garde de la 8° division dans la soirée du 21. L'ordre N° 18 pour la journée du 22 août dira que : « La zone au sud du Luxembourg est occupée, mais qu'on n'y a vu que des mouvements sans importance...; on n'a signalé également que quelques bivouacs et cantonnements d'infanterie et d'artillerie entre Etalle et Arlon. »

Dans son ordre, le général commandant le 4° Corps ne dit pas un mot des renseignements donnés par la cavalerie dans la journée du 21 et ne prend aucune des mesures que justifie la présence de l'ennemi à Virton ; une formation de marche plus prudente, ou tout au moins des reconnaissances s'imposaient.

Il paraît, dit le commandant Grasset, que l'ordre de l'Armée avait jeté le Commandant du 4° corps d'armée dans une grande perplexité.

Il devait, le lendemain.

1° Faire pénétrer, en colonne de route, son corps d'armée dans une forêt non reconnue et où l'ennemi se trouvait ;

2° Dans cette forêt, lancer ses deux divisions dans deux directions divergentes, la 8° vers Etalle, la 7° vers Saint-Léger, c'est-

______

(1) Au cours de la bataille la liaison fut si mal établie entre le Grand Quartier de la III° Armée et les chefs des 4° et 5° Corps d'Armée qu'à 14 heures le commandant du 4° Corps fut sollicité de rabattre la 7° division dans le flanc droit des troupes ennemies.

à-dire dans la zone même où va opérer le 5ᵉ corps, auquel l'ordre de l'armée a fixé la route Virton-Châtillon incluse (1).

Ces difficultés n'avaient pourtant pas échappé aux rédacteurs de l'Instruction N° 16. En remettant cette instruction au capitaine Lenoir, agent de liaison du 4ᵉ corps, le lieutenant-colonel Lebouc lui avait dit :

Je ne voudrais pas être chargé d'exécuter l'ordre que votre Commandant de corps d'armée va recevoir.

Le Général commandant le 4ᵉ corps pense, au moins, que c'est par suite d'une erreur facile à rectifier que la 7ᵉ division est appelée à cheminer dans une vallée encaissée, à la merci de quelques mitrailleuses. Il y a une route de crête, pourquoi ne la prend-on pas ? Il saisit le téléphone et appelle le Général Grossetti, mais le chef d'Etat-Major de la IIIᵉ Armée écoute à peine l'observation qui lui est faite. Il ne peut rien changer à ce qui existe. La 7ᵉ division doit suivre la vallée. Car le chemin de crête proposé la conduirait dans la zone de marche du 5ᵉ corps. « *Alea jacta est.* » L'ordre du 4ᵉ corps est rédigé (2).

Ainsi un officier de l'Etat-Major de l'Armée, puis le général commandant le 4ᵉ Corps et son chef d'Etat-Major ont compris les dangers, auxquels le 4ᵉ Corps et tout spécialement la 7ᵉ division, vont être exposés, et rien dans l'ordre que reçoit cette division, rien même dans l'ordre donné au régiment de cavalerie, ne trahit leur inquiétude !...

Ils ne communiquent même pas au général commandant la 7ᵉ division les renseignements reçus du 14ᵉ hussards ; l'avant-garde de la 8ᵉ division s'est heurtée dans la soirée à des détachements ennemis, il n'y est pas même fait allusion.

Il appartenait tout au moins au commandant du 4ᵉ Corps de réparer la faute commise par la IIIᵉ Armée, qui avait négligé d'établir des détachements de liaison entre le 4ᵉ Corps et les 2 corps voisins (le 2ᵉ et le 5ᵉ Corps).

La liaison entre le 2ᵉ Corps, la 7ᵉ et la 8ᵉ division, celle entre la 7ᵉ division et le 5ᵉ Corps ne sont prévues qu'au départ sur la transversale Bellefontaine, Bois d'Ardennes, Ethe, et à l'arrivée sur la transversale Etalle, Châtillon, Meix-

---

(1) Instruction personnelle et secrète de l'armée pour la journée du 22 août.

(2) *Revue Militaire Française*, N° 96, pages 255-256, Cdt GRASSET.

la-Tige. Il ne peut donc s'agir que d'une liaison par estafettes.

Si quelques détachements d'infanterie ou de cavalerie de l'ennemi veulent jeter le désordre dans la marche du 4ᵉ Corps, que pourront faire dans ce terrain couvert, accidenté, une centaine de cavaliers répartis sur les flancs d'une colonne de 8 kilomètres ? A partir d'Ethe, toute la 7ᵉ division sera exposée à se voir surprise par un ennemi qui se jettera aussi bien sur son flanc gauche que sur son flanc droit sans liaison avec le 5ᵉ Corps.

« *Quos vult perdere Jupiter dementat prius...* »

D'après l'*Histoire de la Grande Guerre*, l'ordre de l'armée pour la journée du 21 fixait, ainsi qu'il suit, les points à atteindre par les Corps d'Armée :

Le 4ᵉ Corps : Virton, Latour.

Le 5ᵉ Corps : Signeulx.

Cet ordre plaçait donc le 4ᵉ et le 5ᵉ Corps sur la coupure formée par la Basse-Vire.

Dans son ordre de stationnement du 21, le commandant du 4ᵉ Corps porte l'avant-garde de la 8ᵉ division sur Virton, tandis que l'avant-garde de la 7ᵉ division doit atteindre Ethe à 5 kilomètres au delà de la Basse-Vire.

La nuit ne permet à l'avant-garde que d'atteindre les Jeunes Bois ; elle est cependant très en avant de la ligne Virton, Latour, Signeulx, précisée par le commandant de la IIIᵉ Armée. En fixant à 4 h. 30 les heures de passage de la 8ᵉ division à Virton et de la 7ᵉ division à Ethe dès 5 heures, le commandant du 4ᵉ Corps aggrave encore le danger auquel vont être exposées ces deux divisions.

Non seulement les Etats-Majors de l'Armée et du Corps d'Armée n'ont pas établi une forte liaison entre les colonnes, mais il va sans dire que l'ordre pour la journée du 22 aurait dû en outre renseigner les généraux de division sur le but donné au 2ᵉ Corps et au 5ᵉ Corps et indiquer l'itinéraire suivi par la 3ᵉ division (2ᵉ Corps) et par la 8ᵉ division (5ᵉ Corps) ainsi que leurs heures de départ. C'était là un renseignement indispensable. On a peine à comprendre qu'un Etat-Major ait pu rédiger un ordre, en y laissant de si déplorables lacunes (1).

Telle est la faute commise par l'Etat-Major de l'Armée et par l'Etat-Major du 4ᵉ Corps, qu'ils feront tout leur possible pour la dissimuler. Ils donnent à entendre que le général commandant la division avait reçu des ordres au sujet de la liaison avec le 5ᵉ Corps ; mais ils ne pourront produire aucun ordre, aucune instruction à l'appui de leurs dires.

Le commandant du Corps d'Armée ne m'a donné aucune instruction au sujet d'une liaison quelconque en cours de route entre la 7ᵉ division et le 5ᵉ Corps. Quand j'ai décidé d'envoyer un flanc-garde à Bleid, j'ai donné verbalement mes instructions au capitaine de Jouvencel de mon Etat-Major, en lui adjoignant un peloton de l'escadron divisionnaire. Conformément à mes instructions, il a demandé au colonel du 101ᵉ un bataillon cantonné à Grandcourt, et l'a dirigé sur Bleid, en précisant au commandant sa mission de flanc-garde (2). Je n'ai pu songer à confier en même temps à ce bataillon une mission de liaison, ce qui eût été d'autant plus dangereux que j'ignorais l'itinéraire du 5ᵉ Corps. Ainsi que je l'ai dit précédemment, c'était à l'armée à établir cette liaison, ou tout au moins au commandant du Corps d'Armée.

« Cet inexplicable combat de Longwy avait des conséquences graves, a écrit le général Palat, non par lui-même, mais par l'abandon de la liaison avec le 4ᵉ Corps… »

L'apparition de la 53ᵉ brigade à Bleid sur le flanc de la 7ᵉ division montre le danger d'une marche en échelon, sans que le commandant de l'armée ait pris des dispositions suffisantes (3).

---

(1) Sans même prendre le temps, déclare le général Farret qui commandait alors le 101ᵉ, de lui expliquer le but de sa mission.

(2) Le capitaine de Jouvencel fut tué en tête de son peloton de cavalerie, au moment où il prenait à Bleid le contact avec l'ennemi.

(3) Par cette grande faute, la 7ᵉ division du 4ᵉ Corps se vit dans une position difficile, et qui fût devenue désastreuse, si son commandant, le général de Trentinian n'avait pris la précaution de s'assurer contre tout événement par le détachement d'un flanc-garde sur sa droite.

(Rapport officiel de la Commission d'enquête sur la question de Briey.)

Le général commandant le 4ᵉ Corps avait prévu les difficultés, a-t-il dit, de commander deux divisions qui allaient suivre des directions divergentes ; heureusement cette marche divergente, à partir d'Ethe, n'avait pas eu lieu, puisque l'avant-garde avait dû s'arrêter à ce village et que la tête du gros de la division était à ce moment à hauteur de Gomery. Il avait donc, encore à ce moment, sous la main ses deux divisions, cependant, il a abandonné à son sort la 7ᵉ division.

Dans ces conditions, le commandant du Corps d'Armée n'est plus qu'un intermédiaire inutile, et parfois dangereux, entre le commandant de l'armée et les généraux commandant les divisions.

Les instructions pour la conduite des grandes unités ont précisé les devoirs du commandant du Corps d'Armée : *si le général commandant le Corps d'Armée veut conserver sa liberté d'action* et exécuter une opération conforme au but poursuivi, c'est à lui qu'il appartient de déterminer la composition des colonnes du Corps d'Armée, de fixer la constitution des détachements de sûreté (avant-gardes, flanc-gardes), « de compléter, s'il y a lieu, les mesures de sûreté » (art. 99, chap. VII de l'*Instruction sur la conduite des grandes unités*).

Exposé à rencontrer l'ennemi, le général Boëlle, sans retarder la marche du 4ᵉ Corps, aurait dû en préparer le déploiement, en formant dès le départ un certain nombre de colonnes ; c'est ainsi que la 7ᵉ division aurait pu marcher jusqu'au Ton par trois routes : Latour Belmont ; — Ruettes Ethe ; — Grandcourt Bleid.

Une fois les avant-gardes engagées, il aurait dû se rendre compte de la situation, adopter une solution, établir un plan d'engagement, fixer les objectifs, répartir ses régiments, intervenir au cours du combat livré par ses deux divisions, en un mot commander son Corps d'Armée (chap. VII, *Instruction sur la conduite des grandes unités*) ; au contraire, le général commandant le 4ᵉ Corps et son chef d'Etat-Major sont restés immobilisés toute la journée au poste de commandement sans donner signe de vie à la 7ᵉ division. En raison du choix même de son poste de commandement au sud de Saint-

Mard, non seulement le combat de la 7ᵉ division échappait entièrement aux yeux du commandant du Corps d'Armée, mais les officiers de son Etat-Major n'auraient pu que très difficilement assurer une bonne liaison avec la 7ᵉ division (1). Le général commandant le 4ᵉ Corps n'a d'ailleurs rien fait pour se renseigner sur ce qui se passait de ce côté.

Vers une heure, le général commandant le 4ᵉ Corps a reçu du colonel Lacotte le compte rendu suivant :

Colonel Lacotte, Commandant 13ᵉ Brigade

A Général Commandant le 4ᵉ corps d'armée.

Les éléments passés sous mon commandement entre Gomery et Ethe comprenaient, à 7 h. 30 : 2 bataillons du 101ᵉ, le 102ᵉ tout entier, 3 groupes d'artillerie divisionnaire. Ces éléments se sont engagés sur Ethe, par ordre du général de Trentinian, pour le dégager d'Ethe. Or, cette infanterie n'a absolument pas pu sortir des bois, attendu que la lisière était battue par l'artillerie adverse et que notre artillerie n'a jamais pu deviner les positions de l'artillerie adverse. Les 5 bataillons ont dû se replier dans les Bois au sud de Ruettes.

P.O. L'Officier d'Etat-Major.

Ce compte rendu laisse ignorer qu'il a reçu l'ordre d'attaquer Belmont et montre combien le colonel Lacotte aurait eu besoin d'être en liaison avec le commandant du Corps d'Armée.

Le 14ᵉ régiment de hussards. — Le régiment de cavalerie suit le même itinéraire que la 7ᵉ division, en raison de son heure de départ et du terrain boisé dans lequel il va pénétrer ; il sera jusqu'à Vance en contact avec l'avant-garde de la 7ᵉ division ; l'ordre prévoit que la 7ᵉ division aura à contre-attaquer par Vance tout mouvement de l'ennemi vers l'Ouest. Comment dès lors le général commandant le 4ᵉ Corps n'a-t-il pas compris la nécessité de placer le 14ᵉ hussards sous le commandement du général commandant la

______

(1) Le général Boëlle aurait essayé, dit l'*Histoire Officielle de la Guerre*, d'établir une liaison entre la 8ᵉ et la 7ᵉ division, en envoyant les débris du régiment de hussards à Latour. C'était dès 8 heures du matin qu'il aurait dû placer un bataillon de la 8ᵉ ou de la 7ᵉ division dans Latour ; il aurait ainsi assuré la liaison entre les deux divisions et fermé la route par laquelle l'ennemi allait menacer leurs flancs intérieurs.

7ᵉ division ? Si on rencontre l'ennemi, infanterie, cavalerie, chacun se battra pour son compte ; c'est en effet ce qui s'est passé.

L'ordre Nᵒ 16 ne donne pas les *directions à surveiller* au cours de la route ; celle d'Etalle cependant intéressait particulièrement les deux divisions. Il ne fixe même pas au régiment de cavalerie le *point à atteindre*. Le commandant du 4ᵉ Corps demande au 14ᵉ hussards de faire le métier d'une division de cavalerie d'exploration, et il ne tient aucun compte de l'esprit dont s'est inspirée l'instruction du 10 décembre 1912, en ne laissant qu'un régiment de cavalerie à la disposition du commandant du Corps d'Armée.

Pour se renseigner sur les mouvements de l'ennemi, c'est une découverte soutenue par un seul escadron qu'il fallait lancer dans la région de Vance le 22, à la première heure, ou même à la fin de la journée du 21 (1). Deux escadrons auraient été rattachés à chaque division, un escadron aurait éclairé un fort détachement (2 bataillons et 1 batterie d'artillerie) destiné à relier entre elles la 7ᵉ division, et la 8ᵉ en suivant la route Latour, Belmont, Etalle.

Il fallait encore cette fois se conformer à ces prescriptions de l'instruction sur la conduite des grandes unités, que l'Etat-Major paraît avoir ignorées. En tout cas il les a méconnues :

« La cavalerie des Corps d'Armée sera le plus souvent rattachée aux détachements de sûreté pour les éclairer, les renseigner ; elle concourt pour une large part à la protection des troupes en station, en marche, au combat. En aucun cas, le rôle de la cavalerie de Corps d'Armée ne saurait être assi-

---

(1) Comme le faisaient les Allemands en 1870, le général Tremeau, aux manœuvres, obligeait le commandant de l'armée, qui lançait des découverts, à bien préciser aux officiers de cavalerie eux-mêmes, les renseignements qu'il voulait obtenir. Qu'il s'agisse d'une armée ou d'un corps d'armée, les chefs doivent toujours s'inspirer des méthodes de Napoléon.

« Il pratique toutes les formes d'exploration, dit le colonel Colin ; il fait tantôt recueillir des renseignements par des reconnaissances, tantôt rechercher des indices par des escadrons de découverte ou par des divisions entières. *Il fait connaître dans tous les cas à ces cavaliers quels renseignements il veut... »*

milé à celui de la cavalerie d'armée lancée au loin à la recherche de l'ennemi » (1).

En arrivant dans Ethe, le colonel Hautecloque a pris la précaution de lancer des patrouilles dans la direction de Saint-Léger et de Bleid ; mais il a négligé la région au nord d'Ethe, qui pouvait offrir de dangereux couverts à des détachements ennemis. Ce fut précisément de ce côté que se déclancha l'attaque qui mit en péril toute l'avant-garde. Cette négligence qui causa la surprise de l'avant-garde serait une faute inexplicable chez un officier de cavalerie, considéré comme un des meilleurs de son arme (il avait passé par le centre des Hautes Études), si le général commandant le 4ᵉ Corps et l'État-Major du 4ᵉ Corps n'avaient donné au colonel Hautecloque une idée tout à fait fausse de la situation. L'ordre le concernant lui disait en effet, qu'une fois arrivé dans la région de Vance, il aurait à faire parvenir ses renseignements aux deux généraux de division ; il n'ajoutait pas un mot sur les directions à explorer avant d'atteindre la région de Vance.

Dès 8 heures du matin, la place du 14ᵉ hussards était en arrière de l'avant-garde. Faute d'avoir été mis sous le commandement du général commandant la division, il aurait dû se mettre, de lui-même provisoirement, sous les ordres du commandant de l'avant-garde (2).

Lorsque vers 8 h. 1/2 le colonel Hautecloque vit le péril auquel étaient exposés les bataillons de l'avant-garde, il prit l'initiative de sacrifier ses escadrons ; mais, dans sa hâte à intervenir, il se lança sur l'infanterie allemande par la seule issue qui s'offrait à ses yeux : une voûte sous la voie ferrée.

---

(1) Tous les cas concrets étudiés dans les cours de tactique de cavalerie, professés à l'École de Guerre par le colonel Bourderiat, par le colonel Desvallières et par leurs prédécesseurs, s'inspirent de ces principes tactiques ; mais il est évident que le chef d'État-Major, absorbé par la bureaucratie, n'a plus que de vagues notions sur la tactique des trois armes.

(2) Au lendemain du combat d'Ethe, les officiers de la 7ᵉ division ne pouvaient pas croire que le régiment de cavalerie et son soutien n'étaient pas placés sous le commandement du général commandant la 7ᵉ division ; cette grave erreur du commandant du Corps d'Armée était la conséquence d'une organisation et de doctrines inspirées par l'esprit de particularisme, et c'est ce même esprit qui empêcha le colonel Hautecloque de se placer sous les ordres du commandant de l'avant-garde, dès qu'il eut rencontré une sérieuse résistance sur la route de Saint-Léger.

Obligé après deux tentatives héroïques d'abandonner le terrain du combat, il se reporta trop tard au delà du Ton. En traversant un barrage d'obus ses escadrons furent fauchés.

Le général commandant l'avant-garde. — Après s'être arrêté un instant au delà de Gomery, le commandant de l'avant-garde, conformément à mes ordres, a repris la marche en avant.

En arrivant à Ethe, la cavalerie avait fait lever les fusils sur la route de Saint-Léger ; le bataillon de soutien n'avait pu bousculer l'infanterie allemande; il appartenait donc à l'avant-garde qui s'était arrêtée à la sortie d'Ethe de se porter en avant, de renforcer ce bataillon et de reconnaître, dans la mesure de ses moyens, la position et les forces de l'ennemi.

« Lorsque l'ennemi n'est pas suffisamment reconnu, les avant-gardes l'obligent à montrer ses forces. » (*Instruction pour la conduite des grandes unités,* page 105.)

« Le rôle essentiel de l'avant-garde est de reconnaître l'ennemi en bousculant ses éléments avancés et en attaquant jusqu'au moment où l'adversaire montre des forces importantes. » (*Revue Militaire,* page 345, N° 30, 1923.)

Le bataillon détaché sur le flanc gauche de l'avant-garde avait atteint la lisière Nord du village ; mais faute de cavalerie attachée à l'avant-garde et faute d'avoir été suffisamment renseigné par le 14e hussards, le général Felineau, commandant l'avant-garde, n'avait pu avoir la pensée de s'établir tout d'abord solidement dans Ethe, avant de dépasser ce village. Si le régiment de cavalerie avait éventé la présence de l'infanterie allemande au Nord du village, la cavalerie et son bataillon de soutien se seraient évidemment arrêtés, et le général commandant l'avant-garde aurait certainement mis Ethe et même Belmont en état de défense. La 7e division aurait dès lors manœuvré dans de meilleures conditions.

Surpris tout à coup par l'ennemi, qui venait d'apparaître sur son flanc gauche, le général Felineau a pu cependant l'arrêter un instant, reculer et s'accrocher au village d'Ethe.

Le commandant de l'avant-garde a donné dès lors à la 7e division une zone de manœuvres qui a permis aux éléments du gros d'exécuter tous leurs mouvements, sans risque d'être arrêtés par l'offensive ennemie et par les feux de son artillerie.

En se maintenant jusqu'à la nuit dans Ethe, malgré les attaques répétées des bataillons allemands et le tir d'une artillerie qui fit pleuvoir toute la journée les obus sur Ethe et ses lisières, le général Felineau a fait preuve des plus remarquables qualités militaires. Il a permis à la 7e division de continuer à lutter contre les colonnes qui menaçaient ses flancs.

Le colonel commandant le gros de la division. — Aux premiers coups de canon, le colonel commandant le gros avait arrêté sa colonne, dont la tête atteignait Gomery. Il disposait donc d'une excellente zone de manœuvres : en arrière du rideau d'arbres des Jeunes Bois, de nombreux couverts furent mis à profit par l'infanterie ; en même temps l'artillerie prenait position à l'ouest vers la cote 105, position trop découverte, mais d'où elle tenait sous son feu toutes les directions par lesquelles l'ennemi pouvait apparaître (1).

En recevant l'ordre de prendre Belmont pour point d'attaque, le colonel Lacotte avait aussitôt fait occuper les Jeunes Bois par le 101e, et donné l'ordre à un bataillon du 102e de prolonger la gauche de ce régiment. Il ne semble pas que dans l'exécution des mouvements, les compagnies aient suffisamment étudié les couverts du terrain. Mieux eût valu faire occuper le Bois des Loges par le bataillon du 102e et même s'avancer par le Bois de Bampont, comme le proposait le colonel commandant le 101e régiment.

Dans ces mouvements, ces troupes avaient subi des pertes sérieuses, en s'efforçant d'arrêter l'ennemi qui se por-

---

(1) Il est absolument faux, comme l'a prétendu le général Tanant que cette colonne ait pu être prise des pieds à la tête sous le feu de l'ennemi dès la sortie des cantonnements. S'il en avait été ainsi, la responsabilité première en aurait évidemment incombé aux chefs de la IIIe Armée et du 4e Corps d'Armée ; mais comment l'artillerie aurait-elle pu prendre position à l'ouest de Gomery, comment le gros aurait-il manœuvré, lutté, fait face à toutes les attaques, si, dès leur sortie des cantonnements, les canons ennemis avaient pris sous leurs feux les troupes en marche vers Gomery ? Le général de division Farret, qui commandait au combat d'Ethe le 101e, déclare que ses compagnies ont manœuvré facilement sur un terrain abrité des vues de l'ennemi.

tait au sud du Ton. Il apparaissait même à la lisière du Bois des Loges, quand le colonel Lacotte fut prévenu que le bataillon de flanc-garde de droite, après avoir résisté toute la matinée à Bleid à des forces très supérieures et après avoir perdu une partie de ses effectifs, se rabattait sur Gomery.

Sollicité, paraît-il, d'appuyer la 8e division, dont il était séparé par l'ennemi qui s'avançait sur Latour, inquiet pour sa gauche, menacé maintenant de se voir d'un moment à l'autre attaqué dans Gomery, n'ayant aucune liaison avec le général commandant le Corps d'Armée auquel vers midi 30 il avait rendu compte de sa situation, le colonel jugea la situation trop critique pour pouvoir se conformer à l'ordre d'attaque sur Belmont, donné par le général commandant la division (ordre renouvelé vers midi) ; il décida même de se reporter en arrière jusqu'à la Malmaison.

Avec les bataillons qui lui restaient dans la main et 2 groupes du 26e régiment, renforcés par des batteries de l'artillerie de corps (1), il pouvait faire face aux attaques qui menaçaient ses deux ailes. On pourrait admettre que le colonel Lacotte, ignorant ce qui se passait à Ethe et à Virton, et abandonné par le général commandant le 4e Corps, eût résolu de rester sur la défensive, qu'il eût songé à se créer en arrière entre Gomery et Latour quelques solides points d'appui. Il est regrettable que, malgré les ordres précis qu'il avait reçus du général commandant la 7e division, il ait cru devoir abandonner Gomery pour se retirer précipitamment à plus de 10 kilomètres en arrière des troupes qui se battaient encore dans Ethe et dans les Jeunes Bois. Dans sa retraite précipitée il fit passer son artillerie par Latour au lieu de la faire passer par Ruettes, et il l'exposa ainsi aux plus graves périls.

Le colonel commandant le 101e régiment. — En reprenant position dans les Jeunes Bois et en y restant accroché jusqu'à la fin de la journée, le colonel Farret contribua à sauver l'avant-garde. C'est parce que les Jeunes Bois étaient encore tenus par nos troupes à la fin de la journée, que l'ennemi renonça à son attaque finale.

---

(1) 1 groupe et 1 batterie.

Le Bataillon La Place. — En arrêtant devant Bleid la brigade wurtembergeoise et en lui tenant héroïquement tête pendant plusieurs heures, — non seulement ce bataillon a facilité la retraite de la 9ᵉ division du 5ᵉ Corps, — mais il a cloué sur place un ennemi qui n'aurait pas tardé à rendre la situation de la 7ᵉ division singulièrement critique, soit qu'elle ait menacé son flanc-droit, soit qu'elle ait occupé sa ligne de retraite.

Le général commandant la 7ᵉ division. — Le commandant du Corps d'Armée n'ayant pas cru devoir faire marcher chacune de ses divisions en plusieurs colonnes, ce qui aurait facilité le déploiement rapide du Corps d'Armée en cas de rencontre avec l'ennemi, il semble difficile de me critiquer de n'avoir pas pris cette précaution, d'autant plus que Ethe m'avait été donné comme point initial de la marche de la 7ᵉ division. Si en raison de la marche éloignée et bientôt divergente de la 7ᵉ division, le commandant du 4ᵉ Corps d'Armée, qui marchait avec la 8ᵉ division, estimait ne pouvoir fixer lui-même les mesures de sûreté qui incombent régulièrement au commandant du Corps d'Armée, l'ordre N° 16 aurait dû dire : « Le général commandant la 7ᵉ division prendra, dès sa sortie des cantonnements, les dispositions de marche et de sûreté qu'il jugera utiles au cours de sa marche sur Saint-Léger » (1).

Devais-je arrêter l'avant-garde et le gros de la division, en apprenant que Ethe était occupé par quelques uhlans ? Le bon sens et le règlement obligent l'avant-garde à se porter en avant aussi longtemps qu'elle ne s'est pas heurtée à une sérieuse résistance de l'ennemi.

Ajoutons qu'il était d'autant plus nécessaire d'éviter les à-coups si pénibles dans la marche d'une colonne, que la mission des deux divisions était « nettement offensive ». Il importait donc d'atteindre de bonne heure la région de Vance, où se trouvait sans doute l'ennemi. Aussi l'ordre N° 18 avait-il fixé le passage de la division à Ethe dès 5 heures du matin.

---

(1) Il n'est pas inutile d'ajouter que l'ordre N° 18 disait que le général commandant le Corps d'Armée marcherait avec la 7ᵉ division.

Aussi longtemps que le commandant du Corps d'Armée n'avait pas donné l'ordre à ses deux divisions de suspendre leurs mouvements, l'une d'elles ne pouvait s'arrêter sans découvrir le flanc de l'autre (1). Il était d'autre part indispensable de tenir la ligne du Ton ; c'est pour ces motifs que j'avais ordonné au général commandant l'avant-garde, qui avait arrêté sa colonne à la sortie de Gomery, de reprendre la marche en avant.

L'ennemi s'était, lui aussi, mis en marche, malgré le brouillard ; l'événement a prouvé que l'avant-garde de la 7ᵉ division est arrivée *juste à temps* pour mettre la main sur Ethe, remarquable point d'appui, auquel elle allait pouvoir s'accrocher solidement, ce qui devait permettre au gros de la division de manœuvrer et de se déployer. Si l'avant-garde avait été devancée par l'ennemi sur le Ton, elle n'aurait pu se saisir que de l'obstacle médiocre qu'offraient les Jeunes Bois et les Bois des Loges.

A 8 heures, j'ignorais encore que le général commandant l'avant-garde était aux prises avec l'ennemi.

C'est seulement en pénétrant dans Ethe que je constatai que toute l'avant-garde était engagée dans un violent combat.

Devais-je rejoindre tout de suite le gros de ma division et établir mon poste de commandement vers Gomery pour diriger de ce point le combat de mes régiments, ou devais-je rester momentanément dans Ethe, jusqu'à ce que je fusse assuré que ce point d'appui, *dont dépendait le sort de l'avant-garde* et même celui de la division, résisterait aux attaques violentes d'un ennemi qui apparaissait déjà à toutes les issues du village ?

La place réglementaire du général commandant la division était à l'avant-garde ; — le général commandant la 13ᵉ brigade était *réglementairement commandant du gros;* — règle sans doute très critiquable ; à mon avis, mieux eût valu placer le général commandant la division à la tête du gros (2) ;

______

(1) En ne se 'aissant pas arrêter par le brouillard le 2ᵉ Corps a sauvé la 8ᵉ division du péril qui la menaçait.

(2) En marchant avec l'avant-garde de la 8ᵉ division, le général commandant cette division et le commandant du Corps d'Armée lui-même se trouvèrent eux aussi à Virton, pendant plusieurs heures au milieu des combattants.

quoi qu'il en soit, les circonstances m'avaient brusquement placé au milieu des combattants ; je jugeai la situation trop critique pour que mon départ d'Ethe avec mon Etat-Major et mon escorte ne jetât pas le découragement chez de jeunes soldats qui se battaient, il est vrai, vaillamment, mais qui étaient assaillis par des forces très supérieures.

Je restai donc au milieu d'eux et, après avoir étudié la carte avec mon chef d'Etat-Major, je fis porter, à 10 h. 1/2 par le capitaine Jullien, l'ordre au commandant du gros de s'emparer de Belmont. Cet ordre fut renouvelé vers midi au colonel Lacotte par un autre officier de mon Etat-Major. Dès 9 heures du matin, le colonel commandant l'artillerie m'avait quitté pour rejoindre ses batteries et renseigner le commandant du gros.

L'officier de liaison du 4ᵉ Corps était entré dans Ethe avec le général de division : il en repartit, vers 9 heures, en automobile, pour rendre compte au général commandant le 4ᵉ Corps de la situation de l'avant-garde. Sans préjuger du plan d'engagement qu'allait adopter le commandant du Corps d'Armée, l'ordre d'attaque, objectif Belmont, donné par le général commandant la division au colonel commandant le gros de la 7ᵉ division, avait l'avantage de relier la 7ᵉ division à la 8ᵉ, et de couvrir ainsi le flanc intérieur des deux divisions.

Dans la *Revue Militaire Française* du 1ᵉʳ novembre 1924, le colonel Allehaut a exposé les dispositions tactiques qu'il convient d'adopter dans une bataille de rencontre ; il a pris, bien à tort, comme exemple, le combat d'Ethe pour faire la critique des dispositions prises par le général commandant la 7ᵉ division, le général de Trentinian.

Il montre la 10ᵉ division du Vᵉ Corps allemand ayant 3 régiments déployés, alors que la 7ᵉ division n'a encore que 7 bataillons en ligne et le reste de la division en colonne de route. Il néglige tout d'abord de dire que l'ennemi sait, dès le 21, qu'il va rencontrer sûrement le 4ᵉ Corps dans la matinée du 22, alors que la 7ᵉ division, comme la 8ᵉ division, trompée par les renseignements et les ordres donnés par le général commandant le 4ᵉ Corps, s'avance avec la certitude de n'avoir dans la journée aucune force importante à combattre.

Alors que le V⁰ Corps allemand a été parfaitement éclairé par sa cavalerie, la 7⁰ division n'a pas été éclairée par le régiment de cavalerie qui l'a précédée. Dans ces conditions on ne saurait comparer « les méthodes d'approche et d'engagement appliquées de part et d'autre. »

A supposer que je partage les idées tactiques du colonel Allehaut, qui, comme celles du G. Q. G. et de la III⁰ Armée, s'inspirent de la tactique linéaire, il va sans dire que, n'ayant pas été averti de la présence de l'ennemi, je ne pouvais perdre mon temps et éreinter ma troupe en m'avançant avec 3 régiments en ordre déployé. Mais, alors même que je me serais attendu à rencontrer l'ennemi sur les bords du Ton, je me serais bien gardé de mettre immédiatement en ligne plus de 7 bataillons sur 12. Je devais garder en main les 5 bataillons de la 13⁰ brigade, aussi bien pour exécuter telle opération qui me serait ordonnée par le général commandant le Corps d'Armée conformément à son plan d'engagement, que pour faire face aux attaques de flanc auxquelles j'allais être de toute évidence très exposé. Faute d'avoir été éclairée par la cavalerie, l'avant-garde a été surprise ; sinon, elle avait un effectif très suffisant pour tenir non seulement Ethe, mais aussi Belmont ; derrière cette couverture je pouvais, avec les 5 bataillons que j'avais dans la main, coopérer à l'action de la 8⁰ division et faire face à la brigade wurtembergeoise qui, au lieu de marcher sur Gomery, s'arrêta à Bleid.

Il y a lieu d'ajouter : 1° que, contrairement aux dires du colonel Allehaut, l'artillerie du gros s'est mise facilement en batterie à l'Ouest de Gomery (1) ; 2° que je n'ai pas été bloqué dans Ethe, qu'au contraire j'ai quitté ce village dès que ma présence n'a plus été nécessaire (2) ; 3° que le commandant du gros a reçu mon ordre, ainsi qu'en fait foi son compte rendu au général commandant le Corps d'Armée.

En résumé, jeté par l'armée à travers bois dans une direction complètement divergente de celle suivie par la 8⁰ divi-

---

(1) Cette artillerie n'a fait que de très faibles pertes sur cette position.

(2) Tout d'abord l'artillerie allemande établit un barrage facile à franchir pour des cavaliers isolés ; ce n'est que plus tard, — quand précisément j'eus rejoint le gros de ma division, — que des feux de mitrailleuses rendirent ce barrage plus dangereux à traverser.

sion, puis, porté en flèche en avant de cette division et de la 9ᵉ division (5ᵉ corps), j'étais exposé, quelles que fussent les dispositions prises, à combattre dans des conditions singulièrement critiques.

En effet, dans la matinée du 22 août, la retraite de la 9ᵉ division du 5ᵉ Corps, dès 7 h. 1/2 du matin, et l'engagement de toute la 8ᵉ division dans Virton ont laissé mes flancs complètement découverts.

Le commandant du Corps d'Armée, qui a marché avec la 8ᵉ division et qui est entré avec elle dans Virton, n'a rien fait pour établir la liaison avec la 7ᵉ division. Il n'a même pas jeté quelques compagnies dans Latour ; dès lors, à partir de midi, la 7ᵉ division, qui avait vainement tenté de se porter en avant, se trouvant entièrement isolée, a été attaquée de front, sur ses flancs et sur ses derrières, par un ennemi très supérieur en nombre.

Il est facile d'imaginer la situation encore plus critique, dans laquelle se serait trouvée la 7ᵉ division, si les troupes allemandes s'étaient mises en marche deux heures plus tard. Ma flanc-garde de gauche et ses quelques cavaliers auraient été bousculés ; toute la division, prise de flanc, eût été rejetée en désordre sur Gomery et la Malmaison. La responsabilité entière en eût incombé aux chefs de la IIIᵉ Armée et du 4ᵉ Corps.

Si la 7ᵉ division a échappé à un désastre, c'est grâce à la 14ᵉ brigade qui a tenu ferme dans Ethe jusqu'à la nuit, c'est grâce à l'héroïsme de la flanc-garde de droite, qui a immobilisé dans Bleid toute une brigade wurtembergeoise ; c'est aussi au 101ᵉ et à quelques unités du 102ᵉ qui ont arrêté l'ennemi devant les Jeunes Bois et ont fait face aux attaques venant de Belmont ; c'est enfin aux batteries du groupe d'artillerie qui défendirent les abords d'Ethe avec un admirable sang-froid, aux groupes du 26ᵉ en position près de Gomery, puis aux batteries du 44ᵉ qui rejetèrent sur le Ton les bataillons allemands, qui menaçaient dangereusement le flanc gauche de la 7ᵉ division.

Si le commandant du gros avait obéi aux ordres donnés, s'il avait, tout au moins, mis moins de hâte à battre en retraite et s'était arrêté sur la Vire, la vaillance de nos troupes, la valeur des officiers, eussent permis de réparer complètement les fautes commises par les chefs et les Etat-Majors de la IIIe Armée et du 4e Corps, et la journée se fût terminée par un brillant succès.

En réalité, en étudiant les combats livrés par le 4e et le 5e Corps dans cette partie du champ de bataille, on constate que rien n'a fait sentir l'action du commandant de la IIIe Armée, ni du commandant du 4e Corps, au cours des différentes phases de la bataille. S'il en fut ainsi, il faut en accuser l'insuffisance de leur liaison avec les unités placées sous leur commandement et une tactique linéaire qui ne laissait aucune réserve dans leur main.

Un officier de liaison de la IIIe Armée. — Si l'on veut savoir comment le commandant de la IIIe Armée a été renseigné dans cette journée du 22 août sur les opérations de la 7e division, il suffit de lire *Virton*, du commandant Grasset, et *la IIIe Armée dans la bataille*, que le général Tanant a eu la naïveté de publier, et les commentaires qu'il s'est permis d'y joindre.

Dans la journée du 22 août, le commandant Tanant, sous-chef d'Etat-Major de la IIIe Armée, envoyé par son chef sur le champ de bataille du 4e Corps, se porte tout d'abord en automobile à la 8e division, puis donne quelques ordres à diverses unités à hauteur du bois de la Côte.

Il signale au colonel Sabatier (commandant le 44e Régiment d'Artillerie) le danger qu'il court et l'engage à chercher plus en arrière une position moins dangereuse. A ce moment, un avion survolait les pièces... Le colonel Sabatier se refuse cependant à quitter son excellente position sans un ordre et il rend compte au général Parreau de ce que le commandant vient de lui dire (1).

(*Virton*, par le commandant Grasset, page 145).

Sur ces entrefaites, le commandant Tanant rencontre un capitaine officier d'Etat-Major du 4e Corps, qui le met au courant de la surprise du matin aux portes de Virton. « Toute la 8e division est dépensée, lui dit cet officier. On ne peut avancer, mais on tient. »

Le commandant Tanant trouve inutile d'aller plus loin ; il est à 10 kilomètres de Virton. Il remonte en auto avec ce

______

(1) *Virton*, par le commandant Grasset, page 145.

capitaine, file en direction de la Malmaison, afin de savoir ce qui se passe à la 7ᵉ division.

Il n'a pas fait 1.500 m., qu'il aperçoit deux officiers ayant l'air bien mal en point, les interroge, puis, à 200 m. plus loin, voit venir un capitaine d'artillerie de l'Etat-Major divisionnaire, nouvelle halte, nouvel interrogatoire.

— N'allez pas plus loin, il n'y a plus entre vous et l'ennemi, que de la poussière d'infanterie. Les Allemands ne vont plus tarder à arriver...

— Mais encore, où en sommes-nous ?

— Le général de Trentinian a été surpris à Ethe avec son avant-garde. Pour se dégager, il a fait donner deux régiments qui ont attaqué à la baïonnette et ont été massacrés par les mitrailleuses ennemies. Le général est tué. Je dois être le seul survivant de l'Etat-Major, etc... (*La IIIᵉ Armée dans la bataille*, par le général TANANT. page 58).

Et voilà comment le commandant Tanant est fixé sur la situation du 4ᵉ Corps et particulièrement sur celle de la 7ᵉ division.

En dix minutes d'auto, le commandant Tanant peut atteindre Gomery, et de la Cote 293. où de l'artillerie est encore en batterie, il embrassera tout le champ de bataille. Il verra ce qu'il ne pouvait voir, à plus de 11 kilomètres en arrière du front de combat. Cependant, il trouve inutile d'aller plus loin, il est suffisammnt renseigné sur la situation de la 7ᵉ division, il retourne à la 8ᵉ division, donne quelques ordres au cours de sa rapide randonnée, rencontre le capitaine d'Etat-Major, agent de liaison de la IIIᵉ Armée auprès du 4ᵉ Corps « qui le met au courant » ; en réalité, cet agent de liaison ne sait rien de plus sur la 7ᵉ division que le commandant Tanant ; comme il se fait tard, le commandant charge cet officier de voir le général Boëlle. et « en vitesse » il retourne à Marville.

Le général Grossetti, qui a vu le Vᵉ Corps. vient de rentrer au G. Q. G. et le renseigne sur ce qui s'est passé de ce côté.

En somme, là aussi surprise, désordre et, en outre, carence totale du commandement (*La IIIᵉ Armée dans la Bataille*, page 61).

Le commandant Tanant lui rend compte de sa mission :

La 7ᵉ division a été surprise, le général de Trentinian a été tué, les troupes sont en désordre. L'artillerie perdue... (1).

Ce compte rendu est transmis le jour même au G. Q. G., et, dès le lendemain, au Ministère de la Guerre.

Le général Tanant a écrit lui-même (*la IIIᵉ Armée dans la bataille*, page 119) : « le XVIᵉ Corps allemand fut tellement disloqué, après les combats du 22 août, que le Kronprinz avait dû le ramener en arrière et qu'il ne put reparaître sur les champs de bataille que deux semaines plus tard à la bataille de la Marne » (2).

Ce fait si concluant et les récits parus depuis 1914 sur les combats d'Ethe et de Virton n'ont cependant pas modifié les jugements portés en 1923 par le général Tanant sur les exécutants d'août 1914 :

Premier point : mauvaise instruction tactique.

En second lieu, des chefs dont la bravoure fut incontestable : c'était de fameux soldats, mais ce n'était pas des généraux.

Au lieu d'être à leur place, ils étaient sur la ligne des tirailleurs. Ils faisaient le métier de caporal, et non le leur. On ne fait bien que ce qu'on sait faire. Si leur sens tactique eût été à la hauteur de leur courage et de leur énergie, la face des événements eût été changée.

Le fait patent est que sur 7 divisions en ligne dans la IIIᵉ Armée, le 22 août, plusieurs furent complètement surprises dans le brouillard à la sortie même de leurs cantonnements extrêmes, et d'autres, lorsque le soleil apparut, furent prises, de la tête aux pieds, sous le feu de l'artillerie lourde allemande.

Sans doute, les *exécutants* se retournent vers l'Armée et lui reprochent de ne pas les avoir prévenus de la proximité de l'en-

---

(1) D'après les documents donnés par le premier volume de l'*Histoire de la Grande Guerre*, 2 pièces seulement furent perdues par la 7ᵉ division.

(2) Après avoir exposé les différentes phases de la bataille Ethe-Virton, M. Hanotaux nous apprend que « le Vᵉ Corps allemand, qui se trouvait devant notre 4ᵉ Corps, fut obligé de quitter le front et d'aller se refaire dans la région d'Arlon. Il disparut totalement, et nous ne le retrouverons que beaucoup plus tard devant le fort de Troyon au moment de la bataille de la Marne ; tandis que son adversaire, le 4ᵉ Corps, si éprouvé, ne cessera de combattre et de rendre les plus grands services... »

(Hanotaux : *La Guerre de 1914. — La Bataille des Frontières*, page 144).

Voilà encore entre tant d'autres, la preuve que l'ennemi, avant d'arriver sur les bords de la Marne, avait subi de dures épreuves.

nemi. Il faut en finir avec cette légende. (1) (*La IIIe Armée dans la bataille*, page 86).

Voici au sujet de la bataille Ethe-Virton, comment le G. Q. G. a documenté les historiens de la Grande Guerre :

Dans son ensemble, l'armée occupe le front d'engagement de ce matin depuis Virton jusqu'à Geppecourt.

Ce résultat, en somme peu important, est dû à ce que, dès le début de l'engagement, deux divisions au centre du dispositif (7e division du 4e corps et 9e division du 5e corps) ont essuyé des surprises et ont eu des pertes sérieuses. La situation à peu près rétablie grâce à notre artillerie qui a pris une supériorité marquée sur l'artillerie allemande et grâce au calme et au coup d'œil du général Ruffey. En fin de journée, le 4e corps tient à peu près le front de Virton-Allondrelle. Le 5e corps la croupe 3 km. N. de la vallée de la Chiers...

(Compte rendu du commandant Bel, officier de liaison du G.Q.G. avec la IIIe Armée. — (*Histoire de la Grande Guerre*).

Les deux divisions du 4e corps ont ainsi toute la journée combattu séparément. Le Général Boëlle, qui paraît avoir suivi de près l'engagement de la 8e division au N. puis au S. de Virton, s'est préoccupé d'établir la liaison entre ses deux divisions à l'Est de Saint-Mard. La cavalerie employée à cet effet dans l'après-midi a été arrêtée à Latour et un bataillon de réserve d'infanterie sur le bois Lahaut n'a pu qu'occuper la Malmaison à 3 km. au Sud.

A gauche............................

A droite, le détachement *envoyé du côté du 5e corps ayant lutté toute la journée avec l'ennemi qui occupait Bleid à 3 km. environ à l'Est d'Ethe, n'a pu remplir sa mission.* Dans la nuit seulement, le 4e corps replié, ainsi qu'on l'a vu, sur la ligne Dampicourt, Bois Céline (8e division) et sur la rive gauche de la Chiers (7e division), se relie au 5e corps vers Vilette au N.O. de Longuyon.

---

(1) J'ai voulu savoir si le général Ruffey, commandant la IIIe Armée en août 1914, avait désapprouvé ma conduite au cours de la bataille Ethe-Virton ; voici un passage essentiel de sa réponse :

XIe Région

Le Général Commandant

Nantes, le 13 février 1916

....

...Je n'ai pas ici mes notes sur la campagne ; mais je garde le souvenir vivace de la belle conduite du général commandant la 7e division à Ethe, où il a montré les plus belles qualités militaires...

Signé : Ruffey.

Le 5e corps n'a pu atteindre ses objectifs et, dès 7 h. 30, commence à se replier sur Saint-Pancré ; à 11 heures, la 9e division est rejetée définitivement sur le plateau de Tellancourt.

(*Histoire de la Grande Guerre*).

Un bataillon envoyé en flanc-garde vers Bleid, pour prendre la liaison avec le 5e corps, ne le trouva pas. D'où une surprise du flanc, des plus graves...
.... ; le 2e bataillon du 101e qui, à Bleid, au lieu de trouver le 5e corps d'armée, s'était heurté à l'ennemi, avait énormément souffert...........

(HANOTAUX, de l'Académie Française. *Histoire de la guerre de 1914. — La Bataille des Frontières*, pages 138 et 143.

Contrairement à ce qui est écrit dans l'*Histoire de la Grande Guerre* et au document qui a été communiqué par l'Etat-Major au grand historien, la flanc-garde de droite n'avait pas pour mission de rechercher la liaison avec le 5e Corps. Contrairement à ce qu'affirme le général Tanant, ancien sous-chef d'Etat-Major de la IIIe Armée, la 7e division n'a pas été prise de la tête aux pieds par l'artillerie lourde allemande, ni dès sa sortie des cantonnements, ni au cours de sa marche et de son déploiement ; contrairement à ce qu'affirment le général Tanant et le commandant Bel, de l'Etat-Major du G.Q.G., la 7e division n'a pas été surprise et elle a obligé l'ennemi à abandonner le champ de bataille.

III. — Combats de Villers-le-Rond et de Marville

23 et 24 Août 1914.

Le 23 août, conformément aux ordres donnés par le général commandant le 4ᵉ Corps, le front de la 7ᵉ division s'étend d'Allondrelle à Villers-le-Rond en passant par Charency.

Un bataillon tient la croupe 234, à 5 kilomètres N.-E. de Charency, se reliant par sa droite avec les avant-postes du 5ᵉ Corps.

Dans la matinée, ce bataillon attaqué sur sa droite. que vient de découvrir subitement le 5ᵉ Corps, se retire sur Charency. Le recul de ce bataillon plaçant les troupes qui occupent la ligne Charency-Allondrelle dans une situation dangereuse, elles reçoivent l'ordre de se replier sur Villers-le-Rond.

Vers 3 heures, conformément aux ordres du général commandant le 4ᵉ Corps d'Armée, deux bataillons et un groupe d'artillerie sont portés de Villers-le-Rond sur la route de Longwy pour rechercher le contact de l'ennemi et le contre-attaquer. La 7ᵉ division se tient prête à intervenir, ou tout au moins à repousser les attaques de l'ennemi. La nuit vient surprendre une opération commencée trop tardivement, et menée trop lentement faute de cavalerie. Villers-le-Rond était dominé par les hauteurs boisées qui s'étendent à quelques kilomètres au Nord de ce village. En cas de retraite sur Marville, direction ultérieure qui avait été indiquée à la division, nos troupes étaient exposées à passer le pont de Marville sous le feu de l'artillerie ennemie.

A la tombée de la nuit, le général commandant la 7ᵉ division décide de traverser immédiatement l'Othain pour occuper la forte position de Marville.

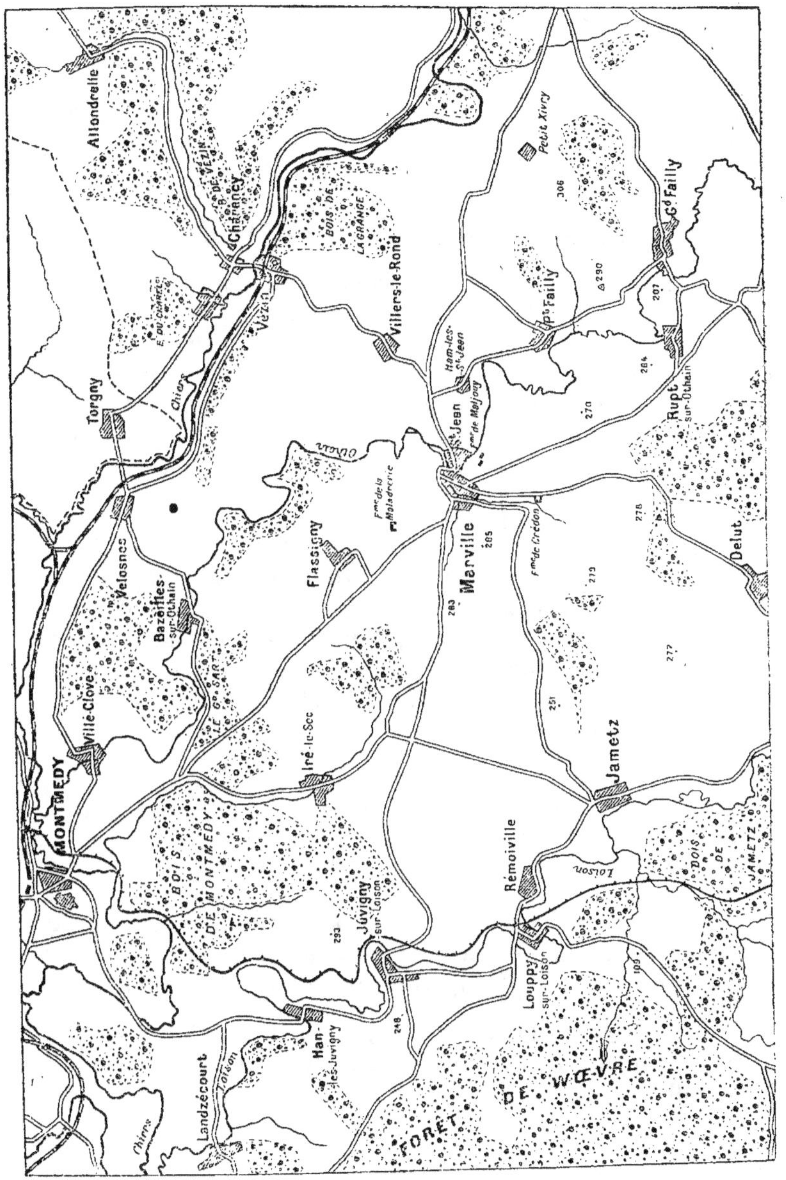
Allondrelle
BOIS DE VEZIN
Charency
Vezin
BOIS DE LAGRANGE
Villers-le-Rond
Petit Xivry
Gd Failly
Pt Failly
Hamles-St-Jean
St Jean
Fme de Maljouy
306
290
207
284
270
Torgny
Chiers
Othain
Fme de la Maladrerie
Fme de Crédon
Marville
Rupt-sur-Othain
Delut
265
278
279
Flassigny
Velosnes
Bazeilles-sur-Othain
LE Gd SAR
277
Iré-le-Sec
Ville-Clove
MONTMEDY
251
269
Jametz
BOIS DE JAMETZ
Rémoiville
Loison
BOIS DE MONTMEDY
Juvigny-sur-Loison
263
Louppy-sur-Loison
195
Han-les-Juvigny
Loison
248
Landzécourt
Chiers
FORÊT DE WŒVRE

La défense de Marville qui domine toute la rive droite de l'Othain, avait été organisée par le génie. Elle paraissait d'autant plus facile que les maisons de la ville s'étagent depuis les bords de la rivière jusqu'au sommet d'une colline qui offrait sur ses deux flancs de bons emplacements pour l'artillerie. C'eût été une excellente position, à condition que la 7e division n'eût pas un front trop étendu, et que, à sa gauche et à sa droite, le 8e division et le 5e Corps fussent eux-mêmes solidement établis sur la rive gauche de l'Othain.

À la fin de la journée du 23 août, le général commandant le Corps d'Armée ayant insisté pour reformer un détachement destiné à « contre-attaquer » l'ennemi, deux bataillons retirés de Marville, appuyés par deux batteries d'artillerie et l'escadron divisionnaire se portèrent, par le faubourg Saint-Jean, sur la route de Longwy. Ce détachement s'était avancé de 3 à 4 kilomètres, lorsque la nuit l'obligea à s'arrêter.

Le 24 août, pour pouvoir se relier à la 8e division et au 5e Corps, la 7e division est déployée sur un front de plus de 4 kilomètres. La 14e brigade et un groupe occupent la cote 283, de Marville à la Chapelle-Saint-Hilaire ; la 13e brigade et un groupe occupent la cote 277, de Marville au gué, à 800 mètres en aval de Petit-Failly. Dès l'aube, le détachement parti la veille est attaqué sur son flanc gauche. Il se retire sur le faubourg Saint-Jean et reprend en toute hâte les positions occupées la veille, sur les pentes de Marville.

Deux bataillons de réserve et un groupe d'artillerie de corps tiennent une hauteur d'environ 2 kilomètres au Sud de Marville.

Vers 8 heures, les colonnes ennemies. soutenues par un feu violent d'artillerie lourde, débouchent de différents points sur la rive droite, et s'emparent du faubourg Saint-Jean.

Notre artillerie tire sur ces colonnes, mais s'efforce vainement de répondre en même temps à l'artillerie ennemie qui est établie à grande distance.

Une pièce mise en batterie sur la place de l'église arrête les assaillants sur le pont de Marville et les chasse des tranchées voisines, dans lesquelles ils essayaient de trouver un abri ; mais l'ennemi réussit à passer un gué en aval et se glisse entre Marville et la droite de la 14ᵉ brigade, qui occupait la croupe cotée 277.

Déjà, la veille, des cavaliers ennemis avaient paru à l'aile gauche de la 14ᵉ brigade, mal reliée à la 8ᵉ division, qui n'avait pu s'étendre suffisamment de ce côté. Menacé à l'Ouest et à l'Est, le commandant de la 14ᵉ brigade prend vers midi l'initiative de se replier. A la même heure, le lieutenant-colonel chargé de la défense de Marville, voyant que l'ennemi commence à être maître de l'extrémité Ouest de la ville, informé du recul de la 14ᵉ brigade, décide également de se reporter en arrière.

Le général commandant la 7ᵉ division ignorait encore ce repli des troupes de l'aile gauche, — qu'il aurait d'ailleurs pu rallier sur les hauteurs où se trouvait sa réserve, — lorsqu'il fut prévenu par un officier d'Etat-Major du 5ᵉ Corps que ce corps battait en retraite et se portait sur Grand-Failly.

Le 25 août, le 5ᵉ Corps avait encore ses avant-postes sur la rive droite de l'Othain. Ils s'étendaient même en avant du front de la 7ᵉ division. Le gros était sur la rive gauche de l'Othain. Mal relié, il est vrai, à la 7ᵉ division, dont il était séparé par une croupe qu'il eût été utile d'occuper, il assurait cependant à la 7ᵉ division une sécurité suffisante sur son flanc droit, pour permettre d'envisager une résistance sérieuse de la 13ᵉ brigade sur un terrain favorable à la défense.

Le recul rapide du 5ᵉ Corps jusqu'à Grand-Failly découvrait entièrement l'aile droite de la 7ᵉ division.

Quelle autre raison donner à ce recul, que la marche en avant de l'ennemi et l'impossibilité dans laquelle le 5ᵉ Corps s'était trouvé de l'arrêter sur les rives de l'Othain ?

Dès lors la 7ᵉ division n'a pas plus à compter sur la résistance du 5ᵉ Corps que sur l'aide de la 8ᵉ division.

Faute de cavalerie, le général commandant la 7ᵉ division est dans l'impossibilité de parer, au besoin, à un mouvement débordant de l'ennemi. Rien ne l'a fixé d'ailleurs sur la mission qui lui incombe ; et tout lui donne à penser que, s'il essaie de rester sur place, il y restera seul, les deux flancs découverts, c'est-à-dire exposé aux plus grands risques, sans que l'armée en tire le moindre avantage. Il donne l'ordre à la 13ᵉ et à la 14ᵉ brigade de battre immédiatement en retraite en arrière du Loison, pour prendre une nouvelle position défensive.

La 13ᵉ brigade, en proie à un feu terrible des obusiers allemands, venait de perdre presque tous les attelages de son artillerie, lorsque l'ordre de retraite lui parvint (1). Elle dut abandonner sur place plusieurs de ses pièces ; elle se retira par le pont de Jametz derrière le Loison.

De son côté, la 14ᵉ brigade, menacée sur ses deux flancs, fut dirigée sur le pont de Remoiville.

À peu de distance du Loison, je fus rejoint par le général commandant le Corps d'Armée, suivi de l'artillerie de corps et du régiment de cavalerie (la 8ᵉ division avait quitté ses positions de bonne heure dans la matinée).

Vers 17 heures, toute la 7ᵉ division était sur la rive gauche du Loison qu'elle avait passé sous la protection des batteries du 26ᵉ régiment d'artillerie déjà en position à la lisière des bois de Remoiville.

Les ponts de Jametz et de Remoiville étaient gardés par deux compagnies d'infanterie. Le régiment de cavalerie mis à ma disposition, avant d'atteindre le Loison, avait été placé par mes soins sur la rive droite de cette rivière pour couvrir les derniers éléments de la queue de nos colonnes. Mais les feux de notre artillerie avaient suffi pour rejeter dans les bois quelques escadrons, aperçus à environ 3 kilomètres au Nord de la rivière.

---

(1) Le tir de l'ennemi avait été précédé d'une reconnaissance d'avions

OBSERVATIONS

Les combats en retraite sur des positions successives exigent que ces positions soient déterminées, et que les mouvements des petites comme des grandes unités s'exécutent en parfaite liaison, par conséquent conformément à des instructions et à des ordres précis.

On constate dans les mouvements exécutés par la 7e division depuis Villers-le-Rond jusqu'aux bois de Remoiville qu'ils se sont exécutés sans qu'ils aient été réglés ni par le commandant de l'Armée, ni par celui du Corps d'Armée, sans même qu'une liaison bien établie entre les divisions ait permis à leurs chefs de coordonner leurs mouvements.

IV. — Combats de Tailly, 27 et 28 Août 1914

Le 25 août, la III⁵ Armée est concentrée sur la rive droite de la Meuse, d'Azanne à Dun. Le 4⁸ Corps cantonne entre Brieules et Doulcon, en arrière du 5⁸ Corps. Malgré les échecs subis par la III⁸ Armée, son chef venait de décider de reprendre l'offensive, lorsque la retraite générale s'imposa au G. Q. G. Une instruction du 25 août fixait la zone d'action de chacune de nos armées : celle de la III⁸ Armée s'étendait de la place de Verdun au défilé de Grandpré, à Varennes et à Sainte-Menehould.

Cependant la 7⁸ division qui a franchi la Marne à Dun le 26 août, reçoit l'ordre, le 27 août, de se porter sur Tailly et d'occuper Beauclair et Halles. Deux bataillons d'avant-garde cantonnent à la tombée du jour dans ces deux villages.

Le 28 août, ordre est donné de s'emparer de Beaufort et de se porter à la lisière Nord de la forêt de Dieulet en se flanquant au Nord de Wiseppe. A droite, la 8⁸ division doit marcher par le bois de Tailly sur Montigny et au Nord. A gauche, une division, dont le gros est vers Bayonville, se portera au Nord de Nouart.

Dès l'aube, un des bataillons de l'avant-garde attaque Beaufort et s'en empare ; mais, à droite, l'autre bataillon qui marche au Nord de Wiseppe est rejeté en désordre sur Beauclair, et Beaufort est abandonné. En apprenant ce recul, je porte aussitôt ma division en avant de Tailly. Trois bataillons prennent Beaufort comme objectif. Ils sont appuyés par un groupe, dont une batterie est poussée au Sud de Halles. Deux bataillons sont dirigés sur le château de Forgettes, afin de garder le flanc droit de l'attaque et d'établir la liaison avec la 8⁸ division. La sécurité du flanc gauche est assurée par deux bataillons et un groupe d'artillerie, qui prennent position au Nord-Ouest de Tailly, vers la cote 288.

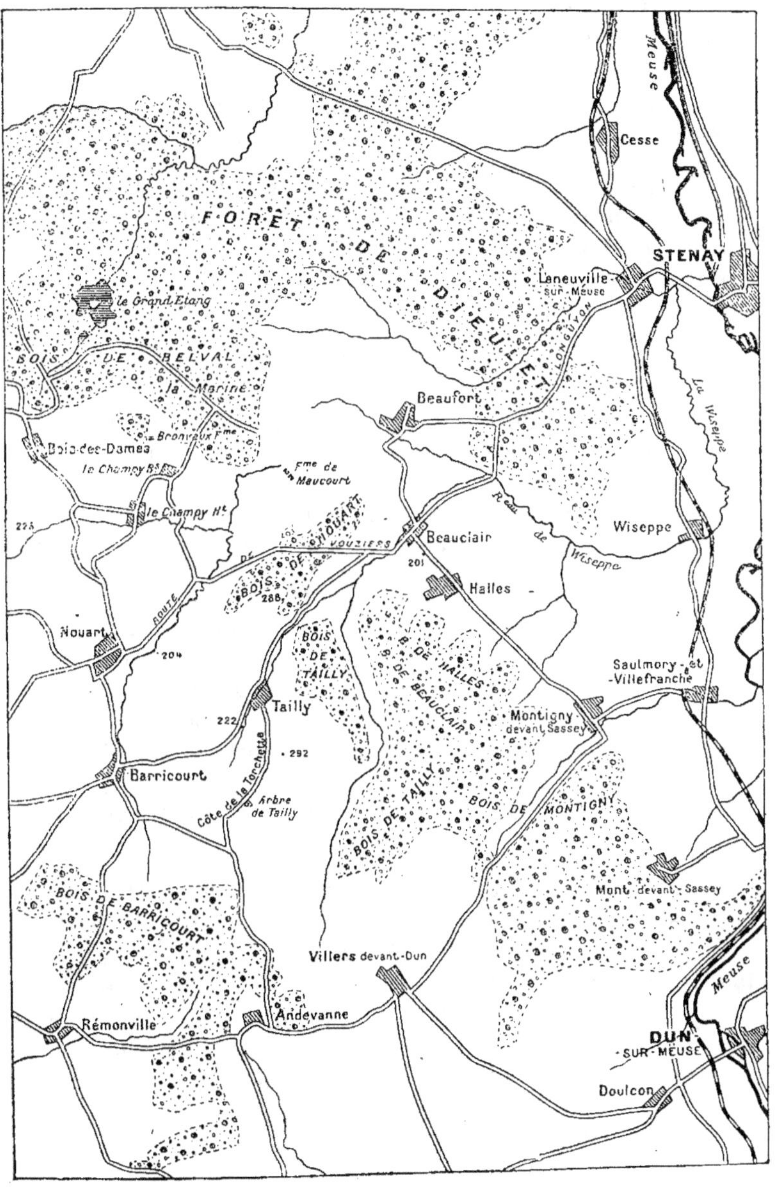
Meuse
Cesse
STENAY
FORÊT DE DIEULET
le Grand Étang
Laneuville sur-Meuse
LONGUYON
La Wiseppe
BOIS DE BELVAL
la Marine
Beaufort
Bronveux Fme
Bois-des-Dames
le Champy B
Fme de Maucourt
le Champy Ht
Rau de Wiseppe
225
BOIS DE NOUART
VOUZIERS
Beauclair
Wiseppe
201
Halles
BOIS DE TAILLY
Bᵈ DE HALLES
DE BEAUCLAIR
Nouart
ROUTE
288
204
Saulmory - et -Villefranche
Tailly
Montigny devant Sassey
222
. 292
BOIS DE TAILLY
BOIS DE MONTIGNY
Barricourt
Côte de la Torchette
Arbre de Tailly
BOIS DE BARRICOURT
Mont devant Sassey
Villers devant-Dun
Meuse
Rémonville
Andevanne
DUN SUR-MEUSE
Doulcon

Nos tirailleurs entrent rapidement en contact avec l'ennemi, qui tient une partie du bois des Dames, Beaufort et les lisières Sud de la forêt de Dieulet.

Dès les premiers coups de canon, notre artillerie est prise à partie par les batteries lourdes de l'ennemi.

En présence des forces dont disposent les Allemands, le général commandant la division estime qu'aussi longtemps que les divisions de droite et de gauche n'auront pas suffisamment progressé, l'attaque de Beaufort ne pourra être poussée à fond, sans exposer la 7ᵉ division à un échec grave.

Vers 13 heures, l'action de la 8ᵉ division ne se fait pas encore sentir du côté de Montigny. Quant à la division qui est à gauche, au delà de Nouart, elle laisse entre elle et la 7ᵉ division un vide de plus en plus large. Pour parer à une attaque possible de l'ennemi au Sud de Tailly, par Nouart, c'est-à-dire sur les derrières mêmes de la division, deux bataillons et un groupe d'artillerie prennent position vers l'Arbre de Tailly, au Nord de la Tuilerie.

A 16 heures, non seulement les divisions voisines n'ont pas pu progresser, mais la 8ᵉ division abandonne peu à peu le bois de Tailly, tandis que la division de gauche s'écarte encore au Sud-Ouest de Nouart. Tout ce que peut faire la 7ᵉ division, conformément aux instructions de l'armée, c'est de garder jusqu'au soir le terrain qu'elle occupe, face à Beaufort et à Beauclair, tout en surveillant attentivement les lisières des bois de Nouart et de Tailly.

Vers 17 heures, l'ennemi prend l'offensive sur la route au Sud de Beaufort. Ses tirailleurs s'avancent jusqu'à 1.200 mètres de nos batteries, dont le tir était interrompu pour ménager leur faible approvisionnement de munitions.

Nos batteries ouvrent un feu violent qui sème le désordre dans l'infanterie allemande. Trois ou quatre bataillons, rassemblés en toute hâte, se portent hardiment en avant sous le commandement du chef d'Etat-Major, et rejettent l'ennemi jusque dans Beaufort. Le général commandant la division, jugeant que le moment était venu de ne pas laisser plus longtemps ses troupes dans la situation dangereuse où elles se trouvaient, profite de ce retour offensif de son infanterie pour retirer du feu les batteries qui venaient de tirer leurs derniers obus, puis donne l'ordre de se replier sur la Tuilerie.

Bien que soumise au feu de l'artillerie ennemie, depuis la sortie Sud de Tailly, jusqu'à quelques centaines de mètres au delà de l'Arbre de Tailly, ce mouvement s'exécute facilement et la 14ᵉ brigade vient prendre position au Nord de la Tuilerie au moment où une division de réserve tente sur les bois de Tailly une contre-attaque, que la nuit allait arrêter sur les lisières mêmes de ce bois. La 13ᵉ brigade, maintenue à Tailly, pour couvrir la retraite, rallia le lendemain la 7ᵉ division.

Pendant presque toute la journée du 28 août, rien n'avait fait sentir l'action du commandant du Corps d'Armée. La 7ᵉ division qui n'avait pas eu de cavalerie pour éclairer son front et ses flancs avait réalisé tout ce qu'on était en droit de demander à des troupes qui, de bonne heure, avaient eu leurs flancs découverts, et qui, à la fin de la journée, pouvaient s'attendre à être attaqués sur leurs derrières (1).

Le 29 août la 7ᵉ division, qui s'est arrêtée à Halles, se conforme au repli du 2ᵉ Corps et se retire à l'Est de Remonville.

Après une contre-offensive qui avait ramené la 7ᵉ division à Tailly, la IIIᵉ Armée se porte au Sud de l'Argonne.

Le 31 août, le 4ᵉ Corps est désigné pour rallier la VIᵉ Armée. Faute de dispositifs de marche réglant les mouvements des colonnes de la IIIᵉ Armée et de la IVᵉ Armée, le 4ᵉ Corps n'atteint les stations d'embarquement qu'après une marche lente et pénible à travers les colonnes du 2ᵉ Corps. Le départ et le transport en chemin de fer ne se réalisent qu'au prix des plus grandes difficultés.

---

(1) Vers 15 heures, un officier de liaison de l'armée s'étant présenté à mon poste de commandement pour me demander les résultats obtenus par la 7ᵉ division, je lui répondis : « Dites à votre général qu'heureusement ma division n'a pu atteindre la lisière de la Forêt de Dieulet ; sinon, pas un homme n'en fût revenu. Ajoutez que ma situation ici n'est pas sans danger, mais que je ne reculerai pas d'une semelle avant la fin du jour. »

J'appris un peu plus tard que cet officier, sans même m'en faire rendre compte, avait donné l'ordre à un régiment de cavalerie qui venait d'être mis à ma disposition, d'aller occuper le village de Nouart, village que les groupes d'artillerie, placés par mes soins à hauteur de l'Arbre de Tailly et sur la hauteur 288, rendaient absolument inabordable.

OBSERVATIONS

Le commandant du Corps d'Armée avait donné à la 7ᵉ division la mission de s'emparer de Beaufort et de se porter sur la lisière Nord de la forêt de Dieulet, tout en se gardant du côté de Wiseppe. Pour qu'une manœuvre aussi hardie pût aboutir, il était indispensable que les divisions de droite et de gauche fussent portées en même temps, l'une sur Langeville-sur-Meuse, l'autre sur le bois des Dames et Somanthe, et que des lignes successives fussent atteintes par les colonnes d'attaque, reliées au besoin par des détachements de toutes armes.

Dans l'attaque de Beaufort, comme dans le combat d'Ethe, la 7ᵉ division se trouvait dangereusement en flèche en avant des divisions voisines. Si elle avait pu atteindre la lisière de la forêt de Dieulet, elle se serait sans doute trouvée dans une situation si critique, qu'elle eût difficilement échappé à un désastre. Arrêtée dans un couloir dominé par les collines que couronnaient le bois de Tailly et la croupe 288, canonnée en tête et en queue, il fallut pour résister, en pareille situation, le sang-foid des chefs et la protection d'une artillerie qui garda héroïquement ses positions sous le feu terrible de l'adversaire.

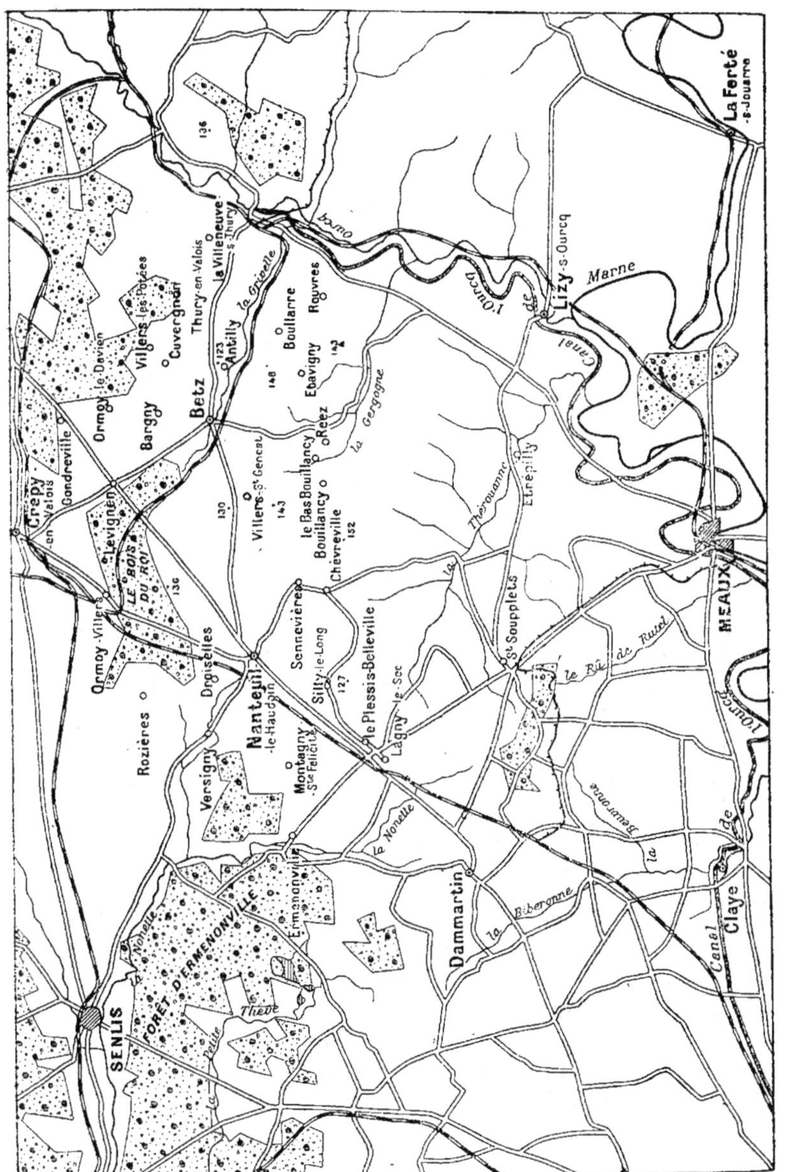

CHAPITRE II

La Bataille de l'Ourcq.

Conformément à l'instruction générale du G. Q. G. du
5 septembre au soir, la VIe Armée se porte au Nord de Meaux
dans la matinée du 6. Elle prend contact avec l'armée de
Von Kluck et n'avance qu'au prix de pertes très élevées.

Le 7, la VIe Armée prend l'offensive sur tout son front,
mais sur plusieurs points elle est obligée à la défensive. Son
aile gauche, dans la région Nanteuil-le-Haudouin, est même
violemment attaquée.

Dans les journées du 5, 6 et 7 septembre, le 4e Corps
débarque à Paris. Le soir même du 7 septembre à 5 heures,
sur l'invitation du général Gallieni, 1.100 taxis-autos réquisi-
tionnés à Paris sont rassemblés à Gagny et Noisy-le-Sec. Dans
la soirée et dans la nuit, une partie de la 7e division est trans-
portée à Nanteuil-le-Haudouin. Le reste y arrive par chemin
de fer, l'artillerie par voie de terre. A la fin de la journée du
8 septembre, la 7e division se porte à la gauche de la 14e division, qui, très éprouvée, résistait difficilement aux attaques
d'un ennemi très supérieur en nombre.

Le 9, la 7e division est appelée au Sud de Nanteuil-le-
Haudouin. Les Allemands viennent de s'emparer de ce village et s'avancent sur la route de Paris. Le rapport, que j'ai
adressé le 11 septembre au général commandant le 4e Corps,
expose brièvement les opérations de la 7e division dans ces
journées du 8 et du 9 septembre.

Combats de Gueux et Nanteuil-le-Haudouin
8 et 9 Septembre 1914.

Rapport adressé par le Général commandant la 7ᵉ division
A M. le Général commandant le 4ᵉ Corps

Ritheuil, le 11 septembre.

Mon Général,

En attendant le compte rendu des journées des 8 et 9 septembre, j'ai l'honneur de vous exposer, en quelques lignes, le rôle joué par la 7ᵉ division d'infanterie dans ces deux journées.

Dans la matinée du 8, la 7ᵉ division s'est dirigée sur Etavigny pour appuyer la gauche de la 14ᵉ division. Arrivé à hauteur de cette division, le général commandant la 7ᵉ division, a placé son poste de commandement à deux cents mètres de celui du général commandant la 14ᵉ division. Il a mis en batterie à la même hauteur toute l'artillerie du 26ᵉ régiment et les groupes de l'artillerie de corps qui étaient à sa disposition. Les troupes ont été poussées en avant, occupant par leur gauche, avec un bataillon, la corne Sud du bois de Montrolles, tandis que deux bataillons étaient placés vers Gueux.

L'action de l'artillerie et de l'infanterie a dégagé si rapidement la 14ᵉ division, qu'à partir de ce moment elle a paru n'avoir devant elle qu'une faible résistance. Nos batteries ont d'ailleurs obtenu de remarquables résultats qui seront précisés ultérieurement.

Après avoir examiné la situation, en me portant de ma personne près du général commandant la 14ᵉ division et m'être renseigné sur les mouvements de la 6ᵉ division qui était à ma gauche, vers Villers-Saint-Genest, j'ai estimé que, pour enlever Étavigny et marcher sur Bouvrois, il était indispensable que le bois de Montrolle fût occupé et que Betz fût évacué par l'ennemi. La 6ᵉ division de réserve ayant évacué dans la soirée le bois de Montrolle et notre cavalerie s'étant retirée sur Betz, j'ai proposé au général commandant le 4ᵉ Corps de mettre d'abord la main sur Betz dans la matinée du 9 septembre.

Le 9 septembre, dès les premières heures du jour, la 7ᵉ division était rassemblée au Nord de Sennevières, face à Betz, mais, si faible que fût l'effort de l'ennemi sur ma droite, deux bataillons et deux groupes furent laissés vers la ferme de Gueux et un bataillon au Sud du bois de Montrolle, afin de donner toute satisfaction au général commandant la 14ᵉ division. Ultérieurement, toujours avec la pensée d'étayer, suivant son vif désir, le général commandant la 14ᵉ division, ces troupes furent placées sous ses ordres. Elles y restèrent toute la journée, malgré les difficultés auxquelles la 7ᵉ division allait avoir à faire face devant Nanteuil-le-Haudouin.

En effet, vers 2 heures, le général commandant la 7ᵉ division recevait l'ordre d'étendre sa gauche vers la Croix du Loup. Un bataillon et un groupe d'artillerie se mettaient en route dix minutes après en avoir reçu l'ordre du général commandant le 4ᵉ Corps (1).

Vers 4 heures, la 7ᵉ division occupait le front Silly-le-Loup avec des détachements à Plessis-Belleville, à la cote 214, à Sennevières, et en 2ᵉ ligne à Ognes et à Chevreville, — ordre ayant été donné de résister coûte que coûte sur ce front. La division fut prévenue que, quoi qu'il arrivât, elle ne devait pas reculer en deçà de Ognes et de Silly.

Entre 6 et 7 heures, l'ennemi était signalé sur tout le front et attaquait Nanteuil et Billy en essayant de tourner la

---

(1) Les premières maisons de Nanteuil venaient d'être occupées par l'ennemi. Le général commandant le 4ᵉ Corps n'avait eu que le temps de sortir du village avec son État-Major, sous la protection du régiment de cavalerie qui, en manœuvrant avec une remarquable habileté, avait arrêté l'ennemi à la lisière de Nanteuil-le-Haudouin.

gauche de la 7ᵉ division. Cette attaque fut brillamment repoussée par le 102ᵉ régiment appuyé par le feu de plusieurs batteries, tandis que le 101ᵉ régiment faisait tête à une colonne qui descendait vers Plessis. Sur le front, l'artillerie prenait à partie une artillerie ennemie qui s'était révélée vers Villers, et en quelques minutes la neutralisait (1).

Aussi longtemps que la 7ᵉ division a dû faire face aux attaques qui la menaçaient sur son front de 6 à 7 kilomètres, il lui a été impossible de pousser un bataillon sur Nanteuil, qui était d'ailleurs sous le feu des canons de la Croix-Saint-Loup.

A la tombée de la nuit, la 14ᵉ division qui, comme on avait le droit de le croire, n'avait plus devant elle que des forces insignifiantes, étendait peu à peu sa gauche vers Sennevières, Chevreville et même jusqu'à Ognes.

Aussitôt informé des mouvements exécutés par la 14ᵉ division, j'ai fait occuper Nanteuil.

Dans ces journées des 8 et 9 septembre, la 7ᵉ division a donc fait, comme d'habitude, son devoir ; elle a, comme toujours étayé fortement un camarade, qui paraissait très ébranlé et demandait instamment son appui. La 7ᵉ division a fait de nouvelles pertes qui sont venues s'ajouter aux 3.000 hommes perdus dans les combats d'Ethe, de Marville et de Tailly.

Signé : DE TRENTINIAN

La note ci-dessous signée du général de division Farret, qui commandait le 9 septembre la 13ᵉ brigade, précise l'emploi qui fut fait sur sa seule initiative des unités placées sous son commandement :

Pendant que la division était rassemblée par brigades accolées à l'Est de Silly-le-Rond, un officier d'Etat-Major du Corps d'Armée, le capitaine Le Boîteux, est arrivé au galop, disant que l'ennemi le suivait et marchait sur Plessis-Belleville. Le général de division était en reconnaissance, et ma brigade se trouvant la

---

(1) Vers 18 heures, la 3ᵉ division de cavalerie se rabattait vers Ognes, venant du Bois du Roi, et se mettait à ma disposition ; je demandais à son chef, le général de Lastour, de porter sa cavalerie sur le flanc gauche de l'ennemi.

plus proche de la route de Plessis-Belleville, j'ai donné les premiers ordres : un bataillon du 101ᵉ dans Silly, 2 bataillons contournant la localité par le Sud pour se rabattre ensuite sur Nanteuil-le-Haudouin, avec la route Plessis pour axe, et se reliant à gauche au 14ᵉ hussards. Le 102ᵉ, attaque directe. Le général de division de retour a mis en action l'artillerie et envoyé le génie dans Silly-le-Long. Dans ce village nous avons recueilli les débris du 317ᵉ avec son lieutenant-colonel et ceux d'un détachement de renfort, destiné au 14ᵉ Corps d'Armée et qui était venu débarquer à Nanteuil-le-Haudouin alors que l'ennemi tenait déjà la gare.

OBSERVATIONS

En marchant sur Betz, Nanteuil et Silly, c'est-à-dire en débordant notre aile gauche, pendant que nous nous efforcions de le rejeter sur l'Ourcq, l'ennemi avait commencé, avec quelques bataillons, une manœuvre très hardie qui avait provoqué chez son adversaire une très vive émotion.

C'était en effet l'avant-garde de forces importantes que Von Kluck jetait sur l'aile gauche de la VIᵉ Armée.

Sous l'effort de mes 3 bataillons, l'avant-garde ennemie avait commencé à plier, puis très rapidement s'était retirée sur Nanteuil-le-Haudouin. Je n'en restai pas moins attentif à la dangereuse menace, à laquelle, paraît-il, je devais m'attendre ; mais elle ne se déclancha pas.

En réalité, l'ennemi venait d'y renoncer, Von Kluck ayant reçu l'ordre de battre immédiatement en retraite. En s'avançant dans l'espace de plus en plus large, qui séparait l'armée de Von Kluck de celle de Goeben, l'armée anglaise et notre VIᵉ Armée avaient obligé l'ennemi, menacé d'un désastre, à reculer en toute hâte.

Un roman de l'Etat-Major. — D'après le *Temps*, la 7ᵉ division très éprouvée le 9 septembre battait en retraite, lorsque le général Maunoury se porta au devant d'elle, lui donna l'ordre de reprendre la marche en avant, au besoin de se faire tuer sur place.

Or je n'avais vu le général Maunoury, ni le 9 ni le 10 septembre ; non seulement, le 9 septembre, la 9ᵉ division avait, sans une hésitation, appuyé très utilement la division du 7ᵉ Corps, division très éprouvée que commandait le général de Villaret ; mais encore, dans la matinée du 10, je préparais l'attaque de Betz en arrosant tout d'abord le village de mes obus, lorsque, sans même soupçonner les inquiétudes du commandement, je reçus l'ordre de porter mes bataillons sur Nanteuil-le-Haudouin, mouvement qui s'exécuta dans le calme et l'ordre le plus absolu.

Ni le 9, ni le 10, pas une compagnie, pas une escouade n'a reculé d'un pouce sur le terrain que nous occupions. Ajoutons que rien n'aurait pu expliquer ce recul devant un ennemi, qui était resté sur la défensive jusqu'au moment où le 9 septembre, vers 15 heures, il avait commencé son mouvement offensif sur Nanteuil-le-Haudouin.

En 1920, le général Malleterre ayant reproduit dans une conférence le récit du *Temps*, j'ai été le prier de rectifier les faits, quand il en aurait l'occasion ; en même temps, je lui communiquai la copie du rapport que j'avais adressé le 10 septembre au général commandant le 4ᵉ Corps d'Armée.

Le général me répondit qu'il se croyait d'autant mieux renseigné qu'il avait été documenté d'une façon précise par l'Etat-Major même du général commandant la VIᵉ Armée. En créant de toutes pièces ce roman, l'Etat-Major du général Maunoury n'a rien ajouté à cette belle figure historique, tandis qu'il a fait une injure gratuite à de vaillants soldats, qui, bien que très éprouvés par tant de combats, n'ont pas faibli un instant dans les journées des 9 et 10 septembre et ont bien mérité les éloges que le général Maunoury adressa à la VIᵉ Armée.

Rien n'est plus excusable que, dans la crise de la bataille, un Etat-Major ait adressé et même laissé publier des comptes rendus écrits hâtivement et absolument erronés ; mais que des mois, des années après, il en ait affirmé l'exactitude, c'est donner une regrettable idée du parti pris ou du peu de soin qu'il apporte à la vérité historique.

Le 11 septembre, la VI⁰ Armée poursuit sa marche victorieuse. La 7ᵉ division se porte sur Chelles, chasse l'ennemi du Crotoy et, sous la protection de son artillerie, s'avance jusque sur les bords de l'Aisne pour en forcer le passage. Arrêtée par les feux des obusiers ennemis, elle réussit, vers 6 h. 1/2 du soir, à jeter une compagnie sur la rive droite de l'Aisne. Le 12 septembre, la 7ᵉ division traverse l'Aisne et se porte sur Rue-de-Val, tout en se reliant à la droite de la 8ᵉ division. Grâce à son intervention, elle permet à la 8ᵉ division, dont la droite avait été rejetée sur la ferme de Montplaisir, de reprendre l'offensive dans la direction de la ferme de Marienval, tandis qu'elle-même repousse l'ennemi vers la ferme de l'Arbre.

Après le passage de l'Aisne, l'offensive de toutes nos colonnes sera presque partout enrayée, une nouvelle phase de la guerre commence.

Le 16 janvier 1926, à l'occasion de ma promotion au grade de Grand-Croix dans l'ordre de la Légion d'honneur, le général Gallieni m'écrivit la lettre suivante :

REPUBLIQUE FRANÇAISE

Ministère de la Guerre
LE MINISTRE

Paris, le 16 janvier 1916.

Mon cher Trentinian,

J'ai été heureux de pouvoir insister pour que l'on vous donne une récompense que vous méritez si bien.

Je n'oublie pas vos magnifiques services aux colonies, et je vous reste reconnaissant de la collaboration si énergique que vous m'avez donnée alors que vous exerciez le commandement de la 7ᵉ division, sous mes ordres, pendant la bataille de l'Ourcq.

(Signé) : GALLIENI.

CHAPITRE III

La course à la mer.

Le 13 septembre, le général Maunoury tente l'enveloppe-
ment de l'aile gauche des armées allemandes. Il prescrit à la
VIe Armée de s'assurer par tous les moyens du passage de
l'Oise dans la région Plessis-Brion-Pimprez. Le groupement
du général Comby a pour objectifs : Bourguignon, La
Fresne.

Le 14 septembre, la 7e division reçoit l'ordre de se porter
sur Tracy-le-Mont, Vezinieux, avec un bataillon en flanc-garde
sur Puisaleine.

A la fin de la journée, la 7e division occupe Tracy-le-Mont,
Tracy-le-Val, Vezinieux et Puisaleine. Deux bataillons et une
batterie d'artillerie sont détachés à Carlepont.

Le 16 septembre, la 7e division a pour objectif Lombray
et Blerancourtrelle. La 13e brigade est entre Maison et la Bascule. Elle reçoit pour premiers objectifs : La Croisette, Nam-
poel, la ferme Ferton. La 14e brigade est à la lisière Nord du
bois Saint-Mard. Ses objectifs sont Bellefontaine et la cote
153 (1 km. 500 Nord-Est de Bellefontaine) ; je garde sous la
main une réserve de deux bataillons à la corne Nord-Est du
bois de Saint-Mard. Mon poste de commandement est au
croisement des routes de Tracy-le-Val et de Carlepont. Les
deux bataillons et une batterie détachés la veille de Carlepont
ont reçu l'ordre de rallier la 7e division par la route de
Carlepont-Tracy-le-Val.

La défense du village est confiée à une brigade de réservistes. La batterie rallie. Mais, sur la demande du général
commandant la 37e division qui marche de Carlepont sur
Hesdin et Cuts, le commandant des deux bataillons prend

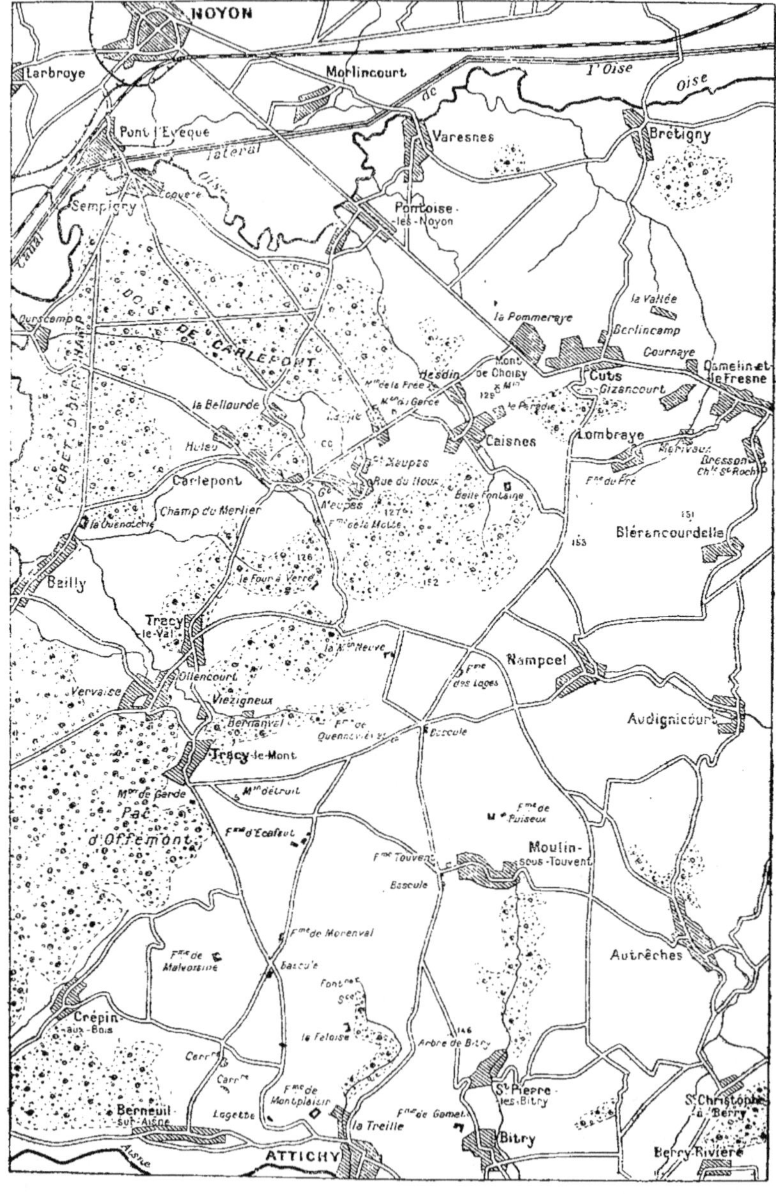

NOYON
Larbroye
Morlincourt
l'Oise
Oise
de
Pont l'Evêque
lateral
Varesnes
Bretigny
Sempigny
Couvre
Oise
Pontoise-
les-Noyon
Canal
BOIS
DE
CARLEPONT
FORÊT D'OURSCAMP
la Vallée
la Pommeraye
Berlincamp
Ourscamp
Cournaye
Mont
de Choisy
Damelin-et-
le Fresne
Hesdin
Cuts
Mn de la Frée
Gizancourt
la Bellourde
Mn d. Garce
le Paradis
128
Hulau
la Bellourde
cc
le Xeupas
Caisnes
Lombraye
Mativaux
Bresson
Ch.t St Roch
Carlepont
Rue du Houx
Belle Fontaine
Fme du Pré
Champ du Mertier
Gd
Xeupés
la Quenoicrie
127
Fme de la Motte
151
126
153
Blérancourdelle
Bailly
19
le Four à Verre
152
Tracy-
le-Val
la Mn Neuve
Nampcel
Ollencourt
Fme
des Loges
Vervaise
Viezigneux
Bermanvel
Fme de
Quennevières
Bascule
Audignicourt
Tracy-le-Mont
Mn de garde
Mn détruit
Fme de
Puiseux
Pac
d'Offemont
Fme d'Ecafaut
Fme Touvent
Moulin-
sous-Touvent
Bascule
Autrêches
Fme de Morenval
Fme de
Malvoisine
Bascule
Font Scot
Crépin-
aux-Bois
146
le Falaise
Arbre de Bitry
Cerr
Carre
Fme de
Montplaisir
St Pierre-
les-Bitry
St Christophe-
à-Berry
Berneuil-
sur-Aisne
Lagette
la Treille
Fme de Gomel
Bitry
Aisne
ATTICHY
Berry-Rivière

l'initiative de se porter sur Pontoise pour garder le flanc gauche de cette division.

Le 17 septembre, vers 2 heures, la situation est la suivante : en avant de Puisaleine, la 13e brigade progresse très lentement. Le terrain est balayé par les obus de 77, de 150 et même de 210. La 14e brigade atteint Bellefontaine par sa gauche et se relie à la 37e division, tandis que sa droite est arrêtée, à quelques centaines de mètres de la cote 153, par le feu des mitrailleuses.

Notre artillerie est déployée entre la Bascule, la ferme Quennevières, la ferme des Loges, la maison Neuve, la lisière Sud du bois de la Montagne ; elle bat le terrain entre Belloy et la cote 153, sur laquelle elle tire sans pouvoir éteindre les feux d'artillerie et de mitrailleuse qui partent de ce point d'appui de l'aile droite ennemie.

La 37e division a progressé. Elle est entre Hesdin et Cuts. Son flanc gauche est protégé par les deux bataillons de la 7e division, qui, après avoir été repoussés de Pontoise, se sont retirés sur la ferme Meriquin. Sur les derrières de la 37e division, la brigade de réservistes qui a été portée à Carlepont, défend ce village contre une ennemi qui débouche des lisières Est des bois de Carlepont. Une brigade marocaine, ayant sa tête à Ribecourt, marche sur Failly.

Vers 2 h. 1/2, Carlepont tombe entre les mains de l'ennemi et ses défenseurs se replient en désordre sur Tracy-le-Val et le bois de Saint-Mard. Si l'ennemi réussit à mettre la main sur Tracy-le-Val, la 37e division et la 7e division sont coupées du reste de l'armée. Je prends immédiatement des dispositions défensives qui permettent d'arrêter l'infanterie allemande à la lisière sud du bois de la Montagne : Tracy-le-Val est mis en état de défense par les compagnies du 315e régiment qui ont été ralliées sur ce point.

L'un des deux bataillons de réserve est placé à la lisière Nord des bois de Saint-Mard. Enfin, une batterie prend position sur cette lisière, prête à battre de ses feux la lisière sud du bois de la Montagne.

Aussitôt ces mesures prises, ordre est donné au comman-

dant du bataillon, qui reste disponible, d'attaquer Carlepont.
Tandis que cette attaque suit la direction de Tracy-le-Val-
Carlepont, deux compagnies et deux pièces de canon se portent sur la route du bois de Saint-Mard à Carlepont jusqu'à
la ferme de la Motte, qui est encore tenue par quelques éléments du 315ᵉ régiment.

Vers 3 h. 1/2, la brigade marocaine a dépassé Briey ; elle
a pu s'approcher à quelques centaines de mètres de Carlepont, puis s'emparer des premières maisons ; mais, faute
d'artillerie, elle a fait de vains efforts pour chasser du village
l'ennemi qui commence à inquiéter sérieusement les derrières
de la 37ᵉ division. Cette division, qui est obligée de faire face
de trois côtés à la fois, se trouve dans une situation de plus
en plus difficile.

Elle sera obligée de battre en retraite, si Carlepont n'est
pas repris. Mais l'ennemi, qui attache à la possession de ce
village toute l'importance qu'il mérite, renforce sans cesse
ses troupes. Tout en arrêtant les attaques de la brigade marocaine, il menace de très près les derrières de la 37ᵉ division
dont le flanc gauche est toujours défendu par les deux bataillons de la 7ᵉ division, qui ont organisé la défense de la ferme
Meriquin et y résisteront jusqu'au soir au prix de pertes
élevées.

Vers 20 heures, la brigade marocaine, renforcée par un
bataillon du 115ᵉ, reprend l'attaque de Carlepont, et reste,
cette fois, maîtresse du village.

La 14ᵉ brigade, qui a progressé un peu sur sa gauche, a
été soumise toute la journée à un feu violent de l'artillerie
ennemie, à laquelle ont répondu sans discontinuer nos batteries de 75. Avec les quelques cavaliers dont je dispose, je
m'efforce de me tenir au courant de la situation et je donne
à la 37ᵉ division et à la brigade marocaine l'appui de mon
artillerie en prenant pour objectif la zone Caisnes, Carlepont ;
mais cette brigade qui a insuffisamment préparé son attaque
est arrêtée et renonce à progresser.

A 20 heures, j'adressais le compte rendu ci-dessous au général commandant le 4ᵉ Corps :

Le général de Trentinian commandant la 7ᵉ Division d'Infanterie.

A M. le général commandant le 4ᵉ Corps.

Château de Tracy-le-Val, 16 septembre.

20 heures.

Mon Général,

Le commandant Forcinal, qui occupait, le 15 septembre, Carlepont et des points voisins avec deux bataillons auxquels j'avais adjoint une batterie, m'a rendu compte, hier soir, que la 16ᵉ brigade l'avait rejoint à Carlepont et que, d'accord avec son chef, il s'était porté sur Pontoise (Ferme Meriquin). Ultérieurement, d'après les ordres donnés, la 17ᵉ brigade marocaine devait venir se placer en réserve à Carlepont, et les troupes du commandant Forcinal devaient rallier la 7ᵉ division par le S.O., aussitôt que Carlepont serait occupé par la 16ᵉ brigade.

Aujourd'hui, 16 septembre, vers 2 heures, j'apprenais que la 16ᵉ Brigade, après avoir été attaquée à Carlepont, venait de perdre ce point important.

Aussitôt, j'ai lancé deux compagnies et une section d'artillerie sur la Ferme de la Motte, deux compagnies et une batterie sur la route de Tracy-le-Val-Carlepont.

J'ai ramené quelques compagnies de la Brigade de réservistes et j'ai placé toutes ces troupes sous les ordres du commandant Henry, avec ordre d'enlever Carlepont, que j'ai fait battre par deux batteries placées près de mon poste de commandement, d'où on apercevait Carlepont à environ 2.400 mètres.

Le commandant Henry était déjà sur la route de Tracy-le-Val-Carlepont, lorsqu'il a rencontré le général commandant la brigade marocaine, qui lui a fait savoir qu'il marchait sur Carlepont et qu'il pouvait rassembler ses troupes en arrière.

J'ai, dès lors, donné l'ordre au commandant Henry de rassembler ses troupes en arrière, à Tracy-le-Val, et d'en organiser la défense.

Informé, à 2 heures, que les premiers éléments de la Brigade marocaine atteignaient Carlepont, j'ai arrêté le tir de mes Batteries.

L'ennemi avait d'ailleurs pénétré entre la Ferme La Motte et la route de Tracy-le-Val, et j'avais dû déployer mes dernières compagnies pour border la lisière des bois entre Tracy-le-Val et mon poste de commandement.

Prévenu, à 17 heures, que Carlepont n'était pas encore occupé, j'ai fait reprendre le feu sur la partie E. de ce village.

A 18 heures, un officier de Spahis m'informait de l'entrée des troupes de la Brigade marocaine dans Carlepont, dont elle occupait avec peine la partie Ouest.

J'ai donné ordre aux troupes de la Ferme La Motte, composées de 2 compagnies du 101ᵉ, d'éléments de la 16ᵉ brigade et de troupes de la 37ᵉ division, de pousser leur attaque sur la partie E. de Carlepont, en se reliant à la brigade marocaine.

A la tombée de la nuit, nos troupes se battaient encore à Carlepont et dans les bois entre Tracy-le-Val et la Ferme La Motte. Au Nord, le général commandant la 14ᵉ brigade tenait Bellefontaine en donnant la main aux troupes qui tenaient Caisnes (et sans doute aux troupes du commandant Forcinal) (1). La 13ᵉ brigade était sur le front Maison-Rouge, Ferme des Loges.

Signé : de TRENTINIAN.

Dans la journée du 17, la brigade marocaine reste sur la défensive entre Bailly et Tracy-le-Val, tandis que la 37ᵉ division et la 13ᵉ brigade, placées toutes deux dans une situation dont le danger croissait d'heure en heure, reçoivent l'ordre de se replier sur le bois de Saint-Mard. L'artillerie divisionnaire et deux bataillons de la 7ᵉ division prennent position à la lisière Nord du bois Saint-Mard, non seulement pour faciliter ce mouvement, mais aussi pour arrêter la poursuite de l'ennemi, s'il débouche des bois de la Montagne.

L'ennemi apparaît, en effet, à 5 heures du soir, sur la lisière de ces bois. Après avoir hésité en raison de la tenue kaki des troupes marocaines, nos batteries prennent sous leurs feux tout ce qui essaie de déboucher, et rejettent l'ennemi dans les bois.

A Puisaleine, la 13ᵉ brigade, qui a eu, comme la veille, à subir un feu terrible d'artillerie, a repoussé plusieurs attaques ennemies.

Dans la nuit du 18 au 19 septembre, la 13ᵉ brigade et la 14ᵉ brigade sont relevées par les divisions du général Ebener et se mettent en marche sur Compiègne par Berneuil-sur-Aisne (1).

---

(1) Le commandant Forcinal et son bataillon défendirent avec le plus admirable courage la Ferme Mériquin. Le commandant fut grièvement blessé et fait prisonnier.

Le rapport ci-dessous du commandant du 1ᵉʳ groupe du 26ᵉ d'artillerie montre son rôle à un des moments les plus critiques de la journée du 18 septembre.

Compte rendu des opérations du 1ᵉʳ groupe du 26ᵉ d'Artillerie, le 19 septembre 1914, à la Corne N.E. du bois Saint-Mard

Conformément aux ordres donnés par le général commandant la 7ᵉ division, le groupement Felineau (103ᵉ et 104ᵉ), en liaison étroite avec la 37ᵉ division, était chargé de couvrir le repli de cette division, vers le bois Saint-Mard, et de se reporter ensuite sur la corne N.E. du bois Saint-Mard. Le 1ᵉʳ groupe du 26ᵉ d'artillerie était chargé d'appuyer cette protection et de couvrir le repli de la gauche de la 7ᵉ division. A cet effet, il est venu à l'aube occuper les positions où il se trouvait la veille : 2 batteries au *Gros Arbre*, près de la croisée du chemin partant de Puisaleine dans la direction du Nord, et de la route qui va du bois Saint-Mard à Nompcel, ces 2 batteries ayant comme objectif les lisières S.E. du bois de la Montagne, et éventuellement la cote 153 (2 km O. de Bleramourdelle), où l'ennemi s'était installé solidement les jours précédents. La 3ᵉ batterie était en position de surveillance à la lisière d'un jeune taillis le long de la route qui va du bois de Saint-Mard à Nampcel. près de la croisée du chemin de Tracy-le-Val. Cette batterie avait comme objectif possible la route de Carlepont à Nampcel et la partie S.E. du bois de la Montagne, que les deux autres batteries ne pouvaient battre (entre le chemin de Puisaleine et la route de Carlepont).

L'ordre reçu par le groupe comportait de se reporter à Tracy-le-Mont, dès que la 37ᵉ division aurait terminé son mouvement et que le groupe Felineau considèrerait sa mission comme terminée.

Vers 7 h. 1/2, ces mouvements ayant été exécutés sans intervention de l'ennemi, le 1ᵉʳ groupe se dirigea vers Tracy-le-Val. En cours de route, un ordre du colonel commandant l'artillerie lui prescrivit de retourner occuper à nouveau les mêmes positions avec mission de battre toutes les lisières du bois de la Montagne vers le N.E., au moins jusqu'à la baraque qui se trouve à la lisière du bois et à la croisée des chemins se dirigeant sur Cassin et sur Bellefontaine, les lisières des clairières visibles au Nord du chemin de Tracy-le-Val au bois de Saint-Mard devant également pouvoir être battues.

Les batteries réoccupèrent donc leurs positions : la batterie du capitaine Bourdon, vers le *Gros Arbre* qui se trouve à la croisée du chemin de Puisaleine et de la route de Nampcel. La batterie battant toutes les lisières S.E. du bois de la Montagne et à l'Est de la route ; puis la batterie du capitaine Merlin à la lisière du bois le long de la route de Nampcel près de l'intersection du chemin de Tracy-le-Val, battant comme précédemment la route de Carlepont, les bois de la Montagne et la partie Ouest de la lisière S.E. du bois de la Montagne non battue par l'autre batterie (Bourdon). Enfin, la batterie du capitaine Marchal battait un secteur du Bois de la Montagne, qui paraissait insufflsamment battu par la batterie Bourdon en raison de sa position avancée, et qui aurait exigé de la batterie Merlin un trop grand front à battre. La batterie Marchal pouvait également diriger, en cas de besoin, aisément une section sur les lisières menacées dans la partie S.O. du bois de la Montagne.

Vers midi 1/2, le capitaine Bourdon signale au chef d'escadron une colonne venant de Carlepont, sur la route et atteignant matinée, comme étant vêtu d'effets couleur kaki ; il résulte cependant que l'on crut bien avoir affaire à une troupe ennemie en colonne sur la route de Carlepont et se dirigeant vers les bois de la Montagne. Pendant tout ce temps, on avait fait exécuter un demi-tour à une pièce de la batterie Bourdon, celle qui enfilait le mieux la route, et le feu fut immédiatement ouvert par le capitaine avec cette seule pièce. Les coups de canon tirés parurent jeter un grand trouble chez l'ennemi, qui s'éparpilla dans les bois voisins, en démasquant une batterie qui avait pris position auparavant, et qui ouvrit le feu immédiatement sur la batterie Bourdon, prise à revers. Il n'était pas possible, sous ce feu intense, de faire exécuter un demi-tour aux canons et aux caissons pour contrebattre l'artillerie ennemie. Le capitaine fit donc abriter son personnel. Le feu ennemi dura, très intense, pendant environ 1/4 d'heure. Profitant d'une accalmie, le personnel se précipita sur le matériel, fit exécuter rapidement le demi-tour aux canons et aux caissons, permettant ainsi à la batterie Bourdon de faire feu en arrière de sa position de batterie. A ce moment, pendant que le capitaine essayait d'organiser une observation latérale permettant à la batterie Merlin de tirer sur la batterie ennemie, les maréchaux de logis Ducros et Fiquet, de la 3e batterie, se signalèrent par leur énergie et leur sang-froid pour ouvrir le feu contre l'ennemi, permettant ainsi à toute la batterie d'entrer en action. La batterie ennemie, qui n'avait cessé de tirer, se tut brusquement. On put constater : 1° que deux voitures de cette batterie étaient démolies (on ne put distinguer nettement à la jumelle si ces voitures étaient des canons ou des caissons, mais il semble qu'il s'agissait de canons) ; 2° qu'un groupe de chevaux se traînait péniblement derrière la batterie ; 3° l'on apercevait un certain nombre de taches qui devaient être des cadavres. Vers cet instant, il arriva dans la direction de la batterie de gros projectiles, puis quelques projectiles en salves, paraissant venir de la cote 153 et balayant tout le plateau à l'Est des bois Saint-Mard en avant de la batterie. Enfin, le capitaine signala qu'il recevait aussi des éclats paraissant venir, de la direction de l'Est, d'une batterie qui ne s'était pas encore révélée. La position de la batterie, qui se trouvait ainsi prise à la fois à revers, d'écharpe et de front, sembla assez critique pour qu'il fût nécessaire, pendant une accalmie, de la retirer de sa position. C'est ce qui put être exécuté heureusement à un moment où elle ne reçut aucun projectile. Précédemment son matériel avait reçu différents coups, deux caissons portant chacun un trou d'obus, et d'autres voitures quelques déchirures des plaques.

La batterie Bourdon fut momentanément mise au repos dans le chemin de Tracy-le-Val. Puis, sur l'ordre du colonel de continuer à employer les 3 batteries à battre éventuellement les lisières et les bois de la Montagne, la batterie Bourdon fut replacée de la façon suivante : une section en prolongement du front de la batterie Merlin, battant les lisières des clairières Ouest des bois de la Montagne.

Vers 5 heures, une fusillade assez nourrie indiqua l'accrochage avec les fantassins ennemis qui avaient traversé les bois de la Montagne. En outre, une plus grande intensité du tir des obusiers et des batteries de la cote 153 arrosait le plateau vers le *Gros Arbre* et plus particulièrement l'emplacement qu'occupait. le matin, la batterie Bourdon, en même temps que les projectiles paraissant provenir d'une batterie ennemie en position vers Carlepont, mais non visible, toute cette intensité indiqua une attaque sérieuse sur tout le front de Tracy-le-Val au bois de la Montagne inclus.

Le chef d'escadron fit donc ouvrir le feu aux batteries Marchal et Merlin, qui battirent en lisière et en profondeur toute la partie du bois de la Montagne qu'il était chargé de protéger.

Il fut exécuté d'abord un tir continu sur hausses échelonnées sur toute la longueur de ces lisières, le tir étant ensuite porté un peu plus à l'Ouest, sur l'ordre du chef d'escadron, pour battre le bois en profondeur. Puis il fut exécuté sur le bois un tir continu à obus explosifs. Les batteries Marchal et Merlin exécutèrent ces tirs.

Après ce tir, la fusillade cessa *complètement* ; ce fait démontra son efficacité certaine.

A chaque reprise de la fusillade, l'intensité du tir fut augmentée. Mais une notable diminution permanente de cette fusillade persista.

La batterie Bourdon n'eut pas à intervenir. Le tir continua lentement, jusqu'à la nuit, moment auquel, conformément à l'ordre reçu, les batteries furent dégagées progressivement de la ligne de feu : d'abord les batteries Bourdon et Marchal qui. étant bien défilées, purent s'en aller sans être vues, pendant que la batterie Merlin redoublait l'intensité de son feu pour ne pas laisser voir à l'ennemi la disparition des autres batteries. C'est seulement quand la nuit fut complète que la batterie Merlin quitta la ligne de feu, sa mission terminée.

Les 3 batteries rejoignirent alors par un chemin défilé le point de rassemblement qui leur avait été fixé à Tracy-le-Mont.

Wackemoulin, le 20 septembre 1914.

Le chef d'escadron DURANDIN, commandant le 1er groupe du 26e d'Artillerie.

Signé : DURANDIN.

Le rapport du chef d'Escadron commandant le 1er groupe d'artillerie montre avec quelle habileté et quelle bravoure manœuvrèrent nos batteries de 75, au cours des opérations de 1914.

OBSERVATIONS

Ce fut une faute d'avoir confié la défense de Carlepont à une brigade de réservistes, troupes qui, en septembre 1914, manquaient encore de cohésion.

L'échec des troupes qui tenaient Carlepont avait eu de graves conséquences au cours d'une opération qui, bien exécutée, pouvait obliger l'ennemi à reculer encore.

La brigade marocaine arriva trop tard pour réparer l'échec de la brigade de réservistes. Telle avait été la hâte fougueuse de l'attaque menée par cette division qu'elle s'était jetée sur Carlepont à la baïonnette, sans même avoir canonné la lisière du village. Mais tout eût été réparable, si les actions des diverses troupes entre Bailly, Tracy-le-Val et Cuts avaient été coordonnées entre les mains d'un seul chef.

Il ressort des combats livrés le 16 et le 17 septembre que les opérations furent conduites d'une façon hâtive et décousue dans cette partie du champ de bataille.

En occupant Carlepont, l'ennemi avait mis la 37° division et même la 7° division dans une situation dangereuse. Si, le 21, la 13° brigade avait fléchi sous l'attaque d'un ennemi appuyé par une formidable artillerie, toute notre aile gauche, c'est-à-dire trois divisions eussent été coupées du centre de l'armée.

En se maintenant dans le château de Carlepont, les Allemands avaient arrêté l'offensive de notre aile gauche et obligé la 37° division et la 14° brigade à reculer à la lisière des bois de Saint-Mard.

Nous disposions de forces suffisantes pour reprendre le village et le château de Carlepont ; nous aurions alors tenu facilement Noyon sous le feu de nos canons. Mais le général commandant le 4° Corps, immobilisé à son poste de commandement, n'avait pas pris l'initiative de coordonner l'action de toutes les troupes dans leurs attaques sur Carlepont.

La IIe Armée sur la Somme.

Le 20 août, la IIe Armée achève de se constituer sur la Somme avec les troupes venant de l'Est et avec les troupes prélevées sur la VIe Armée, dont le 4e Corps.

L'ennemi manifestait une activité croissante dans la région Lassigny, Ribécourt, Noyon ; le général de Castelnau en concevait des inquiétudes pour sa droite. Il recevait néanmoins l'ordre d'élargir son mouvement vers la gauche, tandis que le corps Brugère se porterait vers Béthune et Aubigny. (Général PALAT, *La Grande Guerre*, VIIe vol. p. 153).

Le 20 septembre le 4e corps, précédé d'une brigade de spahis, se porte au sud de l'Avre.

4e CORPS D'ARMÉE
—
ETAT-MAJOR
—
3e BUREAU
—

Q.G. Venettele, 19 septembre 1914.

INSTRUCTION A LA BRIGADE DE SPAHIS

Ci-joint l'ordre général N° 60.

La brigade de spahis aura pour mission, dans la journée du 20 septembre :

1° De couvrir et d'éclairer le 4e C.A. sur son front de marche entre la route (incluse) Compiègne-Montdidier, et la route (i n c l u s e) Bailleul-le-Sec-Mouliers-Montigny-en-Chausse-Crève-cœur-le-Petit.

2° De faire connaître si, en fin de journée, (vers 17 h.), l'ennemi s'est porté au Sud de l'Avre, entre Roye (inclus) et Pierrepont (inclus).

A. — Pour remplir la première partie de sa mission, la brigade, partant de Bouvillers à 6 heures, se portera par Méry sur Tricot. Elle laissera un centre de renseignements à Moyenneville.

de manière à faire connaître au général commandant le 4e C. A. et aux généraux de division :

1° A 8 h. 30, si l'ennemi avait franchi, à 7 h. 30, la ligne Moutiers-Wacquemoulin-Saint-Maur ;

2° A 9 h. 30, si l'ennemi avait franchi, à 8 h. 30, la ligne Montserain-Méry-Cuvilly.

Elle s'arrêtera, en dernier lieu, à Tricot, d'où elle surveillera la route Montdidier-Roye.

Elle viendra cantonner, lorsque l'ordre lui en sera donné, sous la protection des avant-gardes.

B. — Pour remplir la 2e partie de sa mission, la brigade de Spahis poussera des éléments de découverts sür l'Avre vers Roye, Guerbigny, Pierrepont.

Le général commandant le 4e Corps d'Armée,

Signé : BOELLE.

P.A. le chef d'Etat-Major.

Signé : DEGOUTTE

OBSERVATIONS

1° Il fallait simplement dire : la brigade de spahis recherchera l'ennemi en se portant avec son gros de Méry sur Tricot, et poussera des découvertes soutenues par un escadron sur l'Avre vers Roye, Guerbigny, Pierrepont, de façon à savoir si en fin de journée l'ennemi s'est porté au Sud de l'Avre entre Roye (inclus) et Pierrepont (inclus)...

Comme cette brigade était à portée du général commandant le 4ᵉ Corps d'Armée, il eût été bon de se conformer aux procédés suivis par le général Tremeau et recommandés par le général Bourderiat, en faisant venir au Q. G., au besoin en automobiles, les officiers chargés de la découverte. Le chef d'Etat-Major, (ou mieux le général commandant le Corps d'Armée) leur aurait précisé la situation, le but à atteindre, les heures de départ, la direction à suivre.

Il était d'ailleurs indispensable de mettre les découvertes en route dans la soirée du 19 septembre, et de pousser, si possible ce jour-là, le gros de la brigade à quelques kilomètres en avant du 4ᵉ Corps d'Armée.

Pour que cette brigade couvrît réellement la marche du 4ᵉ Corps d'Armée, il aurait fallu la faire partir en temps opportun, soutenue par un bataillon d'infanterie et une batterie d'artillerie, et lui fixer les lignes à occuper successivement. Dès lors, tout naturellement, le commandant de la brigade aurait fait savoir, en temps utile, si ces lignes étaient atteintes ou franchies par l'ennemi.

2° Il va sans dire que faute d'avions et de T.S.F. on ne pouvait d'ailleurs prétendre être informé, comme l'exigeait l'ordre N° 60, de l'heure précise à laquelle l'ennemi aurait franchi les lignes Montiers. Wacquemoulin, Saint-Maur et Montserain, Méry, Cuvilly.

Combats de Lassigny, 21 Septembre

Le 21, d'après l'ordre donné par la II° Armée, le 13° Corps doit marcher en direction Noyon, Guiscard, et le 4° Corps doit le couvrir et l'appuyer en marchant sur Roye.

La 8° division se porte de Conchy-les-Pots sur Tilloloy, Beauvraignes, la 7° division par Lassigny sur Fresnières. La brigade de spahis va à Montdidier et éclaire sur l'Avre.

4° CORPS D'ARMÉE

—

ETAT-MAJOR

—

3° BUREAU

—

Q.G. de Hémévillers.

Le 21 septembre — 2 heures.

ORDRE GENERAL N° 61

Ci-joint un bulletin de renseignements.

I. — Il est probable que le 4° C. d'A. n'aura à faire, dans la journée du 21, qu'à la cavalerie ennemie, dont plusieurs divisions sont signalées dans la région de Noyon et dont les patrouilles ont sillonné, dans la journée du 20, les environs de Roye, poussant des pointes sur Montdidier.

II. — Le 4° C. d'A. se portera, le 21 septembre, dans la direction générale de Roye. Il devra atteindre, avec la tête de ses gros. Lassigny 7° div.) et Conchy-les-Pots (8° div.) et pousser ses avant-gardes sur Fresnières (7° div.) et Tilloloy, Beuvraignes (8° div.).

Le 4° C. d'A. a pour mission de couvrir et d'appuyer le 13° C. d'A., qui se portera à sa droite, dans la direction générale de Guiscard, tout en attaquant les passages de l'Oise, tout particulièrement Noyon. Le 13° C. d'A. doit maintenir un détachement à Lassigny, jusqu'à l'arrivée du 4° C d'A., sur la ligne Lassigny-Conchy-les-Pots.

III. — La Brigade de Spahis, partant de Saint-Martin-aux-Bois à 5 heures, se portera sur Montdidier, avec mission de couvrir le mouvement du 4° C. d'A., dans la direction du N. et du N.O.. en éclairant la ligne de l'Avre. entre Guerbigny (inclus) et Pierrepont (inclus).

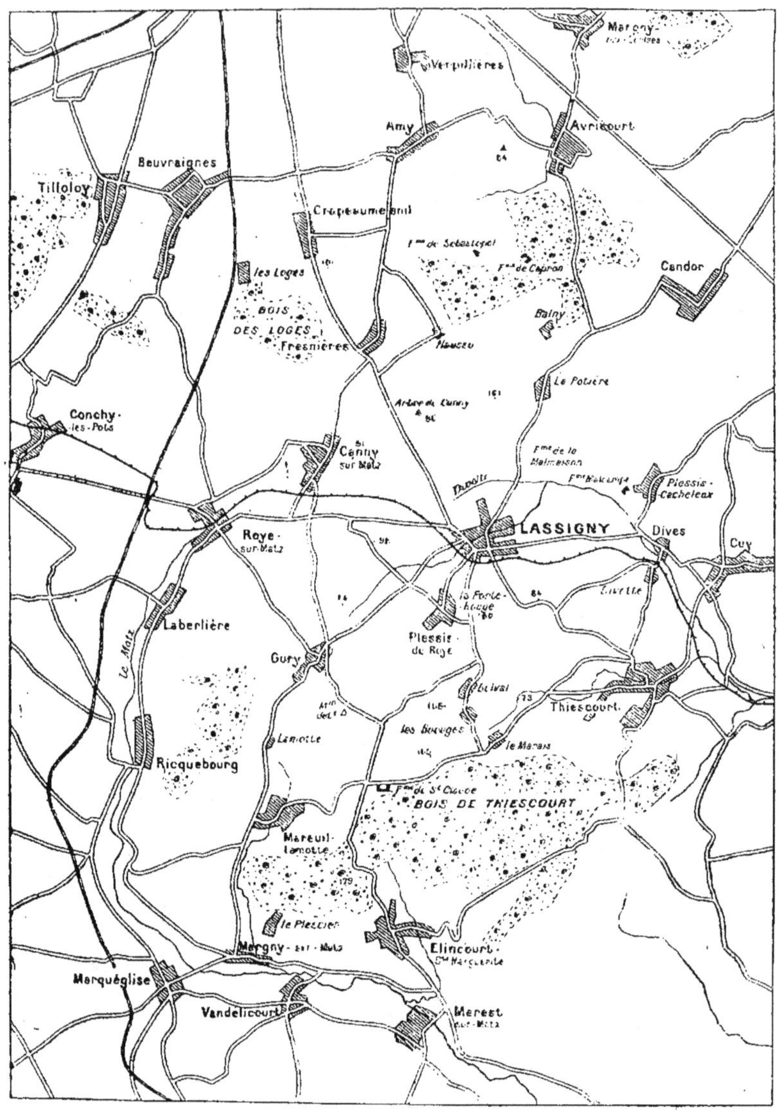

Marqny-
St-Verpillières
Amy
Avricourt
Beuvraignes
Tilloloy
Crapeaumesnil
Fme de Sébastopol
Fme de Capron
Candor
les Loges
Bainy
BOIS
DES LOGES
Fresnières
Nouseu
Le Potsère
Conchy-
les-Pots
Arbre de Cuvry
Fme de la
Malmaison
St-
Cenny
sur Matz
Plessis-
Cacheleux
Thiolt
LASSIGNY
Dives
Cuy
Roye-
sur-Matz
la Forte-
hauge
Livette
Laberlière
Plessis-
de Roye
Le Matz
Gury
Belval
Thiescourt
les Bouwges
le Marais
Ricquebourg
Lamotte
Fme de St Claude
BOIS DE THIESCOURT
Mareuil-
lamotte
le Plessier
Marqny- sur-Matz
Elincourt
Ste-Marguerite
Marquéglise
Vandelicourt
Merest
sur-Matz

Le 14ᵉ Hussards, rompant à 5 heures, couvrira le C.A. sur son front de marche, dans la direction générale de Roye, éclairant sur la ligne de l'Avre, entre Auricourt (inclus) et l'Echelle-sur-Aurin (inclus). Il assurera en outre la liaison avec le détachement du 13ᵉ C.A. laissé à Lassigny.

Un centre de renseignements (spahis et hussards) sera établi à la croisée des routes Méry-Ressons-sur-Matz et Gournay-Cuvilly, d'où ils seront envoyés au général commandant le 4ᵉ C.A. et aux généraux de division.

IV. — Le mouvement du 4ᵉ C. d'A. se fera en deux colonnes :

Colonne de droite (7ᵉ div. et 315ᵉ), par Gournay--sur-Aronde, Ressons-sur-Matz, Roye-sur-Matz, Lassigny. Cette colonne se fera couvrir sur son flanc droit, à partir de Ressons-sur-Matz, par le 315ᵉ, passant par Gury.

Les cantonnements de Neufvy-Moyenneville-Wacquemoulin, qui doivent être occupés par le corps de cavalerie, devront être complètement évacués à 10 heures.

Colonne de gauche (8ᵉ div.), par Moutiers, Montserain, Méry, Cuvilly, Orvillers, Conchy-les-Pots. La 8ᵉ division se couvrira vers Rolot, par un bataillon qui suivra la Chaussée romaine et servira de soutien éventuel à la brigade Spahis.

Les avant-gardes franchiront, à 7 h. 30, la route de Ressons-sur-Matz, Tricot.

Le 21 septembre, la 7ᵉ division passe à Ressons-sur-Matz, à 8 h. 40 (avec 1 h. 10 de retard sur l'heure fixée) avec itinéraire Canny-Fresnières.

A hauteur de Ressons-sur-Matz, j'apprends que Lassigny, (que d'après l'ordre général N° 61 je dois atteindre dans la journée avec la tête de mon gros), est occupé par l'ennemi et qu'une brigade marocaine attaque Lassigny par Canny et la Tour Rolland. Le commandant de cette brigade, informé de l'approche de ma division, se porte aussitôt au-devant de moi et me demande de coopérer à l'attaque de Lassigny, en attaquant ce village par le Nord. Il se plaçait, bien entendu, sous mon commandement.

Les renseignements donnés par le général commandant le 4ᵉ Corps avaient précisé la situation de la façon suivante : « Lassigny est tenu par un détachement du 13ᵉ Corps qui marche sur Guiscard, c'est-à-dire au Nord-Est de Lassigny.

Sur la route de la 7ᵉ division, il n'y aura d'autre obstacle que celui qu'apportera la cavalerie ennemie ».

Or la réalité était tout autre : avant de se heurter à cette cavalerie, la 7ᵉ division allait avoir à passer sous les canons de Lassigny, si fortement occupé par l'ennemi, qu'une brigade du 13ᵉ Corps ne parvenait pas à s'en emparer. Inquiet pour mon flanc droit qui n'est protégé, qu'à partir de Gury, par 2 bataillons du 315ᵉ (1), je détachai du gros de la colonne de ma division un bataillon auquel je donnai pour itinéraire Magny, Mareuil, Gury, Canny, point où ce bataillon rallierait la 7ᵉ division. Puis je me portai immédiatement à la rencontre du général commandant le 4ᵉ Corps d'Armée pour fixer, d'accord avec lui, le rôle de la 7ᵉ division, dont l'avant-garde allait passer par Canny, c'est-à-dire au milieu même des troupes qui attaquaient Lassigny par l'Ouest.

Surpris sans doute par une situation si différente de celle qu'il avait envisagée, le général commandant le 4ᵉ Corps, n'ayant point reçu d'instruction nouvelle, n'avait encore pris aucune décision.

M'inspirant du but indiqué et tenant compte des événements survenus, je lui fis les propositions suivantes, en présence d'un officier de *liaison de l'armée qui venait de rejoindre le général commandant le 4ᵉ Corps* : « Laisser l'avant-garde continuer sa route sur Fresnières, appuyer le 13ᵉ Corps en coopérant avec la brigade marocaine à l'attaque de Lassigny, avec objectif La Pottière, suivant le désir exprimé par le commandant de cette brigade. Un régiment et un groupe d'artillerie, après avoir dépassé Canny, aussitôt Fresnières occupé, marchera sur La Pottière. On profitera de la présence de 3 bataillons (1 bataillon de la 7ᵉ division et 2 bataillons du 315ᵉ) entre Mareuil et Gury, pour diriger un groupe d'artillerie vers la cote 178. J'insistai, en outre, pour que toutes les troupes, exécutant l'attaque de Lassigny par l'Ouest et par le Nord, fussent placées sous un même commandement. Il importait, en effet, de ne pas attaquer chacun pour son compte.

---

(1) Ce régiment de réservistes, ainsi qu'il l'avait prouvé antérieurement, n'avait pas encore toute la cohésion désirable.

Ces propositions furent toutes acceptées par le général commandant le 4ᵉ Corps, l'officier de liaison de l'armée, renseigné sans doute sur la pensée de son chef, n'ayant fait aucune objection.

En attendant des instructions de l'armée qui ne pouvaient, me semblait-il, tarder de parvenir, ces dispositions plaçaient la 7ᵉ division entre Lassigny et Fresnières, conformément à l'ordre général N° 61, et le 4ᵉ Corps accomplissait sa mission : couvrir et appuyer le 13ᵉ corps (1).

Des ordres furent donnés en conséquence.

Vers 2 heures, quelques cavaliers, qui précédaient l'avant-garde, sont reçus à coups de fusils, sur les lisières du bois des Loges, à hauteur de Fresnières. Faute d'une cavalerie suffisante (2), pour s'éclairer rapidement sur le front bois des Loges, Fresnières, Ferme Boussu, le commandant de l'avant-garde poussa des patrouilles sur ces différents points.

A 4 heures, il a chassé du bois des Loges un faible détachement ennemi, Fresnières est solidement occupé, et on constate que le bois au Nord de la Ferme Boussu est, depuis la veille, tenu par un régiment de cavalerie du 13ᵉ Corps.

On peut alors déclancher l'attaque sur La Potlière et sur le front Nord de Lassigny.

A 6 heures, elle prend position à la cote 101.

Vers 7 heures, une compagnie pénètre dans La Potlière, qu'elle ne réussit pas à garder. Au Sud, les tirailleurs atteignent la Divette. Ils sont à quelques centaines de mètres de Lassigny.

La nuit ne permet plus de se rendre compte de la situation. La fusillade a entièrement cessé sur le front Ouest de Lassigny. Il y a lieu de supposer que la brigade marocaine est entrée dans le village. Je fais cesser le feu de l'artillerie, qui, déjà, n'osait plus tirer que sur la lisière Nord-Ouest et je donne l'ordre à deux bataillons de s'établir en avant-postes de combat à la cote 96, face à La Potlière et à Lassigny.

---

(1) Deux missions divergentes, malaisées à concilier, a écrit le Général Palat (VIIᵉ vol., page 161).

(2) L'escadron divisionnaire ne comptait guère plus de 50 cavaliers.

A 8 heures du soir, j'apprenais que, de son côté, la brigade marocaine n'avait pu pénétrer dans Lassigny, et que l'ennemi restait solidement établi sur la hauteur qui, au Sud, domine ce village.

Conformément à l'ordre donné par le général commandant le 4ᵉ Corps, la 7ᵉ division prend ses cantonnements à Fresnières, Canny, Ressons-sur-Matz.

Dans la matinée du 22 septembre, le général commandant le 4ᵉ Corps me communiquait la note ci-dessous :

Note pour le général commandant le 4ᵉ Corps d'Armée

Il m'a été rendu compte :

1° Que la division de droite du 4ᵉ corps était partie, ce matin, en retard de ses cantonnements ;

2° Que cette division a été *engagée* dans une fausse direction.

Il y a lieu d'aviser le général commandant la 7ᵉ division que, si des erreurs aussi graves venaient à se reproduire de sa part, le commandement de la division ne pourrait lui être maintenu.

La note ajoutait : Le général commandant l'armée approuve pleinement toutes les dispositions prises par le général commandant le 4ᵉ corps, dans la journée du 21 septembre !

OBSERVATIONS

1° Le chef d'Etat-Major, commandant Macker, qui n'a reçu l'ordre du Corps d'Armée qu'à 5 heures du matin, explique le retard dans la mise en marche de la 7ᵉ division de la manière suivante :

Le commandant Le Baud, commandant le 101ᵉ régiment, étant malade, il n'a pu donner ses ordres, qui ont été à l'officier le remplaçant. De ce fait, le 101ᵉ ne s'est pas trouvé prêt à l'heure dite et il s'est produit un retard de 1 h. 10 dans le départ. Il a même fallu remplacer le 101ᵉ par le 102ᵉ, pour former une nouvelle avant-garde.

Il faut ajouter que, la veille, le commandant du corps d'armée à la réunion, avait prescrit de tenir ses troupes prêtes à 6 heures, et que, trouvant cette heure tardive, j'avais dit aux commandants de Régiment et de Bataillon, et au commandant Le Baud, en particulier, d'être prêts à 5 heures.

Signé : MACKER.
Chef d'Etat-Major de la 7ᵉ division.

2° Le chef de l'Etat-Major de l'Armée avait commis la faute grave de ne pas envoyer des instructions complémentaires au commandant du 4ᵉ Corps d'Armée lorsqu'il avait appris que son bulletin de renseignements contenait des renseignements complètement inexacts. En effet, comme nous l'avons vu, c'étaient les Allemands, et non pas le 13ᵉ Corps, qui occupaient Lassigny.

La IIᵉ Armée avait dû évidemment être prévenue de bonne heure que Lassigny était occupé par l'ennemi, et que la brigade marocaine de ce corps attaquait Lassigny par Cany-sur-Matz. Dès lors, il fallait de toutes façons préciser le rôle du 4ᵉ Corps d'Armée dont une des divisions allait, en passant par Cany-sur-Matz, se trouver sous le feu de l'ennemi. En attendant les ordres de l'armée, le général Boëlle avait le devoir d'attaquer et d'assurer l'unité de commandement, en prenant la brigade marocaine sous ses ordres, et en donnant à la 7ᵉ division et à cette brigade ses ordres d'attaque.

Si le chef d'Etat-Major de l'Armée a compté sur l'officier chargé de la liaison, pour faire connaître au besoin la pensée du commandant, il s'est trompé, soit qu'il l'en ait mal instruit, soit qu'il ait confié cette mission à un officier d'Etat-Major incapable.

Cet officier de liaison a-t-il du moins fait connaître au général de Castelnau les décisions prises d'un commun accord entre le général commandant le 4ᵉ Corps d'Armée et le général commandant la 7ᵉ division ? A-t-il avoué n'avoir fait aucune objection ? A-t-il communiqué au Chef d'Etat-Major de l'Armée les comptes rendus, que le général commandant le 4ᵉ Corps avait reçus du général commandant la 7ᵉ division au cours de la journée du 21 ? Le Chef d'Etat-Major de l'Armée s'est-il fait tenir au courant des opérations du 4ᵉ Corps d'Armée ?

Renseigné par son chef d'Etat-Major, rien n'eût été plus facile pour le général de Castelnau que de prescrire au général commandant le 4ᵉ Corps d'Armée toutes les modifications utiles à la direction donnée à l'engagement de la 7ᵉ division.

En effet, c'est à 9 h. 1/2 que le général commandant le 4ᵉ Corps d'Armée approuvera les propositions du général commandant la 7ᵉ division. Ce n'est qu'à 14 heures que Fresnières fut occupé par l'avant-garde de la 7ᵉ division, et c'est seulement vers 15 heures que se déclancha l'attaque sur **La Pottière et Lassigny** (1).

Il est inutile de revenir encore sur le mauvais emploi que faisait le général commandant le 4ᵉ Corps d'Armée de son régiment de cavalerie et de rappeler les principes qui ressortent de nos règlements. Il fallait donner 2 ou 3 escadrons à l'avant-garde de la 7ᵉ division, qui eût pu dès lors déclancher son attaque 2 heures plus tôt.

En lisant l'ordre général Nᵒ 64, et en se reportant aux opérations exécutées le 21 septembre par la 7ᵉ division, il est impossible de comprendre la note du général de Castelnau.

En effet l'ordre général Nᵒ 64 prescrivait à la 7ᵉ division d'atteindre Lassigny avec la tête du gros et de pousser l'avant-garde sur Fresnières.

En exécution de ces prescriptions, l'avant-garde occupa Fresnières, et le gros s'efforça de prendre la place qui lui était assignée à hauteur de Lassigny.

D'après le même ordre, la 7ᵉ division devait couvrir et appuyer le 13ᵉ Corps d'Armée. En délogeant d'une part l'ennemi de Fresnières, en attaquant d'autre part La Pottière et Lassigny, la 7ᵉ division avait couvert et appuyé le 13ᵉ Corps.

Mais quoi qu'il en soit, *toutes ces opérations furent entièrement conformes aux propositions faites par le général commandant la 7ᵉ division dans la matinée du 21 et acceptées intégralement par le général commandant le 4ᵉ Corps, en présence de l'officier de liaison de l'armée qui n'y fit aucune objection.*

Interrogé sur l'erreur, qui aurait été commise dans la direction donnée à l'engagement de la 7ᵉ division, le général commandant le 4ᵉ Corps d'Armée a répondu au général commandant la 7ᵉ division :

____

(1) Les officiers de liaison de l'Armée et des Corps d'Armée avaient le devoir d'envoyer de fréquents comptes rendus au commandant du Corps d'Armée et au commandant de l'Armée, et ceux-ci ou leur chef d'Etat-Major avaient le devoir au besoin de les exiger.

J'ai l'honneur de vous faire savoir que la lettre adressée par M. le général commandant l'armée résulte vraisemblablement du rapport d'un officier de liaison, comme j'ai tout lieu de le croire.

Quel aveu !

Et il ajoute : Cet officier a probablement fait allusion à l'envoi d'un bataillon et d'un groupe sur Gury, secteur du 13ᵉ C. d'A., ayant entendu la discussion tactique qui eut lieu entre nous à la Berlière. De là ces mots : « Fausse direction ».

Signé : BOËLLE.

Dans la note du général commandant l'armée, il s'agit d'une fausse direction donnée à l'engagement de la 7ᵉ division, et non de la direction donnée à un bataillon et à un groupe d'artillerie, qui ne se sont pas engagés et reçurent dès 14 heures l'ordre de rallier le gros à Cany-sur-Matz. Le général commandant le 4ᵉ Corps d'Armée avait d'ailleurs lui-même placé à Gury 2 bataillons de la brigade de réserve, et c'est, il faut le répéter, avec son approbation, que le bataillon et le groupe d'artillerie passèrent par Gury.

Le général commandant la 7ᵉ division insista pour que les troupes marocaines qui attaquaient Lassigny par l'Ouest et celles qui allaient coopérer à leur action fussent placées sous le même commandement. Le général Boëlle fit à cette proposition l'objection que les troupes marocaines appartenaient au 13ᵉ Corps. Il n'y eut pas d'autre sujet de discussion.

La réponse du général commandant le 4ᵉ Corps d'Armée prouve simplement qu'il n'a pas mieux compris que moi-même la note du commandant de l'armée.

Pour comprendre le blâme adressé au général commandant la 7ᵉ division, il suffit de se rendre compte des fautes commises par le général commandant l'armée, par le commandant du 4ᵉ Corps et par leurs Etats-Majors.

Dans leur pensée, le 13ᵉ Corps tient Lassigny et se porte dans la direction générale de Guiscard, tout en attaquant les passages de l'Oise. C'est la course à la mer. Or pour entraver à tout prix notre marche vers le Nord (1), l'ennemi s'est jeté

---

(1) Le G. Q. G. ne cessait de répéter au général de Castelnau : « Plus au Nord, plus au Nord... » Comment concilier ces prescriptions avec la présence de l'ennemi en force dans la région de Lassigny, Noyon, devant la droite de la IIᵉ Armée? (Général PALAT : *La Course à la mer*, page 160.)

sur notre flanc, et il a devancé la brigade marocaine du
13ᵉ Corps à Lassigny. L'armée aurait-elle pu arriver la première à Lassigny et occuper Noyon ? Quoi qu'il en soit, en
apprenant que l'ennemi tient Lassigny-La Pottière, le général de Castelnau avait le devoir de donner de nouvelles instructions ou, tout au moins, d'approuver ou de désapprouver
les dispositions, dont l'officier de liaison lui rendait compte.
L'Etat-Major de l'armée, d'accord avec le chef d'Etat-Major
du 4ᵉ Corps, a rendu les exécutants responsables des fautes
qu'ils avaient commises (1).

Le 22 septembre, je reçois l'ordre de coopérer à l'attaque
de Lassigny avec la 13ᵉ brigade et l'artillerie de corps, en prenant pour objectif La Pottière-Balny. A ma droite, le 13ᵉ Corps
attaquera par la Tour Rolland et par la Malmaison. La 14ᵉ brigade reçoit du général commandant le 4ᵉ Corps d'Armée
l'ordre de se porter au Nord-Est dans la direction de Crapeaumesnil, Any, et, une fois ce point atteint, de se relier à la
13ᵉ brigade.

Pendant toute la journée du 22, la 13ᵉ brigade se heurte à
une forte résistance sur le front La Pottière-Balny. Sur sa
gauche, quelques bataillons sont obligés de faire face aux
bois qui s'étendent entre la ferme Boussu et la ferme Niombrune. C'est seulement vers 5 heures du soir que, sur les
instances du général commandant la 7ᵉ division, la 14ᵉ brigade dégagera le flanc gauche de la 13ᵉ brigade, en faisant
attaquer la ferme Niombrune par 2 bataillons appuyés par un
groupe d'artillerie, tandis que quelques éléments s'engage-
ront dans la direction de la ferme Balny.

Vers 6 h. 1/2, le général commandant la 7ᵉ division porte

______

(1) « La recherche de bouc émissaire, a écrit le général French, est le
refuge d'un commandement faible ; une armée est un instrument d'autant plus
formidable, lorsque chacun sait que le généralissime couvrira de sa responsabilité toutes les erreurs de jugement, pourvu que chaque attaque soit conduite avec vigueur...

...Un général qui prend pour lui le bénéfice des succès et rejette les échecs
sur ses subordonnés ne va jamais bien loin. » (Rapport du Field-Marshal Sir
John French, février 1915.)

son dernier bataillon de réserve de Fresnières sur Balny, sans pouvoir s'emparer de ce village avant la nuit.

A droite de la 14° brigade, un bataillon du 13° Corps a progressé au delà de la Malmaison.

A la tombée du jour, l'ennemi, qui s'est défendu énergiquement, tient toujours le front Balny-Lassigny-Plemont.

OBSERVATIONS

Il semble que c'est entre la ferme Niombrune et La Pottière qu'il eût fallu porter l'effort principal. En tournant de bonne heure ce dernier village par les bois qui s'étendent d'Any à Balny, on eût fait sans doute tomber la puissante organisation défensive, établie par l'ennemi entre Lassigny et Plemont.

La 14° brigade avait reçu du général commandant le 4° Corps la mission de se porter sur Any où l'ennemi se retirait sans offrir de résistance. Il aurait fallu donner Any comme objectif secondaire et Balny pour objectif principal.

Dès la veille, c'était par une action énergique contre la droite ennemie qu'on aurait fait tomber Lassigny.

Avricourt - Roiglise (23 Septembre)

Le 23 septembre, je reçois l'ordre de me porter par Fresnières, Crapeaumesnil, Any, Verpillières, sur Roiglise et Champien avec une flanc-garde composée d'un peloton de cavalerie, un bataillon et un groupe d'artillerie.

L'ennemi est signalé dans ces villages et au Nord.

A défaut de cavalerie, le chef d'escadron qui commande la flanc-garde fait reconnaître Avricourt par quelques éléments d'infanterie. Il constate que ce point est occupé, et maintient son groupe d'artillerie sur la route de marche.

Le détachement de flanc-garde, renforcé ultérieurement, entre en contact avec l'ennemi, et l'artillerie prend position à la cote 84.

Vers 12 heures, la 7ᵉ division occupe Champien avec la 14ᵉ brigade qui pousse, sur les bois Champien, Glandon, Solente, Ognolles, des reconnaissances précédées de quelques cavaliers.

La 13ᵉ brigade tient Roiglise et Margny-aux-Cerises ; le 315ᵉ régiment, Verpillières et Any. Deux groupes d'artillerie sont en batterie à l'Ouest de Champien ; un groupe au Sud-Est de Roiglise.

Vers 15 heures, le général commandant la 7ᵉ division reçoit l'ordre de s'emparer d'Omencourt et de maintenir le contact à Avricourt sans attaquer.

A 16 heures, ordre est donné à la 7ᵉ division de s'établir fortement sur les points occupés depuis Omencourt jusqu'à Verpillières.

Après avoir fixé la ligne de défense, je m'assure en parcourant tout le front de mes troupes, que les dispositions sont prises pour tenir tête à l'ennemi. L'infanterie creuse ses premières tranchées.

OBSERVATIONS

Le 23, il eût fallu avec ce groupe d'artillerie, au moins un ou deux escadrons et deux bataillons.

*
* *

Le 24 septembre, c'est-à-dire en pleine bataille, j'étais informé par le commandant du 4ᵉ Corps que j'avais à rallier Reims immédiatement ; j'étais prévenu à 2 heures du matin, mon départ était fixé à 3 heures. Mon successeur fut à son tour remplacé 4 jours plus tard.

CHAPITRE IV

Réponse à un Rapport du Grand Quartier Général.

Mis en retraite d'office, le 13 décembre 1915, j'ai obtenu exceptionnellement communication confidentielle du rapport établi à l'appui de cette décision. Les faits qui m'étaient reprochés peuvent se résumer ainsi :

1° La 7ᵉ division a été surprise à Ethe, le 22 août 1914.

2° La 7ᵉ division a pris une fausse direction au cours du combat de Lassigny, le 21 septembre 1914.

En conséquence le rapport concluait en disant que le général de Trentinian n'avait pas les connaissances techniques qu'exige le commandement d'une division.

Ethe et Virton, du commandant GRASSET, une des études les plus complètes et les plus exactes des combats livrés au cours de la bataille des frontières, l'*Histoire officielle de la Grande Guerre*, la *Grande Guerre sur le Front Occidental*, du général PALAT, mes notes particulières, celles du général Farret et de quelques officiers de la 7ᵉ division, et aussi, bien entendu, *la IIIᵉ Armée dans la bataille*, du général Tanant, ont heureusement, mis dans mes mains des documents qui m'ont permis, en y apportant les rectifications imposées par les faits eux-mêmes, de préciser les conditions dans lesquelles ont été livrés les combats d'Ethe (22 août 1914), et de Lassigny (21 et 22 septembre 1914).

Je suis en droit de conclure :

1° A Ethe, dans la matinée du 22 août 1914, les dispositions prises par le général commandant la 7ᵉ division, ont évité à cette division les dangers auxquels l'avaient exposée les dispositions prises par l'Armée et le Corps d'Armée et des renseignements erronés. Au cours de la journée, la 7ᵉ division, isolée, menacée sur ses flancs et ses derrières a, cependant, échappé au désastre qui la menaçait, et elle a obligé l'ennemi à abandonner le champ de bataille.

2° A Lassigny, le commandant du 4ᵉ Corps et les Etats-Majors de ce corps et de la IIIᵉ Armée sont entièrement responsables des mouvements qui furent exécutés par la 7ᵉ division.

3° Si la 7ᵉ division s'est trouvée dans une situation critique dans la journée du 22 août et a pris, le 21 septembre, à Lassigny, une fausse direction, c'est que les Etats-Majors de la IIIᵉ et de la IIᵉ Armée, et particulièrement le commandant du 4ᵉ Corps et son chef d'Etat-Major n'avaient pas les connaissances techniques qu'exigeaient leurs fonctions.

Je me fais un devoir d'ajouter que si tel d'entre eux, en restant sur le front, n'en a pas appris plus que le mulet du maréchal de Saxe, la plupart de ces officiers ont mis à profit les premières leçons de la guerre, et dans la suite ont rendu d'excellents services.

CONCLUSION

Les réformes nécessaires.

L'Etat-Major. — La guerre de 1870 avait prouvé la **valeur** remarquable de l'Etat-Major allemand ; il avait incontestablement eu une grande part dans les succès des armées allemandes.

En France, l'Etat-Major avait été relégué dans une besogne purement bureaucratique et les généraux doublés de leurs aides-de-camp avaient perdu la guerre. On décida de donner à notre armée un Etat-Major comparable à celui de l'armée allemande et de supprimer les aides-de-camp, afin que les généraux n'aient plus la tentation de leur réserver la tâche qui doit appartenir à l'Etat-Major.

L'Etat-Major français n'était rien ; comme dans l'armée allemande, il sera tout.

« C'est moins de Moltke qu'une institution qui a triomphé, déclarera Bonnal. »

Aux yeux de Bonnal, telle doit être la valeur d'un Etat-Major qu'il jugera Berthier un incapable.

« Si Napoléon a été battu en 1813, c'est qu'il n'avait pas un Grand Etat-Major », dira le colonel Foch, professeur du cours de stratégie et de tactique générales en 1899.

Bonnal nous a donné la genèse du Grand Etat-Major de l'armée allemande (1).

---

(1) *De la Méthode dans les Hautes Etudes Militaires de l'armée allemande,* par le général BONNAL, page 14.

C'est à l'Académie de Berlin, dit-il, que commencèrent, au lendemain des événements de 1806, les premières tentatives qui devaient aboutir aux études modernes du Grand Etat-Major.

Scharnhorst, professeur à l'Académie militaire de 1805 à 1806, fut le promoteur de la réforme des études à cet établissement.

Suivant Von der Goltz, il transforma le misérable enseignement des officiers en une Académie. Une ère nouvelle d'études commença et, pour la première fois, on enseigna la stratégie en étudiant à fond une campagne. Mais les grands vulgarisateurs de la doctrine de Napoléon furent Clausewitz et Willisen.

Lorsque, à l'âge de 57 ans, de Moltke prit, comme Général de Brigade, la direction du Grand Etat-Major, le maître eut auprès de lui, en qualité de disciples, un groupe d'officiers aussi nombreux à lui seul que tous les officiers d'Etat-Major employés dans les divisions et les corps d'armée. Il lui fut donc possible d'inculquer aux officiers de service d'Etat-Major, qu'un roulement amenait périodiquement à Berlin, ses procédés de commandement pour la conduite et l'entretien des troupes à la guerre.

Grâce à un choix judicieux, établi sur les épreuves de l'Académie et sur des stages, l'Etat-Major représenta, dès lors, suivant l'expression de Moltke « le principe intellectuel de l'armée à sa plus haute puissance. » (1).

L'Académie et le Grand Etat-Major, organisme absolument connexe et soumis à la direction unique du major général, réalisaient une double fin : former des auxiliaires pour le Haut Commandement, et préparer pour l'avenir de bons généraux.

Au cours des années qui s'étaient écoulées depuis sa création, l'institution conçue par Sharnhorst avait largement contribué au progrès réalisé par l'armée prussienne, mais avec de Moltke, elle a pris une telle valeur que c'est moins à Moltke qu'à cette institution que Bonnal attribuera les succès de l'armée allemande ; et Buat dira même que « le Grand Etat-Major a été le Directeur évident des opérations et le triomphateur incontesté des campagnes de 1864, 1866 et 1870. »

Tandis qu'en France l'officier d'Etat-Major faisait une besogne de secrétaire et d'archiviste, au G. Q. G. de l'armée

---

(1) Il choisissait ses disciples sans tenir compte du rang obtenu dans les classements annuels, mais en les suivant de très près, en étudiant leur caractère aussi bien qu'en les voyant à l'œuvre.

allemande rien n'était négligé pour préparer l'officier d'Etat-Major à son rôle du temps de guerre. Voici ce qu'écrivait en 1897, le colonel de Foucauld notre attaché militaire à Berlin :

Pour être à la hauteur de son rôle, le chef de l'Etat-Major doit connaître à fond tout son corps d'armée. Pour y arriver, il faut qu'il se garde de devenir un bureaucrate ; il faut, au contraire, qu'il vive, autant que possible, au milieu des troupes. Outre les facilités de voyages qui lui sont largement accordées, il peut accompagner le général dans ses inspections de bataillons, de régiments, etc..., aux manœuvres de brigades, de division, de cavalerie, etc., ; il peut aussi se rendre aux écoles à feu de l'artillerie de campagne et de l'artillerie à pied. Dans toutes ses tournées, le chef de l'Etat-Major doit s'appliquer à étudier, non seulement la question militaire, mais les personnes. Outre cela, il y a encore les voyages d'Etat-Major, etc..., dont nous parlerons plus loin.

...On a jugé, en Prusse, que les affaires qui incombent en général aux Etats-Majors, en temps de paix, ne constituent pas du tout une bonne préparation pour les chefs ni pour le service d'Etat-Major en temps de guerre. Par suite, on a pris une mesure unique. Ce ne sont pas les officiers de l'Etat-Major, qui s'occupent des affaires qui constituent les 9/10 du travail des Etats-Majors, mais bien des officiers quelconques détachés momentanément dans les Etats-Majors. En outre, on adjoint maintenant à tous les grands Etats-Majors des officiers en retraite. (Voir le tableau de répartition des affaires entre l'Etat-Major et l'Adjudantur, Helldorf, 2ᵉ partie, 4ᵉ Abtheilung, p. 10).

Sur les 160 officiers de l'Etat-Major, il y en a 60 au Grand Etat-Major et 100 à l'Etat-Major des C.A. et des divisions qui, tous, ont pour occupation principale de se préparer au rôle qu'ils auraient à remplir en campagne. Ils permutent entre eux, de façon à revenir toujours de temps en temps s'inspirer des idées du Grand Etat-Major et de son chef, dont ils sont les agents. Lorsque leur grade les y appelle, ils rentrent dans la troupe pour commander des bataillons et des régiments. C'est une règle absolue qui est une des forces de l'Etat-Major allemand. D'abord, il n'y a que l'officier de troupe qui soit en contact direct avec l'homme. Sur le papier, comme disent les Allemands, « *alles Klappt* », tout s'arrange à merveille. Combien la réalité en est-elle souvent loin ! Ensuite, les retours des officiers d'Etat-Major dans le rang ne permettent pas de les considérer comme des bureaucrates ou des théoriciens. Enfin, il est clair que c'est en commandant qu'on apprend à commander, et que, puisque les officiers d'Etat-Major sont destinés à exercer tous les grands commandements, il faut les y habituer de bonne heure.

Il est certain qu'il n'existe aucun procédé infaillible pour produire de grands capitaines ou de grands poètes. Mais il est impossible de vivre au contact de l'armée prussienne sans constater que leur organisation produit une élite d'hommes supérieurs, sans être frappé de la dignité calme, de l'assurance dépourvue d'arrogance, de l'esprit clair et net, de la fermeté tranquille des officiers du Grand Etat-Major. On serait toujours tenté de croire qu'ils n'ont rien à faire, et cependant tout est fait et bien fait.

De Moltke s'est montré un organisateur génial. Il a été un éducateur incomparable, et telles ont été ses qualités personnelles de stratège et de tacticien qu'on peut douter que ses disciples aient eu une part prépondérante dans les victoires allemandes de 1866 et de 1870. Quant à lui, il n'a jamais eu une confiance assez grande dans leur jugement pour donner à un officier de son Grand Etat-Major plein pouvoir de décider si une armée, un corps d'armée, ou même une division battrait en retraite ou tiendrait ferme sur le champ de bataille.

En principe, de Moltke laissait une si grande initiative à ses lieutenants que Foch a pu dire qu'en certaines circonstances les armées allemandes ne furent pas commandées.

Cette critique n'était pas inutile devant de jeunes élèves disposés à confondre initiative et indépendance (1), aussi longtemps qu'ils resteraient subordonnés ; mais, avec l'esprit d'offensive dont les armées allemandes étaient animées, il n'était pas toujours facile d'empêcher des hommes doués d'un ardent tempérament de prendre de dangereuses initiatives.

Si Steinmetz, puis Alvensleben, exposèrent de Moltke à un grave échec, on ne doit pas oublier que Ney échappa plus d'une fois à la main de Napoléon et c'est même pour ce motif que l'Empereur exigea de ce merveilleux entraîneur d'hommes une obéissance passive ; il agissait tout autrement avec Soult ou avec Davoust.

____

(1) Il n'est pas dans les habitudes autoritaires des Français de laisser une grande initiative à leurs subordonnés. De là cette centralisation, ce contrôle minutieux des Chefs, petits ou grands, dans l'Administration comme dans l'Armée, et cet abus de la paperasserie et du personnel. Quand c'est la jeunesse qui détient quelque part du pouvoir, son despotisme ne connaît plus de bornes. On l'a bien vu au Quartier Général de Chantilly.

La lenteur d'un Benedeck et le caractère d'un Bazaine ont singulièrement facilité les succès de Moltke, de son propre aveu, en 1866 et 1870 ; mais il n'est pas possible de ne pas reconnaître la précision avec laquelle il mena ses armées sur le champ de bataille de Sadowa et la belle manœuvre qui lui permit d'arrêter l'armée de Mac-Mahon et de l'encercler dans Sedan.

Les yeux fixés sur le Grand Etat-Major, Bonnal n'a pas donné à Moltke la part qui lui revenait dans le succès de ses armées (1).

Dans son admiration pour le Grand Etat-Major, il commit aussi l'erreur de ne pas tenir compte des conditions exceptionnelles dans lesquelles ce Grand Etat-Major représenta, suivant l'expression de Moltke, « le principe intellectuel de l'armée à sa plus haute valeur ».

A la tête de la monarchie prussienne se trouvait un roi qui avait à l'égard de ses hobereaux toute l'autorité, tout le prestige que lui donnaient son titre, et l'intérêt profond qu'il témoignait à son armée.

Il avait su choisir un Bismarck, un Moltke, un Roon, et il leur garda, en toutes circonstances, la plus absolue confiance. De Moltke nommé chef d'Etat-Major en 1857 resta dans ses fonctions jusqu'à sa mort en 1891.

La valeur des meilleures institutions varie avec les hommes qui les dirigent. En 1914, les officiers du Grand Etat-Major ne furent plus avec Guillaume II et le second de Moltke ce qu'ils avaient été avec Guillaume Ier et le premier de Moltke.

Ils avaient encore de remarquables qualités techniques : la puissance atteinte par l'armée allemande en 1914, les qualités dont elle a fait preuve au cours de la guerre, donnent à penser que le Grand Etat-Major n'était ni « hypertrophié dans sa vanité », ni « figé dans son orgueil ». Mais ils n'étaient plus ces disciples, ces « missi-dominici » qu'avait su former et employer avec tant de savoir-faire le premier de Moltke.

---

(1) D'autres, comme Cardot, comme Buat ne lui en ont laissé aucune !

Dans l'armée allemande, Etats-Majors et Généraux ne formaient qu'un tout, si parfait qu'il fallut un Kaiser et une guerre de quatre années pour apporter quelques fissures dans ce bloc : le Commandement et le Grand Etat-Major.

Les officiers d'Etat-Major provoquèrent un si vif mécontentement par leurs procédés avec les généraux que le général Moser dira : « Une gangrène sévit de plus en plus sur l'Etat-Major ; abusant du téléphone, les officiers d'Etat-Major ont, par-dessus le dos des chefs, exercé un commandement latéral. »

En 1914, le pouvoir de l'Etat-Major du G. Q. G. français n'a plus connu de limites ; le général Joffre, profondément consciencieux, contrôlait tout ; il corrigeait même la ponctuation des pièces que ses officiers soumettaient à son examen ; mais il écoutait toujours les jeunes et il adoptait leur solution. Il n'échappa à cette règle que le jour où il écouta Gallieni.

Avec les chefs actuels ayant, aux yeux de l'Etat-Major, toute l'autorité que leur donnent l'expérience de la guerre et le prestige de leur nom, les Etats-Majors resteront dans leur véritable rôle d'aides du commandement; ils en sortiront, dès qu'ils en trouveront l'occasion avec ceux que nous donnera une paix plus ou moins longue.

L'Ecole de Guerre a donné à l'armée des chefs de haute valeur. Qu'elle nous donne aussi des officiers d'Etat-Major aptes à remplir cette tâche si lourde, si complexe qui lui incombe ; mais il faut renoncer à en faire un Grand Etat-Major modelé sur celui d'une Nation dont l'état social et la mentalité diffèrent si profondément des nôtres.

Il n'est pas possible que le chef d'Etat-Major soit l'intermédiaire obligé entre le général et les trois bureaux de l'Etat-Major. Tout en accomplissant sa lourde besogne bureaucratique, il ne peut pas méditer et rechercher les solutions que comporte la situation.

Il va sans dire que tout en confiant aux officiers d'Etat-Major les fonctions que comportent ses aptitudes, on ne saurait trop développer leurs connaissances militaires et les préparer au métier du temps de guerre, en faisant une large part à leur instruction et en choisissant soigneusement leurs éducateurs.

Il faut définitivement renoncer à leur faire perdre leur temps dans des occupations de secrétaire ou d'archiviste.

Ajoutons que, si on veut que ce personnel d'élite ne sorte pas de ses fonctions d'aide du commandement, il faut tout d'abord que ni le Ministre, ni les chefs d'Etat-Major de l'armée et les Membres du Conseil Supérieur ne lui donnent la tentation d'en sortir.

Ainsi que le rappelait en 1917 le Maréchal Pétain à ses officiers : « Le subordonné ne doit pas hésiter à signaler à son supérieur les difficultés qu'il constate », et c'est là le devoir du chef d'Etat-Major à l'égard du général ; mais on ne saurait admettre, avec l'Etat-Major et le général Buat, que le chef d'Etat-Major ait des droits sur le général.

Donner au chef d'Etat-Major le droit d'exposer ses propres conceptions, sans y être invité, et lui faire un « devoir d'insister avec fermeté sans violence », suivant l'expression d'un officier d'Etat-Major (1), c'est la négation des droits et des devoirs du Commandement. C'est créer le conflit permanent entre le chef d'Etat-Major et le chef responsable, qui comprend son rôle et ne s'abandonne pas.

Les vrais chefs s'entourent d'officiers qui, en raison même de leur valeur, ont généralement des opinions très nettes sur les questions qu'ils ont eu à étudier. Il est tout naturel que dans bien des occasions le chef leur demande leur avis et que même il leur laisse l'initiative de l'exprimer. Il en a toujours été ainsi dans la besogne courante de chaque jour. Mais quand il faut prendre en quelques heures, parfois même en quelques minutes, une décision dont peut dépendre le sort d'une brigade, d'une division, d'une armée, si le général ne se fait pas une idée très claire, nette de la situation, ne conçoit pas la solution et les ordres qu'elle comporte, s'il hésite, s'il prend des avis, s'il discute, ce n'est vraiment pas un chef.

Le Commandement. — Notre force ne doit pas être dans un Grand Etat-Major, elle doit être dans le Commandement.

---

(1) *L'Officier d'Etat-Major*. — Capitaine Damidaux (*Revue Militaire Française* du 1ᵉʳ octobre 1925).

Il importe donc aux gouvernants et aux Ministres de la Guerre de donner aux généraux toute l'autorité, tout le prestige que comportent les droits et les devoirs du chef.

Le Conseil Supérieur de la Guerre largement ouvert doit trouver dans son Vice-Président et ses Membres les intermédiaires obligés entre le Ministre et ses bureaux militaires.

Il faut rétablir les conseils d'avancement et les comités d'armes. Il faut réserver les cours des Hautes Etudes Militaires aux colonels et aux généraux et placer ces cours sous l'action immédiate, personnelle du chef d'Etat-Major de l'armée, qui en inspirera les doctrines et jugera de la valeur de ceux qui sont appelés à commander.

La liaison des armes. — Il est indispensable que nos institutions militaires favorisent dans toute la mesure possible la liaison des armes, et que chacun dans son grade possède toutes les connaissances militaires que comportent ses fonctions (1).

Avant de pouvoir devenir officier supérieur, il faut que tous les officiers, y compris les officiers du génie, aient fait des stages de six mois à un an dans les armes différentes de la leur, et qu'un colonel ne puisse pas être nommé au grade de général, s'il n'a pas, comme officier supérieur, fait de nouveaux stages. Il serait même souhaitable que les généraux de brigade qui en feraient la demande fussent placés successivement à la tête de brigades des différentes armes.

Ces stages ne sauraient suffire d'ailleurs à donner aux officiers toutes les connaissances pratiques qu'exige l'emploi

---

(1) « Pour tirer le parti le plus utile des machines qui sont sous sa conduite il faut, disait Guibert, que l'officier d'artillerie connaisse la tactique des troupes... Il faut, à plus forte raison, que l'officier d'infanterie et de cavalerie, lui qui, commandant les armes, commande nécessairement l'artillerie qui n'est qu'un accessoire des armes ; il faut, dis-je, que cet officier connaisse sinon les détails intérieurs de construction, d'attirail et d'exécution de l'artillerie, au moins le résultat de tous ces détails, les portées des différentes bouches à feu emplacées ou exécutées de telle ou telle manière, le dommage ou l'appui que les troupes peuvent recevoir ; faute de ces connaissances, ou il ne saura pas employer l'artillerie avec intelligence dans sa disposition générale, ou il sera obligé de s'en rapporter aveuglément pour toutes les manœuvres de cette artillerie à un officier de ce corps qui, peut-être à son tour, faute d'avoir porté ses vues au delà de la conduite mécanique de son canon ne le disposera pas de manière à remplir l'objet général, ou enfin il contrariera par ignorance les dispositions de cet officier d'artillerie qui, peut-être, en aurait fait de bonnes. » (GUIBERT, *Essai Général de Tactique*, page 206.)

des différentes armes, ni à obtenir, dès le temps de paix, dans la garnison et sur le champ de manœuvres, la liaison qui sera nécessaire dans toutes les phases de la bataille. C'est en plaçant les différentes armes sous les ordres des divisionnaires (1), c'est dans de fréquents exercices qu'elles exécuteront sous son commandement que lui-même, comme tous ses officiers, perfectionneront la connaissance de leur métier, c'est dans ces contacts fréquents, étroits, conséquences mêmes de l'organisation, que disparaîtra l'esprit de particularisme et que s'établira la véritable liaison des armes.

C'est à ces conditions que les officiers supérieurs seront aptes à commander les détachements des trois armes, que les généraux auront les connaissances pratiques qu'exige le Commandement des différentes troupes placées sous leurs ordres, et que leurs Etats-Majors seront de bons auxiliaires du Commandement. C'est enfin à ces conditions que l'armée trouvera dans les travaux de tous ses officiers les bases véritables des progrès que comportent son armement et ses Règlements tactiques.

---

(1) C'est encore de ce principe qu'en 1926 s'inspire l'organisation de l'armée allemande.

En outre, pour que les sous-officiers de la Reichswehr soient aptes à conduire de bout en bout le combat de la compagnie, non seulement ils suivent les cours des écoles de tir, mais la plupart font des stages de courte durée dans l'artillerie.

Tous les officiers doivent être au courant des procédés de combat des autres armes.

Les jeunes officiers effectuent chaque année des stages, soit dans les écoles d'infanterie, soit dans d'autres armes, artillerie, génie.

ANNEXE

LES TROUPES DU 4ᵉ CORPS A ETHE (22 septembre 1914)

14ᵉ RÉGIMENT DE HUSSARDS

Lieutenant-colonel DE HAUTECLOQUE, tué.

1ᵉʳ demi-régiment :

Commandant DE BRÉMOND D'ARS, tué.

2ᵉ demi-régiment .

Commandant BENY.

1ᵉʳ escadron :

Capitaine D'HUMIÈRES.
Lieutenant DE MARTIGNAC.
Lieutenant RANSON, disparu.
Sous-lieutenant FRANCHIS, blessé.
Sous-lieutenant DARRAS, blessé.

2ᵉ escadron :

Capitaine DE BUSNEL.
Lieutenant MANSIRE, blessé.
Lieutenant REGNERY, disparu.
Sous-lieutenant CHOURRIEU, disparu.
Sous-lieutenant DE VAUREIX.

3ᵉ escadron :

Capitaine CHEVALIER DU FAU, blessé.
Lieutenant COURCELLES.
Lieutenant DE LA CROIX, tué.
Sous-lieutenant DE CHAMPAGNY, blessé.
Sous-lieutenant DE FERRON.

4ᵉ escadron :

Capitaine BABINET.
Lieutenant DE LA FERTÉ.
Lieutenant RONIN.
Sous-lieutenant THÉVENET.
Sous-lieutenant MAROQUENNE, blessé.
Section de mitrailleuses : lieutenant DU MESNILDOT, tué.
Officier payeur : sous-lieutenant LEVENARD.
Officier d'approvisionnement : sous-lieutenant MINGASSON.
Officier d'approvisionnement adjoint : sous-lieutenant RONDOT.
Médecin-major de 2ᵉ classe : CHON, disparu.
Médecin aide-major : LEVÊQUE, disparu.
Vétérinaire-major de 2ᵉ classe : MARTIN.
Vétérinaire aide-major de 2ᵉ classe : VELUET.

44ᵉ RÉGIMENT D'ARTILLERIE

4ᵉ *groupe*

Commandant SOLENTE.
10ᵉ batterie : capitaine JAMIN.
11ᵉ batterie : capitaine DE BRISOULT.
12ᵉ batterie : capitaine DESPRÈS.

1ᵉʳ *groupe*

2ᵉ batterie : capitaine THOUVEREY.

7ᵉ DIVISION D'INFANTERIE

Général commandant : Général DE TRENTINIAN.

État-Major de la D. I. : Commandant MACKER, chef d'état-major.

Capitaine JULLIEN.
Capitaine LAPORTE.
Lieutenant de cavalerie de réserve DE JOUVENCEL, tué.
Porte-fanion sous-officier PACCAUD.

Génie divisionnaire : compagnie 4/1, capitaine DURAND.
Sous-intendant militaire : M. DE CARDAILLAC.
Médecin divisionnaire : M. SIMONIN, blessé.
Payeur divisionnaire : M. LABEYRIE.
Aumônier divisionnaire : Abbé TESSIER.

5ᵉ escadron du 14ᵉ hussards.

Capitaine B. MASSIET.
Lieutenant DE LEYSSÈGUES.
Lieutenant HUBIN.
Lieutenant DE NOH.
Lieutenant PIGNARD DU DÉSERT.

26ᵉ RÉGIMENT D'ARTILLERIE

Colonel BERTRAND.
Lieutenant-colonel BUISSON, tué.

1ᵉʳ *groupe*

Commandant DURANDIN.
1ʳᵉ batterie : capitaine MARCHAL.
2ᵉ batterie : capitaine CALMEL.
3ᵉ batterie : capitaine BOURDON.

2ᵉ *groupe*

Commandant APPERT.
4ᵉ batterie : capitaine DEGUA.
5ᵉ batterie : capitaine WACK.
6ᵉ batterie : capitaine DEVOS.

3ᵉ groupe

Commandant Savoureau.
7ᵉ batterie : capitaine Jourdan, blessé.
8ᵉ batterie : capitaine Maisons, blessé et fait prisonnier.
9ᵉ batterie : capitaine Brun, blessé.

INFANTERIE

13ᵉ brigade :

Colonel Lacotte, commandant p. i.
Officier d'état-major : capitaine Vallette.

14ᵉ brigade :

Général Felineau.
Officiers d'état-major : capitaine Mignon ;
  capitaine de réserve Michy.

101ᵉ RÉGIMENT D'INFANTERIE

Etat-major

Colonel	FARRET.
Lieutenant-colonel	FERRAN.
Capitaine adjoint	LETONDOT.
Médecin-major de 1ʳᵉ classe......	Dʳ LACOUTX.
Chef de musique.................	M. MAUDUIT.
Officier des détails.............	Lieutenant HILLÈRE.
Officier d'approvisionnements....	Lieutenant SIVAN.
Chef du service téléphonique.....	Sous-lieutenant THIBAULT.
Officier porte-drapeau...........	Sous-lieutenant ANTOINE.

1ᵉʳ bataillon

Chef de bataillon................	Commandant LEBAUD.
Médecin aide-major	ROBILLOT.
Officier comm. la sect. de mitr.	Lieutenant BECERT.
Adjudant de bataillon...........	RENARD.

1ʳᵉ compagnie :

Capitaine	DIDISHEIM.
1ʳᵉ section.....................	Lieutenant SEIGNEUR.
2ᵉ —	Adjudant-chef MAURY.
3ᵉ —	Adjudant MARCAY.
4ᵉ —	Sous-lieutenant LORIOT, tué.

2ᵉ compagnie :

Capitaine	SEGONNE, blessé.
1ʳᵉ section......................	Lieutenant VALLET, blessé.
2ᵉ —	Sous-lieutenant GLANDAZ.
3ᵉ —	Adjudant CORDIER, tué.
4ᵉ —	Adjudant-chef EBIN.

3ᵉ compagnie :

Capitaine ..,...................	NICOLAS.
1ʳᵉ section......................	Lieutenant DAGORY.
2ᵉ —	Sous-lieutenant LEE.
3ᵉ —	Adjudant BOUCHER, tué.
4ᵉ —	Sous-lieutenant DE BRAGELONNE.

4ᵉ compagnie :

Capitaine	CAUVIN, blessé.
1ʳᵉ section......................	Lieutenant BOURGUGNON.
2ᵉ —	Lieutenant DELVERT.
3ᵉ —	Adjudant BES.
4ᵉ —	Sous-lieutenant BENOIT.

2ᵉ *bataillon*

Chef de bataillon................	Commandant LAPLACE, tué.
Médecin aide-major	FAUROUX.
Officier comm. la sect. de mitr.	Lieutenant CARITE.
Adjudant de bataillon............	GAULT.

5ᵉ compagnie :

Capitaine	FERRATON, disparu.
1ʳᵉ section......................	Sous-lieutenant JEUNOT, disparu.
2ᵉ —	Sous-lieutenant CALMELS, disparu.
3ᵉ —	Adjudant MOREAU, disparu.
4ᵉ —	Sous-lieutenant FACKLER, disparu.

6ᵉ compagnie :

Capitaine	NICOLAS, blessé.
1ʳᵉ section......................	Lieutenant DUTREY, tué.
2ᵉ —	Sous-lieutenant DYGAT, blessé.
3ᵉ —	Adjudant LESDANON, disparu.
4ᵉ —	Sous-lieutenant RAYNAL, disparu.

7ᵉ compagnie :

Capitaine	CHAMEROY, tué.
1ʳᵉ section......................	Sous-lieutenant TULLON, disparu.
2ᵉ —	Sous-lieut. CHAMAILLARD, disparu.
3ᵉ —	Adjudant DAVINI, tué.
4ᵉ —	Adjudant-chef LETAILLANDIER, tué.

8e compagnie :

Capitaine	....	BATTESTI, tué.
1re section	....	Lieutenant MOLINIER, tué.
2e —	....	Sous-lieutenant CITEAU, disparu.
3e —	....	Adjudant GERAULT, disparu.
4e —	....	Sous-lieutenant JOUTEAU, disparu.

3e *bataillon*

Chef de bataillon	....	Capitaine TISSERAND, tué.
Médecin aide-major	....	OLLE.
Officier comm. la sect. de mitr.		Lieutenant MACLER, tué.
Adjudant de bataillon	....	BEIRON, tué.

9e compagnie :

Capitaine	....	JOUBÉ, tué.
1re section	....	Lieutenant DANGUY.
2e —	....	Sous-lieutenant RICHEFOU, tué.
3e —	....	Adjudant HERAULT.
4e —	....	Sous-lieut. DE LIGNIÈRES, disparu.

10e compagnie :

Capitaine	....	CALTÉ.
1re section	....	Lieutenant LE ROCH.
2e —	....	Sous-lieutenant JOURDAN.
3e —	....	Adjudant ABRAM.
4e —	....	Lieutenant MONBEIG.

11e compagnie :

Capitaine	....	SCHOENLAUB, tué.
1re section	....	Sous-lieutenant DE LAVAL, tué.
2e —	....	Sous-lieutenant DEWERDT, tué.
3e —	....	Adjudant GUILLEMIN.
4e —	....	Lieutenant HEMELOT.

12e compagnie :

Capitaine	....	BONNIEUX, tué.
1re section	....	Lieutenant SERVE, tué.
2e —	....	Sous-lieutenant LEFÈVRE, tué.
3e —	....	Adjudant DION, tué.
4e —	....	Adjudant DIDELIN, tué.

102e RÉGIMENT D'INFANTERIE

Etat-Major

Colonel	....	VALANTIN.
Capit. adj. au chef de corps	....	MORIN.
Médecin chef de service	....	ROUVILLOIS.
Officier de détails	....	THOMAS.
Porte-drapeau	....	POITIER.
Officier d'approvisionnement	......	RETY.

1er bataillon

Chef de bataillon...............	WILBIEN.
Officier adjoint	Sous-lieutenant BOVERAT.
Médecin T. M. B. 1re classe......	LAFFONT.
Off. comm. la 1re section de mitr.	Lieutenant ESCAICH.

1re compagnie :

Capitaine LANCELOT.
Lieutenant DECAMP.
Lieutenant GUILLAUMIN.
Lieutenant ROUSSEAU.

2e compagnie :

Capitaine CERFON.
Lieutenant DE SAINT-POLLIAS.
Lieutenant LECOMTE.
Sous-lieutenant LEGRAND.

3e compagnie :

Capitaine GERARD.
Lieutenant ALEX-COCHE.
Lieutenant DEPORTES.
Sous-lieutenant CAUVIN.

4e compagnie :

Capitaine DUMONT.
Lieutenant PATIER.
Lieutenant FRICKER.
Lieutenant BENOIT.

2e bataillon

Chef de bataillon...............	SIGNORINO.
Officier adjoint	Sous-lieutenant MOISSAN.
Médecin aide-major de 2e classe..	CULAN.
Off. comm. la 2e section de mitr..	PARVY.

5e compagnie :

Capitaine DE LA POMARÈDE.
Lieutenant FAURE DE FONDELAIRE.
Sous-lieutenant GUELLIER.

6e compagnie :

Capitaine GERARD.
Lieutenant ROMIEUX.
Lieutenant IMBAULT.
Lieutenant VALTON.

7e compagnie :

Capitaine FROMONT.
Lieut. HEMEURY, déc. suites de ses
 bless. à Gomery, 23 août 1914.
S.-lieut. LHOMME, disp. le 22 août
 1914 à Ethe.

8e compagnie :

Capitaine CHARLOT.
Lieutenant MARTEL.
Lieutenant PROST.
Lieutenant VIDAL.

3e bataillon

Chef de bataillon...............	LE MERDY.
Officier adjoint	Lieutenant MARTY.
Médecin aide-major de 2e classe.	TERYSSIER.
Off. comm. la 3e section de mitr..	Lieutenant DANDRIEUX.

9e compagnie :

Capitaine TEXIER.
Lieutenant HOUZELLE.
Sous-lieutenant ROSENBAUM.
Sous-lieutenant TERRIS.

10e compagnie :

Capitaine RUNGS, déc. suites de ses
 blessures le 25 août 1914 à l'hô-
 pital de Ruette.
Sous-lieutenant PEZ.
Sous-lieutenant LANGLOIS.

11e compagnie :

Capitaine Renaudin.
Sous-lieutenant Pitault.
Sous-lieutenant Blavette.

12e compagnie :

Capitaine de Goip.
Lieutenant de Laprade.
Lieutenant Menager.
Sous-lieutenant Vignot.

103e Régiment d'Infanterie

Etat-Major du régiment

Colonel .... M. Cally.
Capitaine adjoint au chef de corps   Berenger.
Médecin chef de service.......... Méd.-major de 1re classe Legrand.
Officier chargé des détails........ Lieutenant Duval.
Porte-drapeau .... Lieutenant Catelain.
Officier d'approvisionnement..... Lieutenant Golliet.
Aumônier .... M. Fromentin.

1er bataillon

Chef de bataillon................ Rondenay.
Médecin aide-major de 2e classe.   Pesnel.
Officier comm. la section de mitr.   Lieutenant Jonquères.

1re compagnie :

Capitaine Brun.

Lieutenant Hocq.
Sous-lieutenant Jacquart.
Sous-lieutenant Ernst, tué.

2e compagnie :

Capitaine Chadebec de Lavalade, tué.
Lieutenant Guigniot.
Adjudant Barudel.
Adjudant-chef Sedillot.
Sergent-major Leroy, blessé.
Sous-lieutenant Scholer, blessé.

3e compagnie :

Lieutenant Daviet, blessé.
Lieutenant Jeannin, blessé.
Sous-lieutenant Mulley.
Sous-lieutenant Scheikewitch.
Adjudant Devaux.

4e compagnie :

Capitaine de Finance, blessé.
Lieutenant Rouget.

2e bataillon

Chef de bataillon................ Jouvin.
Officier adjoint .... Dumercq, tué.
Médecin aide-major de 2e classe..   Brisset.
Officier comm. la section de mitr.   Lieutenant Figeac.

5e compagnie :

Capitaine Grasset, blessé.
Lieutenant Janin, tué.
Sous-lieutenant Audran.

6e compagnie :

Capitaine Faugière, tué.
Lieutenant Petitjean.
Sous-lieutenant Lafey, blessé.

7ᵉ compagnie :

Capitaine JOUÉ, tué.
Lieutenant CLAUDE, tué.
Sous-lieutenant LASSUS, tué.
S.-lieut. de comp. GOUGEON, blessé.

8ᵉ compagnie :

Capitaine RICHARD, blessé.
Lieutenant LAPLACE.
Sous-lieutenant MICONNET.

3ᵉ *bataillon*

Chef de bataillon.................. VICQ.
Médecin aide-major de 2ᵉ classe. FOURGOUS.
Officier comm. la section de mitr. Lieutenant TOURON.

9ᵉ compagnie :

Capitaine VINCENT, tué.
Sous-lieut. de comp. FLEURY, tué.
Sous-lieutenant BEULAYGUE.
Sous-lieut. de comp. PÉRIQUET.

10ᵉ compagnie :

Capitaine KELLE, blessé.
Lieutenant DESDOUITS, tué.
Sous-lieutenant LAPARRA, tué.

11ᵉ compagnie :

Capitaine JONGLEUX, blessé.
Lieutenant de comp. GIRAULT, tué.
Sous-lieutenant DUFOUR, tué.
Sous-lieutenant SICART, blessé.

12ᵉ compagnie :

Capitaine MOLEUX, tué.
Lieutenant MERINE, tué.
Sous-lieutenant MOUSSEAUX, tué.
Sous-lieutenant de comp. LEPETIT.

104ᵉ RÉGIMENT D'INFANTERIE

Etat-Major du régiment

Chef de corps.................... Colonel DROUOT.
Lieutenant-colonel .... ROCHEFRETTE.
Officier adjoint .... Capitaine RUEF.
Officier de détails.............. Lieutenant SOYEUX.
Officier d'approvisionnements..... Lieutenant GACON.
Officier porte-drapeau .... Lieutenant GILLET.
Médecin chef de service......... Médecin-major de 1ʳᵉ classe TRASSAGNAC.
Chef de musique de 1ʳᵉ classe..... VIVET.

Sections de mitrailleuses :

1ʳᵉ section...................... Lieutenant POIGNY.
2ᵉ   —   .... Lieutenant THOREAU.
3ᵉ   —   .... Lieutenant GUEDES, tué.

1ᵉʳ *bataillon*

Chef de bataillon............... Commandant FORCINAL.
Adjoint .... Sous-lieutenant DE VANSSAY.
Médecin aide-major .... GUERET, disparu.

1re compagnie :
Capitaine MARTIN.
Lieutenant MARCHANT.
Sous-lieutenant VERNIER.

2e compagnie :
Capitaine GIANSILY, tué.
Sous-lieutenant DE BRAUER, tué.
Sous-lieutenant CHANUT.
Sous-lieutenant DENOUS, blessé et prisonnier.

3e compagnie :
Capitaine ROFFE, tué.
Lieutenant WAHARTE, disparu.
Sous-lieutenant LECAUDE, tué.

4e compagnie :
Capitaine LAUGIER.
Lieutenant DE LANTIVY DE TREDION.
Lieutenant DUMOULIN, blessé.
Sous-lieutenant BURTÉ.

2e bataillon

Chef de bataillon................ Commandant HENRY.
Adjoint .... Sous-lieutenant PECHEUR.
Médecin aide-major............. JOYEUX, disparu.

5e compagnie :
Capitaine BERTIN, blessé et prison.
Sous-lieutenant D'AILLIÈRES.

6e compagnie :
Capitaine PRIVAT, blessé et prison.
Lieutenant PÉPONNET, disparu.
Lieutenant LE BOUCHER, blessé et prisonnier.

7e compagnie :
Capitaine WIBRATTE.
Lieutenant SALLET, tué.

8e compagnie :
Capitaine DEBRAUX, blessé.
Lieutenant SAINT-MARTIN.
Lieutenant LOGEARD, tué.

3e bataillon

Chef de bataillon................ Commandant LEVIN, tué.
Adjoint .... Sous-lieutenant NICOLAS.
Médecin aide-major .... ALBARET, disparu.

9e compagnie :
Capit. TOURTE, blessé et prison.
Lieutenant BACIOCCHINI.
Sous-lieutenant BERNARD, tué.
Sous-lieutenant DAGAND, disparu.

10e compagnie :
Capitaine PELTIER.
Sous-lieutenant MOURETON, blessé et prisonnier.
Sous-lieutenant BERGER, tué.

11e compagnie :
Capitaine BENTZINGER.
Lieutenant RICARD.

12e compagnie :
Capitaine VINTER.
Sous-lieutenant BOUTET, tué.

TABLE DES MATIÈRES

PREMIERE PARTIE

L'Etat-Major et le Commandement en 1914

CHAPITRE PREMIER

CHAPITRE II

CHAPITRE III

CHAPITRE IV

CHAPITRE V

DEUXIEME PARTIE

Les opérations de la 7ᵉ division du 4ᵉ Corps, du 10 août au 22 septembre 1914

CHAPITRE PREMIER

OBSERVATIONS

HORS TEXTE

1 carte d'ensemble au 1/320.000e.

3 cartes de bataille de rencontre Ethe-Virton (22 septembre 1914).

Imprimerie-Librairie Militaire Universelle L. Fournier, 264, Boulevard Saint-Germain

carte au 320.000e publiée par le Service Géographique de l'Armée.
Tirage de Février 1927

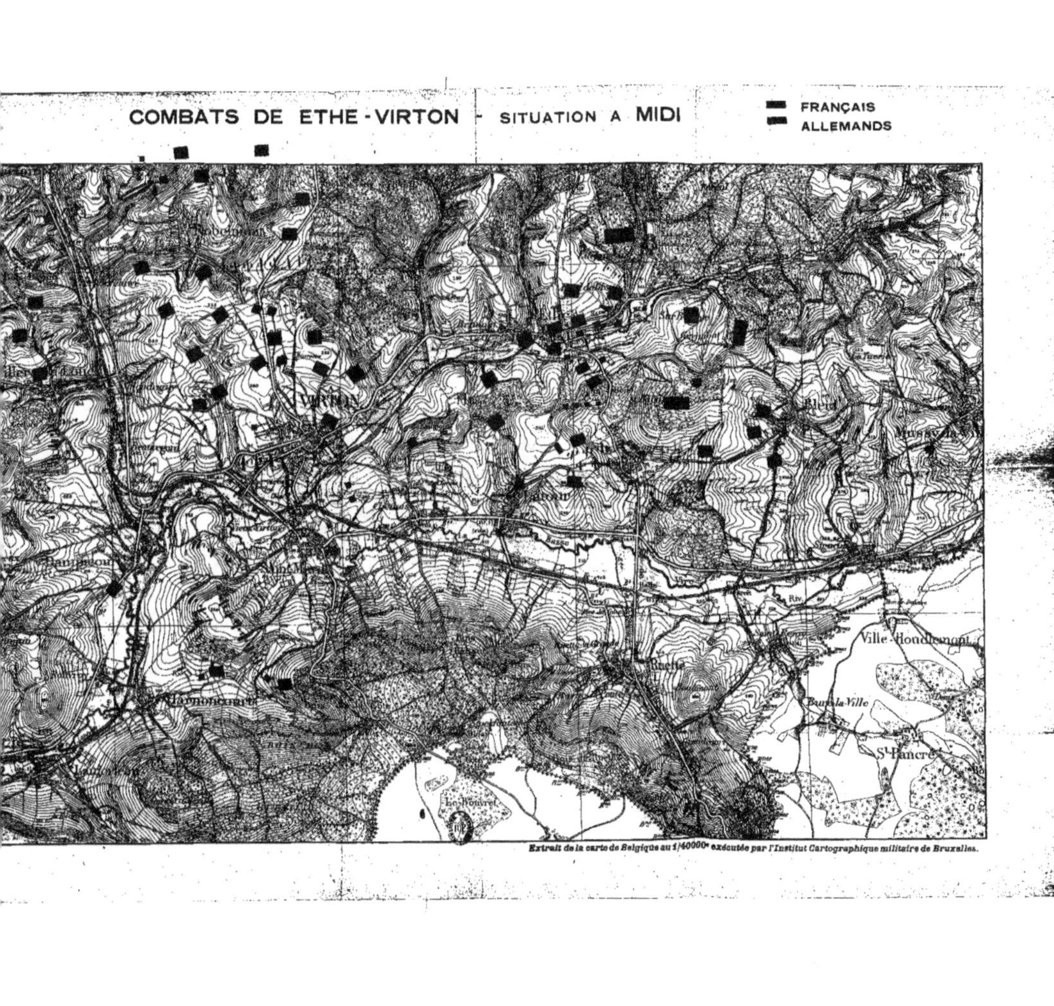

COMBATS DE ETHE - VIRTON - SITUATION A MIDI
FRANÇAIS
ALLEMANDS
Ville-Houdlemont
Buré-la-Ville
St-Pancré
Extrait de la carte de Belgique au 1/40000e exécutée par l'Institut Cartographique militaire de Bruxelles.

COMBATS DE ETHE-VIRTON - SITUATION A 15 HEURES
FRANÇAIS
ALLEMANDS
Ville-Houdlémont
Bure-la-Ville
St-Pancré
Extrait de la carte de Belgique au 1/40000e exécutée par l'Institut Cartographique militaire de Bruxelles.

COMBATS DE ETHE - VIRTON - SITUATION A 18 HEURES

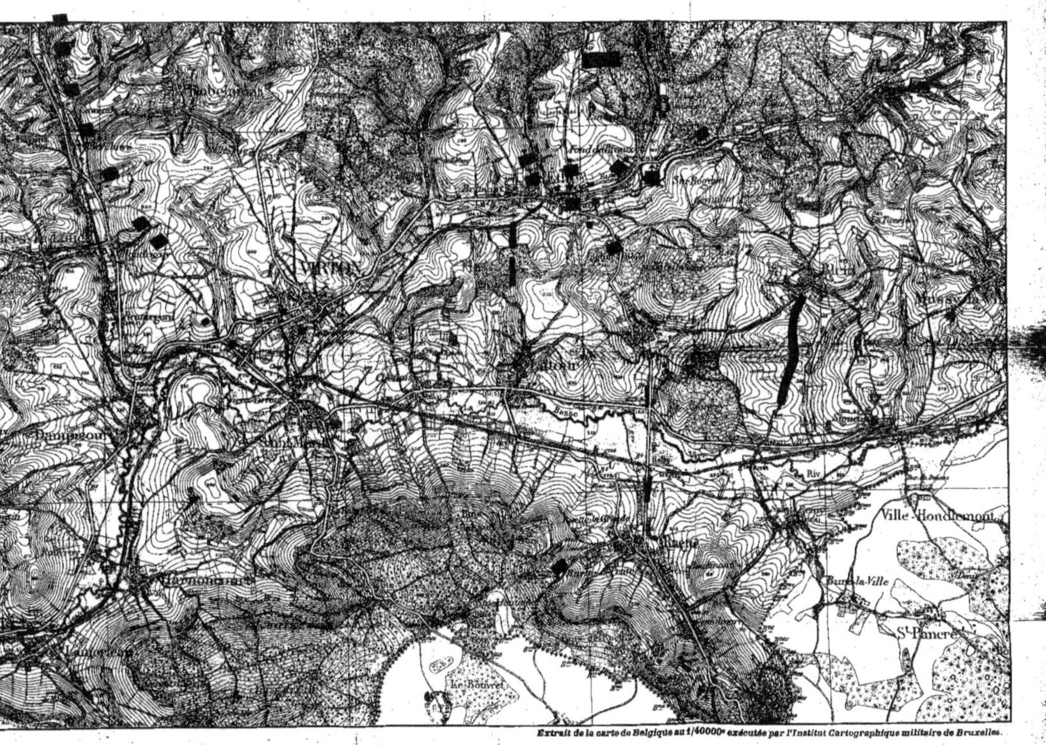